HEYNE BÜCHER

Infoline

ROSEMARIE WREDE-GRISCHKAT

MIT STIL ZUM ERFOLG

AUFTRETEN

OUTFIT IM BERUF

UMGANGSFORMEN

WILHELM HEYNE VERLAG
MÜNCHEN

HEYNE INFOLINE
22/412

Dieses Buch ist bereits in einer älteren Fassung im Augustus Verlag erschienen. Die im Buch veröffentlichten Ratschläge wurden von Verfasser und Verlag sorgfältig erarbeitet und geprüft. Eine Garantie kann dennoch nicht übernommen werden. Ebenso ist eine Haftung des Verfassers bzw. des Verlages und seiner Beauftragten für Personen-, Sach- und Vermögensschäden ausgeschlossen. Bei der Anwendung im Unterricht und in Kursen ist auf dieses Buch hinzuweisen.

Umwelthinweis:
Dieses Buch wurde auf chlor- und säurefreiem Papier gedruckt.

Aktualisierte Taschenbuchneuausgabe 03/2001

http://www.heyne.de
Printed in Germany 2001
Umschlaggestaltung: Hauptmann und Kampa Werbeagentur, CH-Zug
Herstellung: Helga Schörnig
Satz: Schaber Satz- und Datentechnik, Wels
Druck und Verarbeitung: Ebner Ulm

ISBN 3-453-18167-0

Inhalt

1 Produktivfaktor Image

Der gute Ruf

Die Begriffe auf der Hitliste der Erfolgsfaktoren wechseln in immer kürzeren Abständen. Dabei ziehen sie immer enger werdende Kreise um die eigentliche und am weitesten verbreitete Mangelerscheinung innerhalb der deutschen Wirtschaft: den eklatanten Mangel an guten Umgangsformen. Immer mehr Unternehmensleitungen erkennen diesen Mangel als das zentrale Problem. Ihn zu benennen, getrauen sich kaum welche.

Schon bei dem konsequenten Verständnis des Begriffs *Unternehmenskultur* ist man dem Phänomen fast auf die Spur gekommen, jedoch haben sich nur sehr, sehr wenige Unternehmen daran gewagt, diesen Begriff mit der persönlichen Kultur der führenden Persönlichkeiten ihres Hauses in Zusammenhang zu bringen. Und die wenigen Konzerne, für die korrekte Formen eine conditio sine qua non für eine Führungsposition in ihrem Hause sind, finden sich ganz oben auf der Erfolgsskala deutscher Unternehmen.

Nun ist also wieder ein neues Trend-Stichwort auf dem Markt, das gute Umgangsformen der führenden Persönlichkeiten zur Bedingung hat, es heißt: *Image*.

Am Anfang dieses Trends stand vor ein paar Jahren eine breit angelegte Befragung unter mehr als 2000 Managern – veranstaltet im Auftrag eines großen Wirtschaftsmagazins – mit dem Ziel, sich ein Bild über das Ansehen der größten deutschen Unternehmen innerhalb der Wirtschaft zu machen. Anhand dieser Ergebnisse wurde dann eine Rangfolge der *»Imageprofile«* erstellt, die nun jährlich neu erfragt wird.

Diese Skala der Imageprofile birgt eine Reihe interessanter Schlussfolgerungen, die nur recht zögernd in das Bewusstsein von Konzernleitungen vorzudringen scheinen.

1. Der gute Ruf eines Unternehmens lässt sich nicht durch firmenseitig beauftragte Imagekampagnen positiv beeinflussen. Forsche Werbekampagnen und gestylte Geschäftsberichte haben darauf nur äußerst wenig Einfluss. Allzu oft schon dienten sie der Verschleierung unangenehmer Tatsachen, um glaubwürdig zu sein.
2. Vergleichsstudien der letzten Jahre erbrachten den für viele erstaunlichen Beleg für die Richtigkeit der Maxime: *»Das Ansehen ist der wichtigste Erfolgsfaktor.«* Unternehmen mit hohem Ansehen sind nachweislich erfolgreicher als andere.

»Alles spricht dafür, dass der Produktivfaktor Image in Zukunft sogar noch an Bedeutung gewinnen wird. Weltweit gleichen sich Qualität, Design und Produkteigenschaften mehr und mehr an. Die messbaren Unterschiede nehmen ab. Umso gravierender erscheint da die Reputation eines Unternehmens.« (Manager Magazin)

3. Letztlich zeigt diese Studie nicht nur, welche Unternehmen in Führungskreisen höchstes Renommee genießen, sondern sie deckt zugleich ein allgemeines Defizit auf:

»Image ist noch immer einer der meistunterschätzten Erfolgsfaktoren in deutschen Unternehmen.« (Manager Magazin)

Der gute Ruf, das Image eines Unternehmens, ist entscheidend dafür,

– *welche* Produkte *ein Kunde kauft*
– *welche* Waren *ein Händler ordert*

- *welche* Aktien *ein Anleger kauft*
- *bei welchem Unternehmen sich die* fähigsten *Fach- und Führungskräfte bewerben.*

David Bernstein, führender Kommunikationsexperte aus den USA, hat den komplexen Zusammenhang auf den Punkt gebracht: *»Image ist Wirklichkeit.«* Alle Experten sind sich offenbar darüber einig, dass der *Produktivfaktor Image* in Zukunft sogar noch an Bedeutung gewinnen wird – und zwar in dem Maß, in dem die messbaren Unterschiede verschwinden.

Dann haben wir allerdings wirklich ein Problem. Wo sollen denn die Führungskräfte mit den hervorragenden, ein positives Image produzierenden Verhaltens- und Umgangsformen herkommen?

Deutsche Besonderheiten

Im Hinblick auf die Bewertung guter Erziehung im internationalen Vergleich haben wir es mit einem speziell deutschen Problem zu tun. Die Konsequenzen aus dem Sonderfall unserer Geschichte ergeben auch heute noch einen Sonderweg im europäischen Umfeld.

Im Gegensatz zu allen westeuropäischen Nachbarländern hat es bei den überkommenen Gesellschaftsschichten in Deutschland nach dem Krieg starke Umwälzungen gegeben. Die traditionelle Erziehung der Oberschicht bildete bereits nach 1945 nicht mehr – wie vormals – das wichtigste Kriterium der Qualifikation für eine Führungsposition.

Die Demokratisierung des Schulsystems und die Schulgeldfreiheit brachten es mit sich, dass nun junge Leute eine gute Ausbildung und hohe fachliche Qualifikationen erreichen konnten, ohne ebenfalls die für Führungsaufgaben notwendige Erziehung in Höflichkeits- und Umgangsformen generell von zu Hause mitzubringen.

Dazu tat dann noch die Epoche der antiautoritären Erziehung ein Übriges. Eine ganze Generation intellektueller Eltern weigerte sich, ihre Kinder mit traditioneller Erziehung zu quälen. Und weil das nicht Leute aus irgendwelchen unbedeutenden Interessengruppen waren, sondern die junge intellektuelle Elite, hatte das dann auch weit reichende Folgen. Einmal abgesehen von den positiven Ergebnissen im Hinblick auf unsere Demokratie – auf die eigenen Kinder wirkten sich diese Erziehungsgrundsätze nachhaltig negativ aus. Nun haben wir ihn, den fachlich hoch qualifizierten, rücksichtslosen, unhöflichen Führungsnachwuchs, den kein Unternehmen, das an einem guten Image interessiert ist, in andere Länder zu Geschäftsverhandlungen schicken dürfte.

Wir stehen in unserem Land nun schon seit einiger Zeit vor flächendeckenden Erziehungsdefiziten. Bedauerlicherweise ist das aber nicht nur das Problem des unabdingbar notwendigen Bedarfs an korrektem Auftreten des Führungsnachwuchses. In Deutschland herrscht ebenso bei vielen Top-Managern großer Konzerne ein objektiver Nachholbedarf an guten Umgangsformen.

Dabei wäre es natürlich fatal, einer Art Überanpassung das Wort zu reden. Das will auch niemand ernsthaft erreichen. Es kann und darf nur darum gehen, höflichen Respekt vor anderen und die Respektierung fremder Tabus zu lernen.

Wo aber soll denn der Nachwuchs für die Führungsetagen diese Kenntnisse herbekommen? Die Lerninhalte der Universitäten richten sich im Allgemeinen ausschließlich nach den wissenschaftlichen, technischen und wirtschaftlichen Erfordernissen unserer Zeit. Und so verfügen HochschulabsolventInnen über entsprechende Kenntnisse und

Fähigkeiten, die sie für diese Anforderungen qualifizieren – bis auf die *Kommunikationsformen und Verhaltensregeln*, die als Voraussetzung dafür gelten, ihre Kenntnisse an gut bezahlter Stelle überhaupt einbringen zu können.

Durch den europäischen Binnenmarkt kommen nun noch neue Anforderungen auf Manager und Geschäftsleute zu, nämlich die Notwendigkeit der Kenntnis von Verhaltensstandards und Tabus anderer europäischer Länder. Da ist einmal der Tatsache Rechnung zu tragen, dass acht der EU-Mitgliedstaaten Monarchien sind, in denen die Etikette nach wie vor durch das höfische Protokoll bestimmt wird.

Konsequentere Auswirkungen hat – darüber hinaus – die Tatsache, dass dort die traditionellen Eliten mit ihren traditionellen Elitenbildungssystemen den Ton angeben. Da braucht es nicht viel Fantasie, um sich auszumalen, wie das Auftreten eines deutschen Jungmanagers neben den perfekten Formen eines Spaniers, Italieners oder Franzosen wirkt – jenen jungen Führungskräften, die ihre Kenntnisse und Fähigkeiten nicht nur einem sehr strengen Bildungssystem, sondern auch einer ausgefeilten Erziehung verdanken. – Abgesehen von dem nicht unerheblichen Faktum, dass ein gleichaltriger Jungmanager dieser Nationen gegenüber dem Deutschen bereits über eine mindestens fünf Jahre längere Berufserfahrung verfügt. Das sind die Jahre, die der Deutsche länger für seine Ausbildung benötigt.

Folglich wird es in diesem Buch zum einen darum gehen, die Kenntnisse grundlegender *nationaler Verhaltensnormen und Etikettevorschriften* zu aktualisieren bzw. zu erweitern. Zum anderen werden ebenso die wichtigsten Unterschiede zu *europäischen und asiatischen Verhaltensstandards* angesprochen.

Welche Rolle spielen gute Umgangsformen im Geschäftsleben?

Wie für alle anderen Industrienationen ist auch für uns der Marktspielraum enger geworden. Der »Wettbewerbsfaktor Unternehmenskultur« hat sich zum *Image des Unternehmens* verdichtet. Damit ist die persönliche Kultur der Menschen, die das Unternehmen nach außen repräsentieren und die für die interne Kultur der Menschenführung Verantwortung tragen, immer mehr in den Mittelpunkt gerückt. Es geht überall um die *Qualität der Kommunikation* in allen ihren Facetten, die durchaus *wettbewerbsentscheidend* ist. Es ist eigentlich eine Binsenweisheit:

Die Umgangsformen der Beteiligten bestimmen stets die Qualität der Kommunikation.

Insofern aber, als geschäftliche Kommunikation zwei große Zielrichtungen hat – nämlich eine auf Außenwirkung bedachte Komponente sowie, ebenfalls unverzichtbar, eine nach innen gerichtete –, muss die Antwort auf die Frage nach der Wichtigkeit von Umgangsformen für die einzelnen Unternehmen zwei Perspektiven haben: eine, die sich an der Wirkung nach außen orientiert und eine, die sich auf die interne, persönliche Kommunikation bezieht.

Die Antwort auf die immer wieder gestellte Frage, warum gute Umgangsformen der MitarbeiterInnen im ganz normalen Geschäftsleben denn so wichtig seien, findet man de facto bereits in der offensichtlichen Verlagerung der Schwerpunkte neuerer Unternehmensstrategien, die eindeutig auf *Kommunikation und Information* ausgerichtet sind. Aus diesem Grund gibt es kaum noch Unternehmen – ganz gleich welcher Größe und welcher Branche –, die es sich erlauben können, auf ein korrektes Auftreten ihrer Mitarbeiter und Mitarbeiterinnen zu verzichten. Von den zwei Gesichtspunkten der Umgangsformen, die in einem unmittelbaren Zusammenhang zum geschäftlichen Erfolg stehen, betrachten wir zunächst einmal die Wirkung nach außen.

Die Wirkung nach außen

Die *Außenbeziehungen* sind für die Mehrzahl der Unternehmen nicht nur bei den unmittelbaren Verkaufskontakten von ausschlaggebender Bedeutung. Es gibt heute kein Unternehmen mehr, das davon ausgeht, dass sich seine Produkte bzw. Dienstleistungen einzig aufgrund ihrer Qualität – quasi von allein – verkaufen; deshalb spielen auch psychologische Erkenntnisse eine immer wichtigere Rolle für die Verkaufsstrategien. So ist zum Beispiel die Tatsache, dass freundliche Mitarbeiter eine freundliche Geschäftspolitik signalisieren, für die klassischen Dienstleistungsbereiche wie Banken und Versicherungen eine lang praktizierte Binsenweisheit. Dass der gleiche Grundsatz jedoch auch für alle anderen Branchen in gleicher Weise zutrifft, hat sich immer noch nicht überall herumgesprochen. Immer mehr Unternehmen, die Wert auf ein gutes Image in der Öffentlichkeit legen, lassen ihre Mitarbeiter in guten Umgangsformen schulen. Als Gegenbeispiel dazu müssen immer noch weite Bereiche des Öffentlichen Dienstes genannt werden, die das staatliche Monopol ihres Dienstleistungsunternehmens ungestraft als Freibrief für schlechte Manieren gegenüber den Bürgerinnen und Bürgern missverstehen.

Ein weiterer Aspekt der Außenwirkung von Unternehmensstrategien ist die Beschaffung von *Informationen*, die in sehr vielen Branchen als die wichtigste Basis unternehmerischen Handelns angesehen werden. Erfolge in diesem kniffligen Aufgabenfeld sind eindeutig von den *kommuni-*

kativen Fähigkeiten der damit befassten MitarbeiterInnen abhängig. Und es ist einleuchtend, dass besonders von ihnen höfliche und taktvolle Manieren gefordert sind.

Wie bereits oben erläutert, ist das Image eines Unternehmens der wichtigste Produktivfaktor bzw. Wettbewerbsfaktor der Dienstleistungsunternehmen. Unbestreitbar wirken Höflichkeit und gute Manieren prägend für das Unternehmensimage, weil korrekte Formen auf nicht mehr rational zu begründende Weise in der Lage sind, eine wirksame Vertrauensbasis zu bilden. Oftmals wirken aufwendiger professioneller Schnickschnack an Werbeaufwand und Kundenköderkampagnen eher kontraproduktiv. Dagegen sind es unstrittig die Umgangsformen der Beteiligten, die stets die Qualität der Kommunikation bestimmen. Ein höflich-korrekter Stil ist das effizienteste Kommunikations- und Informationsmedium.

Die Wirkung nach innen

Betrachtet man die innerbetrieblichen Aufgaben, so fällt dabei ins Auge, dass der *Unternehmenskommunikation* eine Bedeutung zukommt, die ebenfalls lange Zeit unterschätzt wurde. Konsequenterweise spielen die Formen menschlichen Umgangs, die man auch als »Interaktionsregeln« bezeichnen kann, eine entscheidende Rolle dabei. Denn nicht allein die Tatsache, dass man mit Menschen kommuniziert ist wichtig, sondern mehr noch, auf welche Art das geschieht. Wie an anderer Stelle im Einzelnen ausgeführt werden wird, sind die Umgangsformen maßgebend für die *Effizienz der internen Kommunikation.* *(Näheres dazu in Kapitel 3)*

Höfliche Umgangsformen sind *optimale Motivationsmittel*, weil MitarbeiterInnen sich dadurch in ihrer Person ernst genommen und respektiert sehen können. Darüber hinaus ist ein respektvoll-freundlicher Ton in der Lage, Reibungsverluste zu minimieren, wenn nicht gar zu vermeiden. Als Kommunikationsstil bei Konflikten erleichtert ein höflicher Umgangston die *Konsensfindung* ganz wesentlich. Dass auch das Maß an echter *Corporate Identity* sowie das Betriebsklima von den Formen des Umgangs innerhalb des Unternehmen bestimmt werden, ist wohl auch nicht mehr als Neuigkeit anzusehen.

Was hat das Auftreten mit beruflicher Karriere zu tun?

Man kennt den Spruch: »Bei uns zählt die Leistung ...«, und der ist weder besonders aussagekräftig noch originell. Bei dieser Aussage fehlen nämlich die Inhalte. Was heißt denn Leistung? Geht es dabei um irgendeine austauschbare, unpersönliche, körperliche Leistung, die auch von einem Roboter zu erbringen wäre? Oder geht es dabei um die individuelle Leistung von Menschen, und worin sollte diese Leistung bestehen, wenn sie denn nicht von Robotern oder Computern erbracht werden kann?

Hier drücken sich viele Unternehmen davor, die Leistungsanforderungen nicht nur mit technischen, organisatorischen oder irgendwelchen, mit Mengenangaben versehenen Fähigkeiten zu füllen, sondern ganz präzise die geforderte Leistung als *Kommunikationsleistung und Anpassungsleistung* zu definieren.

Höflichkeit und korrektes Auftreten sind Kommunikationsleistungen, die für Unternehmen jeglicher Art unverzichtbar sind. Nach außen gilt das selbstverständlich zunächst und unwidersprochen für alle Dienstleistungsunternehmen, und zwar jeglicher Branche und Größe. Bei den großen Industrieunternehmen legen dann noch die Verkaufsabteilungen Wert auf die kommunikativen Fähigkeiten ihrer MitarbeiterInnen, ohne allerdings diesen Maßstab auch an die akademisch vorgebildeten Verkaufsingenieure und Manager anzulegen.

In einem weit verbreiteten Missverständnis geht man immer noch davon aus, im Verkauf hätten die guten Umgangsformen noch eine annähernd wirtschaftliche Funktion. Das ist eine fatale Fehleinschätzung. Es gibt kaum eine fachspezifische Leistung, geschweige denn irgendwelche Ideenprodukte, die nicht kommunikativ vermittelt werden müssten, um entsprechend eingebracht oder akzeptiert zu werden.

Für die einzelne Führungskraft geht es also ganz konkret auch darum, die eigenen Kenntnisse und Fähigkeiten per Kommunikation intern »verkaufen« zu können, um die eigene Karriere etwas voranzubringen. Dass auch technisches Gerät und technologische Dienstleistungen per persönlicher Kommunikation an den Mann/die Frau gebracht werden müssen, spricht sich erst ganz langsam bei uns herum. Es hat jedoch den Anschein, als zögen immer mehr Industrieunternehmen und Servicebetriebe aus dieser Tatsache ihre Konsequenzen.

Was die *Anpassungsleistung* anbetrifft, so gehen die meisten Unternehmen mit dieser Leistungsanforderung um wie mit einem Tabu: darüber spricht man nicht. Dabei ist es ganz selbstverständlich, dass schon bei der Einstellung die Kandidaten auch auf ihre potenzielle Anpassungsfähigkeit an die Unternehmenskultur und die Firmenphilosophie getestet werden. Die Einstellungschancen von kompromisslosen Individualisten gehen, zumindest bei den großen Unternehmen, gegen Null, weil niemand daran interessiert sein kann, Konfliktpotenzial bereits einzukaufen.

Überflüssig zu sagen, dass hier nicht den so genannten »Einschleimern« das Wort geredet werden soll. Anpassung? Ja – aber natürlich nicht Überanpassung!

Eine Karriere ist für höfliche MitarbeiterInnen schon allein deswegen so eine Art Selbstläufer, weil Höflichkeit zu Recht als ein *Zeichen für persönliche Souveränität* angesehen wird. Menschen mit Minderwertigkeitsgefühlen oder unsicherem Auftreten tun sich schwer, anderen respektvoll zu begegnen. Sie denken meist, mit Höflichkeit würden sie sich etwas vergeben.

In Wirklichkeit sind gute Umgangsformen und Haltungen

- *ausgedrückte Signale für Achtung und Respekt vor anderen*
- *Signale für eine gute Erziehung*
- *immer mit Gesten der Rücksichtnahme gegenüber Schwächeren verbunden.*

Umgangsformen als Auslesekriterium

Es ist als plötzlich wieder aufgetretenes Phänomen unserer Zeit nicht zu übersehen, dass gute Manieren und Umgangsformen nicht mehr nur als Unterscheidungsmerkmale zwischen den »wohlerzogenen« Menschen und den »schlechterzogenen« gelten. Korrektes Auftreten wird wieder – fast wie zu alten Zeiten – als Voraussetzung jeder Karriere angesehen.

Die Gründe dafür sind wohl im zeitlichen Zusammenfallen einiger gesellschaftlicher Entwicklungen mit einer weit verbreiteten Arbeitslosigkeit zu suchen. Einer dieser gesellschaftlichen Gründe ist der kulturelle Aspekt von Verhalten, der hier – in dem dominanten wirtschaftsorientierten Kontext – natürlich zu kurz kommen muss. Dabei ist dieser Aspekt, der die Achtung vor Menschen betrifft, wegen seiner gesellschaftlichen wie seiner wirtschaftlichen Funktion unverzichtbar.

Überall auf der Welt wird es als ein Zeichen von Humanität und persönlicher Kultur gewertet, jedwedem Menschen gegenüber Achtung und Respekt zu zeigen. Diese Haltung glaubwürdig auszudrücken gelingt aber nur mithilfe von *Formen* des eigenen Verhaltens. Denn Worte allein würden ins Leere fallen, weil sie ohne die entsprechenden Umgangsformen nicht glaubwürdig wären. Kennt jemand diese Formen aber nicht, so wird die Unkenntnis von zu erwartenden Höflichkeitsformen von anderen als *praktizierte Respektlosigkeit* erlebt. Das erzeugt enorme Frustrationen.

Wer wollte es nun leugnen, dass die Menschen – in einer Phase massiven Arbeitskräfteüberangebots, wie sie bei uns nun schon seit Jahren besteht –, die an den Schaltstellen der Unternehmen sitzen, selbstverständlich ihre Maßstäbe durchsetzen können? Diese Maßstäbe beziehen sich nicht nur auf »technische« Kenntnisse und Fähigkeiten, die unmittelbar wirtschaftlich nutzbar zu machen sind, sondern besonders auf jene der »guten«, nämlich die der traditionellen Erziehung der Führungsschicht. Daraus folgt, dass man von jeder Führungskraft die entsprechenden guten Manieren erwartet, selbst wenn sie scheinbar nicht wirtschaftlich nutzbar zu machen wären.

Dort aber, wo man kein primäres Interesse daran hat, einem besseren Benehmen der Deutschen mehr Geltung zu verschaffen, geht es – wie oben im Zusammenhang beschrieben – um sehr handfeste *wirtschaftliche Interessen*.

In dem immer enger werdenden Markt gehören die guten Umgangsformen der MitarbeiterInnen heute zu den wichtigsten *Erfordernissen der Durchsetzungsstrategien* gegenüber der Konkurrenz. In dem Maß, in dem sich das Schwergewicht sämtlicher wirtschaftlicher Strategien auf die Kommunikation verlagert hat, haben die Verhaltensweisen der MitarbeiterInnen an entscheidender Bedeutung für die wirtschaftlichen Erfolge der Unternehmen gewonnen. Auf nahezu allen Ebenen entscheidet über geschäftlichen Erfolg oder Misserfolg nicht mehr zunächst und allein die Qualität der Produkte, Erzeugnisse oder Dienstleistungen. Heute ist die Durchsetzung der Produkte auf dem Markt von der *Qualität der Kommunikation* abhängig. Aus diesem Grund ist es für die Unternehmen unerlässlich, diese Kommunikation durch gute Manieren ihrer MitarbeiterInnen zu optimieren, anstatt das Risiko einzugehen, sie durch unzulängliche Umgangsformen zu stören.

Gleichfalls sollte nicht außer Acht gelassen werden, dass sich heute nicht nur Großindustrie und Großbanken auf dem internationalen Markt bewegen, sondern ebenfalls mittelständische Unternehmen und sogar Kleinunternehmen. Deswegen werden in diesem Buch auch internationale Gepflogenheiten und Tabus angesprochen, die man/frau kennen sollte, um auf dem internationalen Markt Fuß fassen zu können.

Es geht bei den nachfolgenden Erläuterungen, Regeln und Hinweisen auf mögliche Fettnäpfchen folglich auch keinesfalls darum, einer Überanpassung oder so einer Art von vorauseilendem Gehorsam das Wort zu reden. Es geht vielmehr darum, sich der heute gültigen Verhaltensnormen und Umgangsformen zu vergewissern, um souverän damit umgehen zu können. Sie werden, wie andere Kenntnisse und Fähigkeiten auch, für erlernbar gehalten und für bestimmte Positionen vorausgesetzt – und auch bezahlt.

2 Gutes Auftreten im Geschäftsleben

Kennzeichnend für die neuzeitliche Entwicklung im Wandlungsprozess unserer Verhaltensnormen ist die Tatsache, dass wir in unserer modernen technologischen Gesellschaft eine sehr auffällige Trennung zwischen unserem Verhalten im Privatleben und dem in der Berufswelt vollziehen. Eine solche Trennung hat es in früheren Zeiten nicht gegeben. Sowohl Haltung als auch Kleidung im Einklang mit den alltäglichen Umgangsformen spiegelten den sozialen Status wider. So pflegte man in den Häusern der geistigen wie der materiellen Führungsschicht von morgens bis abends einen Stil der korrekten Förmlichkeit. Dieser Stil war dann selbstverständlich ebenso Vorbild für die Mittelschicht. Intime Bekleidung, wie zum Beispiel Hausschuhe oder Morgenrock, war der Morgen- bzw. Abendtoilette vorbehalten und auch nur auf dem Weg zwischen den Schlafräumen und den Badezimmern oder ähnlichen Einrichtungen der Körperpflege anzutreffen.

Heutzutage haben wir überall eine merkliche Trennung zwischen dem offiziellen Verhalten einerseits, das im Beruf und bei offiziellen Anlässen gefordert ist, und dem Freizeitverhalten andererseits, das vor allem durch das Fehlen von Förmlichkeiten geprägt ist. Wir verhalten uns also nicht mehr jederzeit und unabhängig von den gegebenen Umständen formgerecht, sondern differenzieren nach *Situationen* und *Rollenstandards* und stellen unser Verhalten jeweils darauf ein.

Die modernen Verhaltensnormen unterscheiden also zwischen den verschiedenen Rollen, in die wir täglich schlüpfen. Und jedes Mal bedeutet dies eine Anpassung an andere Verhaltensnormen, je nach der Rolle, die wir gerade einnehmen.

So wird ein und derselbe Mann sich beispielsweise als Familienvater oder Ehepartner ganz anders verhalten, als er es als Kollege in seinem Betrieb tut, und hier wieder anders als abends, wenn er vielleicht mit Freunden zusammensitzt. Selbstverständlich verläuft diese *Rollenanpassung* für erwerbstätige Frauen nach dem gleichen Schema.

Im Allgemeinen vollziehen wir diese Rollenanpassung ziemlich unbewusst. Ohne viel darüber nachzudenken, ist es für jede/n von uns selbstverständlich, dass man/frau sich nicht überall und in jeder Situation so verhalten kann, wie es die offizielle Etikette verlangt. Würde man sich nicht auf die Verhaltensnormen der jeweiligen Situation einstellen, wäre das eine sichere Garantie dafür, sich mehrmals täglich ziemlich lächerlich zu machen.

Erst in Situationen, die nicht zu unserer täglichen Routine gehören – die also »ungewöhnlich« sind, wie zum Beispiel Gelegenheiten, bei denen alles nach den Vorschriften der offiziellen Etikette abläuft –, müssen wir uns bewusst auf die jeweils gültige Verhaltenserwartung einstellen.

Bei *allen offiziellen* sowie *beruflichen Gelegenheiten* ist es das Wichtigste, dass wir stets die augenblickliche *Rangfolge* beachten. Das hat nur sehr wenig mit veralteten Formalien zu tun – ganz im Gegenteil.

Es handelt sich hierbei um eine höchst sensible Angelegenheit, die darüber entscheiden kann, ob man uns für einen gebildeten Menschen oder für einen ungehobelten Klotz hält. Und Letzteres wäre einer angestrebten Karriere sehr abträglich. Denn nicht nur für berufliche Zusammenhänge gilt, dass es für jeden Menschen wichtig ist, sich in seinem »Rang«, also in seinem Stellenwert gegenüber anderen, korrekt eingeordnet und dort auch respektiert zu sehen. Damit müssen wir ebenfalls in allen anderen formellen Situationen rechnen.

Für diese *allgemein gültige Rangfolge* gibt es feste Regeln, die im Großen und Ganzen denen unserer Kulturtradition entsprechen. Allerdings sind mit den gleichberechtigten Verhaltensstandards einschneidende Veränderungen zugunsten des Ansehens von Frauen in die Etikette eingegangen.

Diese Veränderungen passieren gegenwärtig vor unseren Augen. Eine erste gravierende Änderung in der traditionellen Rangfolge hatte bereits die Abschaffung der Standesrechte des Adels durch die Reichsverfassung von 1919 bewirkt. Kein Adliger hat heute, allein aufgrund seiner Herkunft, einen höheren Rang als ein Bürgerlicher.

Eine verhältnismäßig einfach zu durchschauende Rangfolge gilt *innerhalb der Unternehmen* bei beruflichen bzw. geschäftlichen Zusammenkünften. Dort ergibt sich die Rangfolge aus dem Maß der *Verantwortung für das Gesamtunternehmen*. Und diese Rangfolge bestimmt auch die offiziellen Umgangsformen der geschäftlichen Kommunikation – nebst dem offiziellen Protokoll.

Dagegen werden in allen *privaten* gesellschaftlichen Zusammenhängen diese Rangfolgen – auch die beruflichen Hierarchien – im Großen und Ganzen außer Kraft gesetzt. Denn im privaten, offiziellen Umgang ist eine *Dame nach wie vor höherrangig* gegenüber allen anwesenden Herren. Das heißt, wenn man auf einer Privateinladung in Begleitung seiner Frau seinem Vorgesetzten begegnet, so ist die Ehefrau die Ranghöhere gegenüber dem Chef; in dieser Situation zählt nur, dass sie eine Dame und er ein Herr ist.

Im *privaten* Bereich lautet die korrekte, nach wie vor *verbindliche Rangfolge*:

- Die Frau/Dame ist stets die Ranghöhere gegenüber dem Mann/Herrn.
- Die/der Ältere ist stets ranghöher gegenüber der/dem Jüngeren.
- Die/der Fremde ist stets ranghöher gegenüber der/dem Verwandten.
- Der/die AusländerIn rangiert vor dem/der InländerIn.

Komplizierter wird diese Frage dann für *Frauen im Berufsleben*. Hier ist der gesellschaftliche Vorrang der Frau, den sie als Dame normalerweise in der Gesellschaft genießt, grundsätzlich außer Kraft gesetzt. *(Näheres dazu in Kapitel 4, S. 126)*

Der richtige Umgang mit Vorgesetzten und MitarbeiterInnen

Was bedeutet denn »richtiger« Umgang mit denjenigen, denen man täglich in der Firma begegnet? Muss das nicht jeder selbst herausfinden, wie man mit diesem oder jener Vorgesetzten und mit dieser oder jenem MitarbeiterIn am besten klarkommt? Außerdem reagieren wir aus unseren privaten Erfahrungen heraus ausgesprochen empfindlich auf so genannte »Schleimer«, also solche Leute, die höfliches und korrektes Benehmen nur dort einsetzen, wo es ihnen »etwas bringt«.

Das ist alles richtig – und trotz alledem gelten gute Umgangsformen überall als positiv, wenn sie *glaubwürdig* sind. Das heißt, wenn sie als Ausdruck der Achtung gegenüber Mitmenschen ernst gemeint sind. Das bedeutet für die berufliche Kommunikation:

Gute Manieren dürfen – auch in beruflichen Zusammenhängen – nie den Anschein bewusst eingesetzter Strategien erwecken.

Es kommt schon mal vor, dass man/frau sich – dann wirklich sehr bewusst – nur noch auf die eigene Höflichkeit verlassen muss, zum Beispiel dann, wenn der/die andere unübersehbar unhöflich ist oder einem sonstwie auf die Nerven geht. Im beruflichen Zusammenhang muss man da gelegentlich schon etwas mehr zurückstecken, als man sich privat gefallen lassen würde. Und so bleibt man aus geschäftlichem Interesse auch dann noch höflich, wenn es einige Überwindung kostet. Jedoch darf auch das Geschäftsinteresse nie über die Selbstachtung gestellt werden; deshalb braucht man/frau sich keineswegs alles bieten zu lassen, was einem von ungezogenen Menschen so geboten werden kann.

Die Grenze für die eigene Höflichkeit ist auf jeden Fall bei persönlicher Herabsetzung oder Missachtung zu ziehen.

Es ist unbestreitbar, dass die Art und Weise, in der jemand mit seinen MitarbeiterInnen umgeht, ein wichtiges Indiz für seine/ihre Führungsqualitäten ist. In den oberen Führungsetagen werden ein höflicher Umgangston und die korrekte Haltung gegenüber MitarbeiterInnen als Grundvoraussetzung für eine gute Mitarbeiterführung angesehen.

Dass die Mitarbeiterin oder der Mitarbeiter sich als Person ernst genommen und respektiert sehen kann, ist eine unerlässliche Voraussetzung für deren Bereitschaft, Verantwortung zu übernehmen.

Auf der anderen Seite gibt es gar keinen Zweifel darüber, dass es ganz bestimmte Verhaltensweisen gibt, die man/frau sich gegenüber Vorgesetzten nicht erlauben sollte. Es ist unerheblich, ob jemand es nun zugibt oder nicht: Jeder Mensch entwickelt ein sehr sensibles Gespür für die Art und Weise, in der seine MitarbeiterInnen ihm begegnen. Eine ganz bekannte Sorte »Fallensteller« sind solche Chefs, die sich ausgesprochen kumpelhaft geben, Schulterklopfen inklusive. – Wehe den Mitarbeitern oder Mitarbeiterinnen, die darauf in der Weise hereinfallen, dass sie annehmen, sie könnten ebenfalls einen kumpelhaften Ton anschlagen! Denn über Distanz und Nähe bestimmen stets die Ranghöheren – nach ihrem eigenen Befinden!

Bitte und Danke

Genau diese beiden Worte sind es, die die Menschen in zwei Gruppen unterteilen: in solche, die mit Respekt behandelt werden, und jene, die man als eine Art seelenlose Ausführende irgendeiner Funktion oder einer Arbeit betrachtet. Mit Sicherheit wäre es ziemlich unsinnig, sich bei einem Roboter zu bedanken, dessen Dienste man gebraucht hat. Sich jedoch bei einem Menschen zu bedanken, heißt, dass man ihn/sie als Person wahrnimmt und be-»achtet«. Deswegen sollte es selbstverständlich sein, von einer Person mit einem »Bitte« einen Dienst oder eine Gefälligkeit zu verlangen, und »Danke« zu sagen, nachdem man diese Bitte erfüllt bekommen hat. – Jemanden um etwas zu »bitten« hat auch nicht das Geringste mit Bittstellerei oder Unterwürfigkeit oder Ähnlichem zu tun – ganz im Gegenteil: es ist ein unverwechselbarer *Ausdruck von persönlicher Souveränität.*

TIPPS

□ Wo immer man eine Handreichung oder eine Dienstleistung anfordert, ist es höflich, dies mit einem »Bitte« zu verbinden – übrigens gilt dies privat wie beruflich.

□ Wann immer man eine Handreichung oder Dienstleistung entgegennimmt, quittiert man das mit einem »Danke«.
□ Bei einer ununterbrochenen Reihe aufeinander folgender Handreichungen bedankt man sich natürlich nicht permanent, sondern erst am Schluss – ein für alle Male.

Ehe von den gehobenen Ansprüchen eines korrekten Benehmens die Rede sein soll, hier einige grundsätzliche *Tipps und Tabus zum richtigen Verhalten.*

TIPPS

□ Sowohl firmenfremde GesprächspartnerInnen als auch KollegInnen und MitarbeiterInnen *mit Namen anreden.*
□ Bei Gesprächen *in korrekter Haltung sitzen.* »Korrekt« bedeutet nicht steif oder stramm, sondern nur das Gegenteil von leger und nachlässig.
□ Für jede/n Nachkommende/n die *Tür aufhalten.*
□ Für eine versehentliche Unhöflichkeit muss man *sich entschuldigen.*

Das gilt auch und gerade für Chefs; sich zu entschuldigen gilt eindeutig als ein Zeichen persönlicher Souveränität, keineswegs als Schwäche!
□ Zum Chef/zur Chefin geht *Mann* stets in »geordneter« Kleidung:

- der Kragenknopf ist vorher zu schließen
- die Krawatte ist hochgezogen
- über die Haare kann er sich auch noch schnell streichen.

Frauen haben normalerweise ein besseres Gespür dafür, auf ihre korrekte Kleidung zu achten. Sie können es sich eigentlich nie erlauben, nachlässig angezogen herumzulaufen.

- Sich in Gegenwart anderer gehen zu lassen.
- Seinem Chef oder seiner Chefin gegenüber sich eine lässige Haltung herauszunehmen; also *nie*
  - die Hände in die Hosentasche/n stecken, wenn man mit ihm/ihr redet
  - beim Sitzen »alle viere« von sich strecken
  - im Sitz eines Sessels oder eines Stuhls »verschwinden«.

Pünktlichkeit

Sei es, dass man/frau zu der Kategorie der notorisch unpünktlichen Leute gehört, die nicht in der Lage sind, überhaupt irgendetwas in ihrem Leben organisatorisch in den Griff zu kriegen, oder zu jenen Menschen, die es offensichtlich nicht schaffen, den Zeitaufwand, den sie für bestimmte, immer wiederkehrende Tätigkeiten brauchen, im Voraus realistisch zu kalkulieren. Das Resultat ist zeitlebens ein Zuspätkommen.

Dann gibt es noch eine andere Kategorie von ewig Unpünktlichen. Das sind diejenigen, welche glauben, sie hätten es nicht nötig, so pünktlich wie andere Leute zu sein. Sie halten sich allem Anschein nach für unvergleichliche Ausnahmemenschen. Sie gehen offenbar davon aus, dass alle Leute überglücklich sein müssten, sie überhaupt noch sehen zu dürfen.

Wo auch immer die Ursachen liegen mögen, Tatsache ist, dass Unpünktlichkeit auf andere Menschen unbeschreiblich frustrierend wirkt. Denn das Resultat ist stets ärgerlich.

Unternehmen verstehen unter »Zeitmanagement« nicht nur den Umgang mit dem eigenen Terminkalender, sondern auch mit den Kalendern anderer Beschäftigter. Überall ist man in irgendeiner Weise darauf angewiesen, dass verabredete Zeiten eingehalten werden.

Was bedeutet Pünktlichkeit im Beruf?

Im Allgemeinen müssen wir in Wirtschafts- und Industrieunternehmen von folgenden Grundregeln ausgehen:

- Pünktlichkeit bedeutet im beruflichen Zusammenhang das Einhalten einer verabredeten Zeit, auf die wiederum andere ihre Zeitplanung abgestellt haben.
- Unpünktlichkeit heißt somit, dass man eine feste Verabredung nicht einhält – sei sie nun generell oder im Besonderen getroffen worden.
- Deswegen wird Unpünktlichkeit bei uns wie der Bruch eines Versprechens gewertet.
- Unpünktlichkeit kostet Geld.
- Aber vor allem kostet Wartenlassen andere Leute viel Nerven, weil es Menschen frustriert und Planungen durcheinanderwirft.
- Andere Leute warten zu lassen lässt darauf schließen, dass man diejenigen, die man warten lässt, nicht besonders hoch schätzt.
- Vorgesetzte, die von MitarbeiterInnen Pünktlichkeit verlangen, selbst aber unpünktlich sind, setzen ihre gesamte Glaubwürdigkeit aufs Spiel.
- Selbst wenn man einen Termin nicht persönlich vereinbart hat, gilt der Termin als akzeptiert, sobald man nicht vorher widersprochen hat.
- Wenn man im Vorhinein weiß, dass man einen bestimmten Termin nicht einhalten kann – oder auch nur möglicherweise nicht einhalten kann –, sagt man im Voraus Bescheid und entschuldigt sich.

- Bei Anreisen mit dem PKW zu einem bestimmten Termin sollte man eine Sicherheitszeit einplanen, die in etwa der Hälfte der normalen Fahrzeit entspricht.

Pünktlichkeit im Privatleben

Privat bedeutet Pünktlichkeit Achtung vor den Planungen anderer.

TIPPS

□ Bei allen Verabredungen zu einem Essen, sei es innerhalb der eigenen Familie oder mit Freunden, Verwandten oder auch beruflich, wird auf Pünktlichkeit sehr streng geachtet.
□ Unpünktliches Erscheinen zu einer Einladung mit einem »gesetzten« Essen (mit Tischordnung) gilt als Zeichen besonders schlechter Erziehung.
□ *Jedes* unpünktliche Erscheinen bedarf einer *Entschuldigung*.

Natürlich können immer mal nicht vorhersehbare Gründe auftreten, das sind – selbstverständlich zu entschuldigende – Ausnahmen.

Was ist bei einer Verspätung zu tun?

TIPPS

□ Selbstverständlich hat sich derjenige, der ein Meeting einberufen hat, für sein Zuspätkommen zu entschuldigen.
□ Falls man/frau verspätet in einen kleinen Kreis kommt, so entschuldigt man sich – mit sehr kurzer Begründung –

dezent beim Besprechungsleiter und setzt sich schnell auf seinen Platz.

□ Falls man/frau verspätet zu einem größeren Meeting, einer Konferenz oder einem Seminar erscheint, sollte man sofort und unauffällig Platz nehmen. Unerlässlich ist dann, dass sich der/die Zuspätkommende bei der nächsten Unterbrechung kurz für seine Verspätung entschuldigt – ohne nähere Begründung.

TABUS

- Zu spät zu kommen und so auffällig hereinzurauschen, dass eine Unterbrechung provoziert wird.
- Sich hinzusetzen ohne sich zu irgendeinem Zeitpunkt zu entschuldigen.
- Zu spät zu kommen und alle Anwesenden dann noch mit Handschlag zu begrüßen – so nach dem Motto: Nun bin ich da – jetzt kann's losgehen.
- Zu einem Essen zu spät zu kommen, ohne sich bei der Hausfrau für die zusätzliche Mühe und bei den anderen Gästen für das Wartenlassen zu entschuldigen.

Anklopfen

Unbestritten bedeutet Anklopfen eine Geste des Respekts und der Höflichkeit. Im Normalfall kann man in dieser Gepflogenheit keineswegs eine unterwürfige Geste sehen, sondern eigentlich das Gegenteil: es ist eine Geste der Souveränität. Der Grund liegt ganz einfach darin, dass nur der-/diejenige, der selbst Wert darauf legt, seine eigene »Distanzzone« geschützt und beachtet zu sehen, ein Gefühl für die »Gebiete« anderer Menschen entwickelt hat. Das heißt, anders ausgedrückt, dass nur derjenige den Lebens- oder Arbeitsraum eines andern Menschen respektiert, der selbst respektiert wird. Also wird er/sie bei niemandem ungefragt und überfallartig eindringen, ohne kurz anzuklopfen.

Sicherlich ist die ursprüngliche Bedeutung des Anklopfens eine Bitte um Einlass oder eine Bitte um die Erlaubnis, eintreten zu dürfen. Dazu gehört natürlich auch, dass diese Bitte irgendwie beantwortet wird: entweder mit einem »Herein«, »Einen Augenblick bitte« oder Ähnlichem. Das ist auch nach wie vor in privaten Zusammenhängen korrekt. Ebenso wird Hotelpersonal nach dem Anklopfen stets auf Antwort warten; nur wenn niemand antwortet, wird das Zimmermädchen vorsichtig eintreten. Personal in Privathäusern verhält sich ebenso.

Auch in beruflichen Zusammenhängen geht es im Grunde um diese Erlaubnis einzutreten, weil kein höflicher Mensch ohne eine Erlaubnis in einen Raum eindringt, in dem er jemanden vermutet. Der einzige Unterschied zu dem privaten Verhalten ist der, dass man quasi die Erlaubnis zum Eintreten in Büros bereits voraussetzt. Deswegen braucht man im Normalfall nach dem Anklopfen nicht mehr eine erneute Erlaubnis abzuwarten, sondern kann sodann eintreten.

Für den internen »Hausgebrauch« sollte man *Vereinbarungen über das Anklopfen* treffen, die im gesamten Unternehmen einheitlich gelten sollen, sodass es nicht von Abteilung zu Abteilung unterschiedliche Gepflogenheiten gibt. Ganz generell kann man zum Anklopfen Folgendes festhalten:

TIPPS

□ Es ist höflich, als Unternehmens- oder Betriebsfremde/r vorher kurz anzuklopfen, bevor man in ein Büro eintritt.

□ Es ist höflich, aber nicht nötig, auch bei Behörden vorher kurz anzuklopfen, bevor man zu der gewünschten »Stelle« hereinstürmt.
□ Es ist korrekt und höflich, bei Ämtern und Behörden auch an jenen Bürotüren anzuklopfen und kurz hineinzuschauen, die mit dem Hinweis »Bitte einzeln eintreten« versehen sind. Man hat in jedem Fall das Recht, sich zu vergewissern, ob überhaupt jemand drin ist.
□ Es ist höflich und korrekt, auch »StelleninhaberInnen« des Dienstleistungsunternehmens »Behörde« mit der gleichen Höflichkeit und dem gleichen Respekt zu begegnen wie allen anderen BürgerInnen auch. – Das gilt natürlich auch wechselseitig.
□ Es ist höflich, wenn man als Betriebsangehörige/r an der Tür von KollegInnen ebenfalls kurz anklopft, bevor man/frau eintritt.

TABUS

■ Ohne Anklopfen eine Bürotüre zu öffnen und einzutreten.
■ Normalerweise wartet man nach dem Anklopfen an Bürotüren *nicht* auf ein »Herein!«

Das Grüßen

Jemanden zu grüßen oder nicht zu grüßen macht deswegen einen großen Unterschied aus, weil Grüßen eine Geste des Respekts ist. Daher ist es für jeden Menschen von Bedeutung, ob er von anderen gegrüßt – also von anderen respektiert – wird, oder ob er nicht gegrüßt – oder wie man auch sagt, »geschnitten« – wird. Auch hat es eine völlig andere

Wirkung, ob ein freundlicher Gruß erwidert wird, oder ob man den Gruß ignoriert, das heißt missachtet. Das ist in allen Kulturen so und das gilt auch bei uns in allen sozialen Schichten und Gruppen, beruflich wie privat. Nur die Art und Weise, in der Menschen sich begrüßen, ist ungeheuer unterschiedlich. Hier spielt nicht nur die Frage nach der Situation und nach der Rollenverteilung eine große Rolle, sondern auch die nach der Generation.

Im Allgemeinen grüßen wir Menschen, die wir kennen – also Freunde, Bekannte, Kollegen, Leute, die man »vom Sehen« kennt. Es gibt aber auch einige bestimmte Situationen, in denen von uns erwartet wird, dass wir auch Fremde grüßen.

Andere Menschen zuerst zu grüßen ist ein Zeichen für freundlichen Respekt und wird normalerweise nicht für eine Anbiederung gehalten. Auch ist es nicht automatisch ein Zeichen dafür, dass man mit den anderen ein Gespräch anfangen möchte – da müssen noch eine ganze Reihe anderer Signale hinzukommen.

TIPPS

□ Ein Gruß erfolgt im Allgemeinen durch Kopfnicken und »Guten-Tag-«, »Grüß-Gott-«, »Hallo-«, »Moin(-Moin)«-Sagen – oder was sonst als Gruß noch regional üblich ist.

□ Man grüßt kurz
- beim Betreten eines Abteils in der Eisenbahn
- beim Verlassen des Abteils
- den unmittelbaren Nachbarn im Großraumwagen
- beim Betreten einer nicht zu vollen Straßenbahn den/die StraßenbahnführerIn – desgleichen im Bus
- beim Einsteigen ins Flugzeug die Flugbegleiter (Stewards und Stewardessen) und dann den unmittelbaren Nachbarn

- beim Spazierengehen in Kleinstädten und Dörfern jede(n), an dem/der man in kurzem Abstand vorbeigeht, und dessen/deren Blick man auffängt
- beim Betreten eines Geschäfts
- beim Betreten eines Lokals
- beim Betreten des Wartezimmers eines Arztes.

□ Falls ein Herr einen Hut trägt, sollte er dabei den Hut kurz »lüften«; beim Betreten geschlossener Räume muss er die Kopfbedeckung abnehmen, sofern es seine Religion nicht verbietet.

□ »Auf Wiedersehen« sagt man zum Beispiel
- beim Verlassen des Flugzeugs zu den Stewardessen und Stewards
- beim Verlassen eines Geschäfts oder kleineren Lokals.

□ Der Gruß eines anderen sollte grundsätzlich erwidert werden – es sei denn, man hat persönliche Gründe dafür, das nicht zu tun.

□ Wenn man »in Gedanken« mal an jemandem vorbeigeht und erst nach mehreren Schritten bemerkt, dass man eben gegrüßt wurde, so sollte man denjenigen bei der nächsten Begegnung betont freundlich und am besten zuerst grüßen, um deutlich zu machen, dass es sich nicht um eine zum Ausdruck gebrachte Missachtung gehandelt hat.

Grüßen im beruflichen Alltag

Generell begrüßt man in seiner beruflichen Umgebung die Menschen auch nicht viel anders als im Privatleben. Einige wichtige Unterschiede gibt es allerdings doch zu berücksichtigen.

Obwohl man KollegInnen und MitarbeiterInnen meist schon lange kennt und so gut wie jeden Morgen sieht, darf die Begrüßung grundsätzlich nicht so vertraulich ausfallen wie zu Hause. Natürlich spielen auch ganz bestimmte

Rangfolgen in der Firma eine Rolle, die zu beachten sind. Dazu kommen noch Unterschiede durch Dienst- oder natürliches Alter.

Das alles fließt in die Begrüßungsrituale im Betrieb ein.

TIPPS

□ Im Gegensatz zu früher spielt die Rangfrage bei der Begrüßung im Vorübergehen nicht mehr die große Rolle:

- Grundsätzlich grüßt derjenige zuerst, der den anderen zuerst sieht, das gilt für Vorgesetzte in gleicher Weise wie für Frau oder Mann.

□ Allerdings sollte nie ein Jüngerer »warten«, bis ein Älterer ihn grüßt, ebenso ein/e Mitarbeiter/in nicht, ob der Chef zuerst grüßt.

□ Wenn es die Situation erlaubt, sollte immer noch der/die Rangniedere die oder den Ranghöhere/n zuerst grüßen.

□ Man sagt »Guten Tag«, »Grüß Gott«, »Hallo«, »Moin« oder »Moin-moin« (in Hamburg), »Wie geht's?«, »Alles klar?«, und Ähnliches – nur *nicht »Mahlzeit«*!

□ Wer einen Raum betritt, in dem sich bereits andere befinden, grüßt grundsätzlich als Erste/r.

□ Wird man in Betriebsräumen (auch von Fremden) gegrüßt, so erwidert man stets den Gruß: »Guten Morgen, Herr … (*Name*!), Frau … (*Name*!)!«

□ Mit Handschlag sollte man – wenn überhaupt – nur die engsten Mitarbeiter begrüßen, zum Beispiel seine Sekretärin. Denn dieses Handgeben wird schnell zum *Ritual*, das sich später nur schwer verändern lässt. Wen man einmal einige Tage hintereinander per Handschlag begrüßt hat, denjenigen muss man fortan tagtäglich so begrüßen – bis einer von beiden aus der Firma ausscheidet.

□ Normalerweise gibt man seinen KollegInnen nur vor Urlaubsantritt die Hand, und dann noch einmal, wenn man wiederkommt. Das ist so das Übliche.

□ Namen! Namen! Namen! Das gilt natürlich auch für KollegInnen und MitarbeiterInnen. Deswegen sollte man nicht vergessen, sie bei der Begrüßung mit Namen anzureden.

□ Alle (ca.) volljährigen Kolleginnen und Mitarbeiterinnen werden heute mit der Anrede: »Frau ...« angesprochen, ohne Rücksicht darauf, ob sie einen Trauschein haben oder nicht. *(Siehe dazu Abschnitt »Anrede«, S. 51 f.)*

□ *Männer* stehen bei der *Begrüßung durch Handschlag* grundsätzlich und ohne Unterschied vor jeder/jedem auf. Wenn man aus sachlichen, arbeitsbedingten Gründen bei einer solchen Begrüßung sitzen bleiben möchte, erfordert das eine kurze Entschuldigung.

□ Für *Frauen* gilt bei der *beruflichen* Begrüßung dasselbe: Sie stehen ebenfalls beim Handschlag auf.

□ Für Herren zur Erinnerung: Bei einer ausführlicheren offiziellen Begrüßung ist der Jackettknopf zu schließen – und alle Hände aus den Taschen!!

TABUS

■ Abzuwarten, bis der andere zuerst gegrüßt hat, wird heutzutage als mangelndes Selbstbewusstsein interpretiert.

■ »Mahlzeit« als Gruß zwischen KollegInnen! – Das ist dem »Volk« aufs Maul geschaut!

■ Herren sollten eigentlich davor zurückschrecken, sich beim Besuch der Toiletten ein aufmunterndes »Mahlzeit« zuzurufen.

Der Händedruck

Wie unterschiedlich die Begrüßungsregeln sein können, zeigt sich am Beispiel des Handgebens. So korrekt bei uns das Handgeben in solchen Situationen ist, in denen man Bekannte begrüßt oder jemandem vorgestellt wird, so verkehrt wäre es, im Kaufhaus jede/n VerkäuferIn mit Handschlag zu begrüßen oder im Betrieb jedem Mitarbeiter die Hand zu schütteln.

Der *offizielle Handschlag* ist an bestimmte Situationen und Rollenverteilungen geknüpft und darüber hinaus an bestimmte Regeln gebunden.

Bei uns wird der Händedruck als Ausdruck von Höflichkeit verstanden. Er dient uns zur Orientierung darüber, mit wem wir es zu tun haben, denn jede Berührung eines anderen enthält für uns ein Bündel von Informationen. Formal markiert der Händedruck Anfang und Ende eines Gesprächs unter Erwachsenen. Bei jungen Leuten entfällt das Handgeben normalerweise.

In formellen Situationen ist es allerdings wichtig, dass man das *Ritual des Handgebens* korrekt beherrscht.

TIPPS

□ Offiziell wird die Hand zum Gruß grundsätzlich *vom Ranghöheren* dem/der Rangniederen gereicht.

□ Beim Handschlag blickt man sich in jedem Fall gegenseitig in die Augen.

□ Bei einer Begrüßung nimmt jeder Mensch selbstverständlich die linke Hand aus der Hosentasche.

□ *Herren* stehen bei jeder Begrüßung mit Handschlag grundsätzlich vor jeder und jedem auf. Dabei werden mit einem »automatischen« Griff die erforderlichen Jackettknöpfe geschlossen.

□ Im *beruflichen* Zusammenhang sollten *Damen* bei der Begrüßung in gleicher Art und Weise aufstehen wie ihre männlichen Kollegen.

□ In privater Gesellschaft steht eine *Dame* zur Begrüßung mit Handgeben nur in Ausnahmefällen auf – etwa gegenüber älteren Damen oder sehr viel älteren Herren.

TABUS

■ Ganz schlimm: Bei einer Begrüßung die linke Hand in der Hosentasche zu lassen.

■ Seinem Gegenüber beim Händedruck nicht in die Augen zu sehen, sondern aufs Ohr oder in die Gegend, oder gar jemand ganz anderes dabei anzusehen.

■ Als Herr einer Dame – oder als Rangniederer einem Ranghöheren – als Erster die Hand zum Gruß hinzustrecken, ohne zu warten, bis sie bzw. der Ranghöhere ihm die Hand reicht.

■ Die Hand des anderen mehrere Sekunden lang festzuhalten oder unermüdlich zu schütteln.

■ Als Herr seinen Hut oder eine andere Kopfbedeckung bei einer Begrüßung aufzubehalten.

■ Personal wird *nicht* mit Handschlag begrüßt; das bezieht sich sowohl auf Hauspersonal als auch auf fast alle anderen Zusammenhänge unmittelbarer persönlicher Dienstleistung, wie für KellnerInnen, VerkäuferInnen, Hotelpersonal etc.

Der Handkuss

In früheren Zeiten, als diese Art der Begrüßung von Damen noch in den Rahmen sonstiger Gepflogenheiten im persönlichen Umgang passte, galt der Handkuss als Ausdruck besonderer Wertschätzung gegenüber »ehrwürdigen« Damen. Deswegen durfte ein Herr auch nur einer verheirateten Frau die Hand küssen, und dies auch nur in geschlossenen Räumen. Ein Handkuss in der Öffentlichkeit oder unter freiem Himmel war damals absolut tabu. Darüber hinaus gab es noch weitere, sehr präzise Regeln zu beachten. Daher musste der korrekte Handkuss stets eingeübt werden – und zwar allseitig! Das heißt sowohl von Herren als auch von den Damen.

Regelkenntnis und Übung sind nach wie vor die Voraussetzungen für einen *stilgerechten Handkuss.* Da es daran jedoch allzu oft hapert, wirkt dieses Relikt aus alter Zeit heutzutage eher peinlich oder komisch oder beides zugleich. Im Übrigen hat der Handkuss in beruflichen Zusammenhängen nichts zu suchen – er ist *ein Ritual, das ausschließlich auf den gesellschaftlichen Bereich zu beschränken ist.*

Wie bereits gesagt, will diese Geste der Ehrerbietung nicht mehr so recht in den heutigen Alltag der selbstbewussten Frauen passen. Und so schön der authentisch und gekonnt zelebrierte Handkuss bei dem so genannten »Kavalier alter Schule« wirkt, weil hier die sonstigen Umgangsformen und die Haltung gegenüber Damen noch damit übereinstimmen, so *problematisch* bis äußerst peinlich wirkt die neuzeitliche Handküsserei auf Tennis- und Parkplätzen, weil die »Bedingungen« für einen Handkuss nicht mehr »stimmen«.

In unserem Land ist es heutzutage in jedem Fall besser, keinen Handkuss als einen falschen aus der Kategorie der größeren Peinlichkeiten anzubringen.

In einigen anderen europäischen Ländern dagegen ist die Handkusstradition noch ungebrochen, weil sie dort – wie zum Beispiel in Österreich – eine ganz andere, in allen Schichten bekannte Gepflogenheit war. In einigen ehemals kommunistischen Ländern des vormaligen Ostblocks hat sie sogar das Gesellschaftssystem überlebt – wie zum Beispiel in Polen und in Ungarn. Dort war der Handkuss seit eh und je ein Begrüßungsritual breiter Volksschichten und nicht, wie bei uns, an die strenge Etikette der so genannten »guten Gesellschaft« gebunden.

In Situationen, in denen der Handkuss als glaubwürdiges Zeichen besonderer Wertschätzung gegenüber Damen zu verstehen ist – und wenn er in einer festlichen Atmosphäre gekonnt zelebriert wird –, handelt es sich nach wie vor um eine sehr schöne Geste.

Bei anderen Gelegenheiten jedoch, bei denen zum Beispiel Frauen eher an beruflicher Akzeptanz als an ehrerbietigen Gesten interessiert sind, passt der Handkuss nicht mehr in unsere Zeit.

TIPPS

Für einen Herrn sind bei einem Handkuss folgende *Regeln* zu beachten:

□ Der zum Handkuss entschlossene Herr soll
- die Hand der Dame nur an den Fingerspitzen ergreifen
- sodann diese Hand nur ein wenig zu sich heraufziehen
- seine Lippen mit einer formvollendeten Verbeugung dem Handrücken der Dame nähern
- in einem Abstand von 1 bis 2 cm zur Handoberfläche innehalten

□ Seine Lippen dürfen ihren Handrücken selbstverständlich nicht berühren.

□ Wenn ein Herr Damen mit Handkuss begrüßt, so darf er dabei keine der anwesenden Damen auslassen – schon gar nicht ältere. Das wäre ein schlimmer Fauxpas.

□ Es ist immer besser, gar keinen Handkuss zu verteilen als einen nicht korrekten.
□ Vorsicht: Gefahr von Kinnhaken durch ungeübte Damen!

Für eine Dame sind bei einem Handkuss folgende *Regeln* zu beachten:
□ Sie soll dem handkussverdächtigen Herrn ihre rechte, schlaffe Hand reichen und ihm dann ihre entspannten Fingerspitzen überlassen.
□ Keinesfalls sollte sie seine Hand drücken oder gar schütteln!

TABUS

■ Ohne Abstand direkt auf die Hand zu küssen.
■ Die Hand einer Dame auf die eigene Gesichtshöhe heraufzuziehen.
■ Handküsse flüchtig und im Freien zu verabreichen.
■ »Selektive« Handküsse zu verteilen – also nicht alle anwesenden, sondern nur eine oder einige Dame/n mit Handkuss zu begrüßen.
■ Handküsse gegenüber Managerinnen und Führungsfrauen wirken meist chauvinistisch.

Wangenküsschen – oder »Bussi-Bussi«

Ebenfalls in die Rubrik der *rein privaten Begrüßungsrituale* gehören die Wangenküsschen.

Für das Wangenküsschen gibt es bei uns keine Etikettevorschriften, weil diese Begrüßungsart nicht aus unserer Kulturtradition kommt; in Deutschland ist es erst in den letzten Jahren als Begrüßungsritual zwischen Freunden in Mode gekommen.

Gegenwärtig kann man bei uns für Wangenküsschen nur folgende *Regeln* festhalten:

TIPPS

- □ Wie bei anderen Begrüßungen ist auch hierbei die Rangfolge zu beachten, das heißt die/der Ranghöhere bzw. Ältere signalisiert zuerst, ob jetzt Wangenküsschen angesagt sind.
- □ Man küsst – normalerweise – zuerst die linke Wange, dann die rechte seines Gegenübers; es gibt jedoch keine festgelegte Reihenfolge der Wangen.
- □ Die Zahl der Wangenküsse ist eher eine Frage des Temperaments und der Vertrautheit. Dafür gibt es bei uns keine festen Regeln.
- □ Bei dieser Wangenküsserei sollten keine größeren Umarmungen stattfinden. Die Arme bzw. Hände bleiben im Wesentlichen aus dem Spiel.

TABUS

- ■ Als Rangniedere/r bzw. Jüngere/r sollte man niemals zuerst die Initiative ergreifen und mit den Wangenküssen anfangen. Das könnte peinlich werden.
- ■ Im beruflichen Umfeld KollegInnen mit Wangenküsschen zu begrüßen, wird als chauvinistisch interpretiert.

Vorstellen und Bekanntmachen

Jeder Mensch weiß, dass es für das Vorstellen von Personen, die sich bis dahin nicht persönlich kennen gelernt haben, gewisse Regeln gibt. Nicht jeder weiß, dass diese *Etikettevor-*

schriften zur Vorstellung nur in offiziellen Zusammenhängen eine Bedeutung haben, sowie in beruflichen Situationen, in denen die Beachtung einer vorgegebenen Rangfolge wichtig ist. Sollte man bei beruflich wichtigen Anlässen gegen diese Regeln verstoßen, dann könnte das eventuell peinlich werden. Hingegen sind sie im privaten Umgang zwischen »normalen« Menschen überhaupt nicht wichtig – und gerade dort wird oftmals um diese Vorstellungsregeln viel Aufhebens gemacht.

Wie in privaten, nicht-offiziellen Situationen ist es auch im »normalen« geschäftlichen Umgang empfehlenswerter, nicht den Begriff »Vorstellen« zu gebrauchen, sondern eher den Ausdruck »Bekanntmachen«, und die entsprechenden, einfachen Regeln anzuwenden. Denn während das Vorstellen immer mit der Rangfrage verknüpft ist, bietet das gegenseitige Bekanntmachen ein »demokratisches« Verfahren, das ohne vorherige Klärung einer Rangfolge auskommt.

So ist es auch wegen dieser, bei jeder »Vorstellung« im Vordergrund stehenden Rangfrage oftmals klüger, für die Begegnungen in geschäftlichen Zusammenhängen den Begriff und das Ritual des *»Bekanntmachens«* zu verwenden.

TIPPS

☐ Bei einer *inoffiziellen* Vorstellung sagt man also:
- »Ich möchte Sie gern miteinander bekannt machen …«
- »Darf ich Sie miteinander bekannt machen?«
- »Wir sollten uns vielleicht miteinander bekannt machen …«

Dabei ist die Reihenfolge, in der die Namen genannt werden, völlig beliebig. Mit diesen Formeln kommt man wirklich in den meisten Fällen aus.

Für *berufliche Situationen mit zahlreichen Begegnungen* – wie zum Beispiel Messen, Kongresse und Fachtagungen – hier ein paar allgemeine Hinweise.

☐ Unterstellt man in etwa *Gleichrangigkeit*, dann ist dies die einfachste Art: Man stellt sich selbst vor und erwartet dann vom Gegenüber, dass er/sie sich auch vorstellt.
☐ Man kann den/die andere/n aber auch um dessen Karte bitten und gleichzeitig die eigene Karte reichen.
☐ Hat man den Namen bei der Vorstellung nicht verstanden, kann man selbstverständlich ein–, zweimal nachfragen.
☐ Man kann aber auch sagen: »Wenn Sie vielleicht Ihre Karte für mich hätten, ich kann Namen besser behalten, wenn ich sie einmal gelesen habe ...«

Ganz anders ist die Situation, in der man eine Person jemandem *»vorstellen«* muss. Den gleichen Begriff finden wir ja dann auch in dem Wort »Vorstellungsgespräch«, und auch da gibt es eindeutige Klarheit darüber, wer sich wem vorstellt. In offiziellen beruflichen wie offiziellen privaten Zusammenhängen ist die Kenntnis der korrekten Vorstellungsregeln wichtig und von Vorteil.

Zunächst ist es in allen wichtigen beruflichen wie offiziellen Vorstellungssituationen nützlich, schnell die Rangfrage zu entscheiden und sich dann zu überlegen,
- *wer* dem oder den Ranghöchsten die Vorstellung zu vermitteln hat, das heißt, wer überhaupt als Erster die Initiative zu ergreifen hat
- wer dann als Nächster zu »bedienen« ist.

Die *Regeln für das formgerechte Vorstellen* lauten:
☐ Die oder der Ranghöhere *erfährt* stets *zuerst* den Namen der oder des Rangniederen, das heißt, der/dem Ranghöheren wird der/die andere zuerst vorgestellt.

□ Selbstverständlich muss also der-/diejenige zuerst das Wort ergreifen, der/die den Ranghöchsten kennt – also auch ansprechen darf.

□ In offizieller Gesellschaft – also nicht im beruflichen Alltag – gelten Damen nach wie vor als die Ranghöheren, also wird ein *Herr immer einer Dame vorgestellt*; das heißt, die Dame erfährt den Namen des Unbekannten zuerst.

- Ein Beispiel: Es muss also der Chef seiner Frau zuerst den Mitarbeiter vorstellen. Keinesfalls darf der Mitarbeiter selbst das Wort an die Begleiterin des Chefs richten, bevor er ihr vorgestellt wurde – und zwar von demjenigen, der sie kennt. Und das ist zunächst nur ihr Mann.

□ Bei zwei oder mehreren gleichrangigen Herren wird der Rang nach dem – augenscheinlichen – Alter bestimmt: Der ältere Herr hat gegenüber dem jüngeren Herrn den höheren Rang. Das Gleiche gilt für mehrere Damen unter sich.

□ Akademische Titel werden bei der Vorstellung durch andere stets *zusammen mit dem Namen* genannt.

□ Bei einer privaten Vorstellung ist es korrekt, Ehepartner als »meine Frau« bzw. »mein Mann« vorzustellen.

Von »Gatte« oder »Gattin« spricht man stets nur bezogen auf den Ehepartner des/r anderen, und das auch nur in offiziellen Situationen und gegenüber Ranghöheren.

□ Bei nicht-ehelichen Partnerschaften kann man seine/n BegleiterIn oder PartnerIn mit »das ist mein Partner, Herr ...«, bzw. »das ist meine Partnerin, Frau ...« vorstellen. Man kann aber auch ganz einfach dessen Namen sagen, das ist ebenfalls korrekt – besitzanzeigende Fürwörter müssen nämlich nicht grundsätzlich verwendet werden.

- Ein Beispiel: »Ich möchte Sie gern miteinander bekannt machen, das ist Herr ...«

□ Bei *jüngeren* Leuten untereinander ist es üblich – unter Weglassung des »Herr« bzw. »Frau« – nur Vor- und Zunamen zu nennen.

□ Bei einer *Selbstvorstellung* – aber nur, wenn man nicht durch Dritte vorgestellt werden kann –, nennt der Rangniedere seinen Namen zuerst und erwartet dann, dass sein Gegenüber ebenfalls seinen Namen sagt und ihm dann die Hand reicht.

□ Stellt eine Frau Professorin oder eine Frau Doktor sich selbst vor, so nennt sie ihre/n Titel nicht. Das gilt in gleicher Weise natürlich auch für promovierte oder habilitierte Männer.

□ Wenn man durch Dritte vorgestellt wird, sagt man einfach »Guten Tag« oder »Guten Abend« – je nach Tageszeit – oder verschenkt sein schönstes Lächeln.

□ Sollte es zutreffen, kann man bei einer Vorstellung sagen: »Ich freue mich, Sie kennen zu lernen, ich habe schon viel von Ihnen gehört« oder Ähnliches – aber nur unter der Bedingung, dass es auch stimmt.

□ Falls einem beim offiziellen Vorstellen ein Fehler unterlaufen ist, sollte man einfach darüber hinweggehen. Kein Mensch denkt Sekunden später noch an dieses belanglose Ereignis – falls nicht weitere Unsicherheiten hinzukommen.

TABUS

■ Begrüßungsfloskeln, wie zum Beispiel »Sehr angenehm!«, sind völlig »*out*«!

■ Seinen Mann als »mein Gatte« vorzustellen; das ist »ätzend«.

■ Bei einer Selbstvorstellung gleich mit der ausgestreckten Hand sich den Handschlag eines/einer Ranghöheren zu erzwingen ist schlechter Stil.

■ Es hat beim Vorstellen nicht so ganz nach »Vorschrift« geklappt und nun reitet der Vorstellende selbst darauf herum, dass er dies oder das falsch gemacht habe. Niemanden interessiert das wirklich – nur das nachträgliche Aufhebens darum ist dann erst richtig peinlich.

Anreden

Sowohl in privaten Zusammenhängen wie auch bei geschäftlichen Begegnungen ist es ungeheuer wichtig, Menschen mit ihrem Namen anzureden. Die persönliche Anrede lebt von *Namen! Namen! Namen!* Es ist eine altbekannte Tatsache, dass das liebste Wort eines Menschen sein eigener Name ist, weil nur der »Eigenname« jemanden zu einem unverwechselbaren Subjekt macht. Und darauf legt jeder Mensch Wert.

TIPPS

□ Man sollte stets versuchen, sich den Namen zu merken, den man bei der Vorstellung erfahren hat, um sein Gegenüber damit anreden zu können.

□ Hat man den Namen bei der Vorstellung nicht verstanden oder nicht behalten, so fragt man noch einmal nach.

- Zum Beispiel: »Würden Sie Ihren Namen bitte nochmals sagen, ich habe ihn eben nicht verstanden.«

Das ist absolut korrekt und macht einen souveränen Eindruck.

□ Doppelnamen werden bei der offiziellen Anrede stets in voller Länge genannt. Im weiteren Gespräch kann man den/die Namensträger/in von sehr langen Doppelnamen höflich fragen, ob man auch eine Kurzform der Anrede verwenden dürfe und welche das sei.

□ Akademische Titel soll man in der Anrede stets in unmittelbarem Zusammenhang mit dem Namen gebrauchen.

– Zum Beispiel: »Frau Professor Schmidt«, »Herr Doktor Müller«.

□ Der »Herr Doktor« (ohne die Erwähnung seines Namens) ist ausschließlich der Arzt!

□ Nur auf ausdrücklichen Wunsch des oder der Anzuredenden darf man den Titel in der Anrede weglassen.

Manche AkademikerInnen möchten heute nicht mehr permanent mit ihrem Titel angesprochen werden – aber bei weitem nicht alle!

□ Journalisten machen üblicherweise von der internationalen Gepflogenheit Gebrauch, sowohl bei sich selbst als auch in der Anrede anderer die akademischen Titel wegzulassen.

□ Bei Trägern mehrerer akademischer Titel, zum Beispiel bei einem Herrn Prof. Dr. Dr. Meier, verwendet man in der Anrede nur den ersten Titel: »Herr Professor Meier«.

□ Alle volljährigen Frauen (das heißt also ab 18) werden heute selbstverständlich mit »Frau« angeredet und vorgestellt.

□ Die Anrede »Fräulein« darf man nur noch auf ausdrücklichen Wunsch der Angesprochenen verwenden.

- Manche ältere ledige Dame legt auf diese ihr vertraute Anrede besonderen Wert. In diesen Fällen sollte man deren Wunsch auch respektieren.

In allen anderen Fällen gilt »Fräulein« – also die Verkleinerungsform von »Frau« für unverheiratete Frauen – als Herabsetzung.

□ Für die Anrede »Gnädige Frau« trifft einiges von dem zu, was hier bereits unter dem Stichwort »Handkuss« erläutert wurde. Das »Gnädige Frau« *kann* durchaus höflich sein und angemessen klingen, wenn es als Ausdruck besonderer Wertschätzung verstanden werden kann. Es sollte sich bei der Angesprochenen aber doch um eine schon »ehr-würdige«, nicht allzu junge Dame handeln. Bei der »Gnädigen

Frau« kommt es also ganz darauf an, dass die Anrede passt und die Situation »stimmt«.

□ Titel ihrer Ehemänner werden heutzutage nicht mehr auf die Anrede der Ehefrauen übertragen. Frau Doktor Schmidt hat selbstverständlich selbst promoviert und ist nicht zwangsläufig die Ehefrau des Herrn Doktor Schmidt.

TABUS

■ Den promovierten Juristen oder Chemiker mit »Herr Doktor« anzusprechen, weil der daraufhin von Fremden für einen Arzt gehalten wird.

■ Sichtbar erwachsene Frauen mit »Fräulein« anzureden – das ist schon so lange »out«, dass es heutzutage peinlich wirkt.

■ Gegenüber Trägern oder Trägerinnen von Doppelnamen in lautes Lamento über diese »neumodische Unsitte« zu verfallen.

■ Ohne zu fragen den Doppelnamen anderer Menschen willkürlich in der Anrede abzukürzen.

■ In unserem Land gilt es als unhöflich, bei der Anrede von Doktoren und Professoren deren Titel unaufgefordert wegzulassen.

■ Wenn die Anrede »Gnädige Frau« aus Gründen der Anbiederung oder auch aus reiner Nachlässigkeit – weil man sich Namen von Frauen angeblich nicht zu merken braucht – verwendet wird, so ist dies ein Verstoß gegen die Etikette und gewiss keine Höflichkeitsgeste.

Adelstitel

Es ist eine wenig bekannte Tatsache, dass in Deutschland sowohl die früheren Standesrechte des Adels als auch die Adelsprädikate bereits 1919 durch die Reichsverfassung

(Art. 109, Abs. 3) abgeschafft wurden. Seit dieser Zeit gelten zwar Adelsbezeichnungen – zum Beispiel »von« oder »von und zu« – als Bestandteil des Namens, jedoch auf die Titulierung mit den alten Adelsprädikaten und den früheren höfischen Anreden – wie Prinz/Prinzessin, Herzog/in, Fürst/in, Graf/Gräfin, Freiherr/Freifrau, Baron/in – haben Adelsfamilien seit über 75 Jahren keinen Rechtsanspruch mehr. Das ist die Rechtslage.

Eine andere Frage ist die nach höflicher Zuvorkommenheit im privaten und geschäftlichen Umgang. Denn Adelstitel erregen nicht nur in der Bevölkerung Aufmerksamkeit, sie »verkaufen« sich auch gut. Und so befinden sich Verkaufsrepräsentanten aller möglicher Branchen mit ihrer Vorliebe zu den antiquierten Adelstitulierungen in schöner Eintracht mit der »Regenbogenpresse«. Kein Massenblatt verzichtet auf Klatschgeschichten über Adelshäuser.

Folgerichtig muss die Frage nach der richtigen Anrede von Adligen alternativ in zweifacher Form beantwortet werden.

1. Richtig ist die *rechtlich korrekte Anrede*, weil sie unserer verfassungsmäßigen Rechtsordnung entspricht.
Die dafür geltende Regel lautet:
□ Da der vormalige Adelstitel wie ein Namensbestandteil zu behandeln ist, kann
- entweder *der Titel* – jeweils nach dem Vornamen – als Herzog, Fürst, Prinz, Graf oder Baron *dem Familiennamen vorangestellt* werden
  Beispiel: Bodo Graf Springinsfeld / Lieselotte Gräfin Springinsfeld
- oder anstelle des Adelstitels ein »von« vor den Familiennamen gestellt werden – ebenfalls nach dem Vornamen

Beispiel: Bodo von Springinsfeld / Lieselotte von Springinsfeld.

2. Die nicht mehr offizielle, aber sehr zuvorkommende Anrede aus der früheren Zeit ist bei uns nicht mehr erforderlich, aber höflich.

Einige Beispiele:

- Markgrafen und Herzöge resp. Markgräfinnen und Herzoginnen werden danach mit »(Königliche) Hoheit« angesprochen.
- Fürsten resp. Fürstinnen werden mit »Hoheit« oder »Fürst ...« bzw. »Fürstin ...« angesprochen.
- Prinzen resp. Prinzessinnen werden mit »(Königliche) Hoheit« angesprochen.
- Grafen resp. Gräfinnen (von niederem Adel) werden mit »Graf ... / Gräfin ...« angesprochen.

□ Bei diesen Anreden entfällt jeweils das »Herr« bzw. »Frau«.

- Freiherrn resp. Freifrauen und Barone resp. Baroninnen werden dagegen mit »Herr von ... / Frau von ...« angesprochen.
- Ritter – die gibt es nur männlich – und Adlige ohne Titel werden mit »Herr von ...« bzw. »Frau von ...« angesprochen.

Visitenkarten

Im Gegensatz zur rein privaten Visitenkarte, die umso vornehmer wirkt, je weniger darauf steht, hat die *geschäftliche Visitenkarte* einem weitaus breiter angelegten Informationsbedürfnis zu genügen. Und deshalb muss sie auch wesentlich mehr Text enthalten.

Die geschäftlich genutzte oder die einheitliche Unternehmens-Visitenkarte enthält in der Regel:

- Vor- und Nachname, ggf. Titel
- Position bzw. Funktion
- Abteilung, Firmenanschrift, Firmenlogo
- Telefonnummer mit Durchwahl
- Faxnummer
- E-Mail bzw. Internet-Adresse
- evtl. Privatanschrift – das ist aber nicht obligatorisch.

TIPPS

□ Die Angabe der Durchwahlnummer hat sich – aus Gründen des Zeitmanagements – weitgehend durchgesetzt. Der Zeitverlust durch die Vermittlung von Gesprächen über das Vorzimmer ist in deutschen Unternehmen zunehmend verpönt.

□ Bei sämtlichen geschäftlichen Begegnungen übergibt man seine Visitenkarte aus Höflichkeit bereits bei der Vorstellung – und zwar ungefragt, unkommentiert und selbstverständlich ohne große Geste.

□ Wenn man mehrere Leute zum Gespräch erwartet, ist es sehr begrüßenswert, wenn die Sekretärin schon bei der Anmeldung die Karten der Besucher mit den entsprechenden Anmerkungen – wer nun wer ist – mitbringt. Das erleichtert das Ansprechen ungemein und ermöglicht auch, dass man die Besucher gleich mit dem – richtigen! – Namen begrüßt.

□ Wenn man/frau als BesucherIn, Kunde, LieferantIn oder aus ähnlichen Gründen in einem Unternehmen eintrifft, gibt man seine Karte der Sekretärin oder dem/der SachbearbeiterIn.

□ Wenn man aus privatem Anlass angemeldet werden möchte, braucht man seine Karte nicht unbedingt abzugeben. Man sagt seinen Namen und lässt sich anmelden.

☐ Bei Kongressen, Seminaren, Meetings usw. kursiert eine wahre Flut von Visitenkarten. Vor Veranstaltungen dieser Art sollte man sich mit einem genügend großen Vorrat an eigenen Visitenkarten eindecken.
☐ Bei *Entgegennahme* von Visitenkarten sollte man die Informationen sofort zur Kenntnis nehmen. Sodann notiert man sich möglichst bald auf der Rückseite, wann und bei welchem Anlass man diese Karte entgegengenommen hat. Das erleichtert später die Archivierung.

TABUS

■ Es ist nicht ratsam, sich mit einer angeblich »privaten« Ausrede Zugang zu Führungkräften eines Unternehmens zu verschaffen; dieser »Schnell«-Schuss geht garantiert nach hinten los!
■ Es gilt als extrem unhöflich, eine entgegengenommene Visitenkarte ungelesen einzustecken.

Duzen/Siezen im Unternehmen

Das gegenseitige Duzen im Unternehmen ist branchenabhängig zwar unterschiedlich, jedoch nach wie vor problematisch und erfordert viel Fingerspitzengefühl. Und so kann es auf die Frage, ob Duzen im Betrieb angebracht ist, eigentlich keine generelle, allgemein gültige Antwort geben. Nur ein paar Hinweise dazu.

TIPPS

Die wichtigste Grundregel aus dem privaten Bereich gilt natürlich auch im Berufsleben:

□ Das »Du« wird grundsätzlich von der/dem Ranghöheren dem Rangniederen »angeboten«.

□ Ob das »Du« gegenüber KollegInnen und MitarbeiterInnen angebracht ist, hängt ab

- von dem allgemeinen Umgangston innerhalb der Firma oder der Abteilung
- von der Position
- vom Typ des/der Einzelnen

□ Am besten sind die Leute beraten, die sich innerhalb der Firma grundsätzlich mit niemandem duzen – die sind immer auf der sicheren Seite.

□ Wenn jemand nun Vorgesetzte/r von MitarbeiterInnen wird, mit denen er/sie sich während der gemeinsamen Ausbildungszeit geduzt hat, sollte man nach Möglichkeit versuchen, dieses »Du« im Betrieb zu vermeiden.

□ Es wird grundsätzlich bei uns nicht gern gesehen, wenn Vorgesetzte sich mit ihren Mitarbeitern duzen, weil man damit einen Verlust an Autorität verbindet.

□ Wenn man/frau plötzlich der/die ChefIn seiner früheren Kollegen wird, dann sollte man vorsichtshalber mit dem- oder denjenigen ein offenes Wort reden. Zum Beispiel kann man sagen:

- »Selbstverständlich bleiben wir privat beim ›Du‹, aber vor den anderen wäre es mir lieber, wenn wir uns siezen würden. Es könnte sonst zu Eifersüchteleien kommen, die uns beiden schaden würden.«

□ Die feinere Art ist in jedem Fall, wenn der ehemalige Kollege seinen neuen Vorgesetzten ohne irgendwelche besondere Bemerkung fortan im Beisein von Dritten siezt.

TABUS

■ Das Du »von oben herab«, das heißt, das einseitige Duzen der Rangniederen, der Auszubildenden, der jüngeren Frauen und der Ausländer. Die Einseitigkeit macht es diskriminierend.

- (Erlaubte Ausnahme: *das väterliche/mütterliche Du* gegenüber deutlich Jüngeren, wenn es auf Grund der Situation – und auch der Personen – nicht als Diskriminierung missverstanden werden kann.)

Rauchen im Betrieb

Vielleicht ist bei Erscheinen dieses Buches Rauchen im Betrieb gar kein Thema mehr.

Gegenwärtig scheint es so, als befinde sich die Gewohnheit des Rauchens derart auf dem Rückzug – mehr oder weniger freiwillig(!) –, dass es in einiger Zeit aus dem öffentlichen sowie beruflichen Bereich völlig verschwunden sein wird. Deswegen kann das gegenwärtige Fazit nur eine Momentaufnahme wiedergeben und morgen vielleicht schon überholt sein. Trotz dieses Vorbehalts werden einige Grundsätze wohl auch morgen noch ihre Gültigkeit haben.

Gegenwärtig gelten für Raucher im Allgemeinen folgende Regeln, die von Betrieb zu Betrieb oder von Behörden jeweils variiert werden können.

TIPPS

□ Man sollte stets darum bemüht sein, andere Menschen nicht durch selbstproduzierten Rauch zu behelligen.

□ Ganz übel ist es, wenn Chefs die Abhängigkeitssituation ihrer MitarbeiterInnen missachten und ohne Skrupel ausnutzen: Entweder haben die den Rauch des Chefs zu ertragen oder sich einen anderen Job zu suchen.

☐ Ein generelles Rauchverbot gilt heute für

- Büros mit Publikumsverkehr
- Konferenzen
- Besprechungen
- Sitzungen
- Seminarräume
- die Toiletten

☐ Auf bestimmte Zonen beschränkte Raucherlaubnis kann es geben in

- Kantinen und Kasinos
- Aufenthaltsräumen

☐ An bestimmte Bedingungen gebundene Raucherlaubnis kann es in einzelnen Büros geben, wenn kein anderer durch Rauch behelligt wird – das heißt, weder Mitarbeiter noch Kunden, auch die eigene Sekretärin nicht!

Kantine/Mitarbeiterkasino

Es ist für mich oftmals nicht zu verstehen, dass es heutzutage so viele Menschen in gehobenen und in Führungspositionen gibt, die nicht wissen, dass sie einen wesentlichen Teil ihres persönlichen Images innerhalb der Firma in der Kantine prägen. Denn an den Tischmanieren und dem Benehmen beim Essen ist die wahre Kinderstube des Chefs für jede/n der MitarbeiterInnen zu erkennen.

Wie schon traditionell zwischen den Manieren der Bauern und denen der gehobenen (»besseren«) Gesellschaft unterschieden wurde, so werden nach wie vor die Maßstäbe strenger, je höher jemand auf der Karriereleiter gestiegen ist. Das heißt, je einfacher der Job, umso weniger Wert wird auf Tischmanieren der MitarbeiterInnen gelegt. Am strengsten beurteilt man natürlich die Tischkultur der Chefs. Und das selbstverständlich auch im Mitarbeiterkasino, in der Kantine, oder wie die Speiseräume der Unternehmen sonst noch bezeichnet werden. *(Näheres zu korrekten Tischmanieren in Kapitel 8, Seite 281 ff.)*

Die guten Tischmanieren gehören zu den wenigen Benimmregeln, die ein Mensch nie ablegen sollte – zu Hause nicht und nicht in der Kantine.

TIPPS:

Wesentlich mehr KollegInnen und MitarbeiterInnen als man gemeinhin glaubt, beobachten die Tischmanieren anderer.

Wer wegen seiner schlechten Tischmanieren in der Kantine einen Imageverlust erleidet, muss sich in der Firma ganz schön anstrengen, um den daran gekoppelten Autoritätsverlust wieder wettzumachen. Das bezieht sich in besonderer Weise auf Führungskräfte.

TABUS

■ Alle Arten von Gewohnheiten, bei deren Anblick es anderen Leuten am Tisch schlecht wird, sind schädlich, wie beispielsweise
- mit den Unterarmen auf dem Tisch zu liegen
- während des Essens Schmatz-, Schlürf- und ähnliche Geräusche von sich zu geben
- keine Serviette zu benutzen, sondern die Finger an die Hose, Tischdecke etc. zu wischen
- mit aufgestütztem Ellenbogen zu trinken
- und eine ganze Reihe weiterer unästhetischer Gewohnheiten, die mit der Nahrungsaufnahme und dem Trinken zu tun haben.

Was der Karriere schadet

Man kann es auf einen äußerst kurzen Nenner bringen: Alles, wodurch andere Menschen sich behelligt, belästigt oder genervt fühlen, schadet selbstverständlich auch der Karriere, weil es die Menschen nicht für, sondern massiv gegen denjenigen einnimmt. Nun wäre es ganz einfach, wenn man Leuten mit Karrierewünschen sagen würde, sie sollten eben alles das vermeiden, womit sie Mitmenschen – inklusive KollegInnen – behelligen, belästigen oder nerven würden. Nichts leichter als das! O.k., wird gemacht – und die Karriere ist gebongt! – Ist nicht.

Und das hat mehrere Gründe.

Das größte Problem besteht für viele Menschen darin, dass es ihnen gar nicht bewusst ist, wenn sie gerade dabei sind, anderen Leuten unangenehm aufzufallen oder gar auf die Nerven zu gehen. Es ist in den seltensten Fällen so, dass jemand mit Absicht Dinge tut, die seiner Karriere schaden. In der Regel kennt der- oder diejenige die Verhaltensstandards nicht und weiß deshalb nicht, was er/sie gerade falsch macht. Besonders anfällig für die Verletzung von Verhaltensnormen sind Techniker und rein naturwissenschaftlich ausgerichtete Fachleute, die keine Sensibilität für Menschen entwickelt haben, sondern sich lieber um Zahlen und technische Fakten kümmern. Angehörige anderer Berufe, die mehr Kommunikation mit Menschen haben, verfügen über eine stärker entwickelte Beobachtungsfähigkeit, die sie in die Lage versetzt, aus dem Umgang mit Vorbildern zu lernen.

Als geradezu »klassisches« Beispiel hierfür gelten die Tischmanieren; sie werden als das aussagekräftigste Kriterium für eine gute oder eine verpasste Erziehung angesehen. Darüber hinaus lässt sich noch die ganze Palette von Eigenschaften und Gewohnheiten aufzählen, die in diesem Buch Kapitel für Kapitel besprochen werden.

Neben diesen »Äußerlichkeiten« der Umgangsformen und des Auftretens gibt es natürlich noch ein ganzes Bündel von Eigenschaften und Fähigkeiten, die – neben den fachlichen und über diese hinaus – einer Karriere förderlich sein können. Eine der wichtigsten karrierefördernden Eigenschaften ist *Selbstdisziplin* – nicht zu verwechseln mit Überanpassung oder Selbstaufgabe. Richtig verstandene Selbstdisziplin bringt einen nicht nur dazu, eigene Impulse, Gefühle und spontane Bedürfnisse in gewisse Formen zu leiten, sie verhindert eben dadurch auch, dass wir uns im Ansehen anderer schaden.

Beispielsweise wäre es für eine Karriere absolut tödlich, wenn cholerisch veranlagte Menschen (bezeichnenderweise sind »Bürocholeriker« ausschließlich Männer) es durch Training nicht schaffen würden, ihre Impulse um sich zu schlagen, in den Griff zu bekommen. In diese Kategorie gehören auch die Männer, die Kolleginnen »anbaggern« oder gar angrapschen.

Grapscher

Es hat peinlich lange gedauert, bis sich auch die deutsche Gerichtsbarkeit dazu bequemt hat, die übelste Form der Diskriminierung von Frauen, nämlich die sexuelle Belästigung am Arbeitsplatz, schärfer zu verurteilen. Und endlich sind auch mehr und mehr Chefs dazu bereit, die Frauenbelästiger und Grapscher sofort rauszuschmeißen.

Das perfideste an dieser Art von Frauendiskriminierung ist stets, dass Frauen in den meisten Fällen in Beweisnot geraten, denn selten gibt es Zeugen für einen solchen Vorfall. Zweifellos handelt es sich hierbei um eine der schlimmsten Formen von Missachtung der persönlichen Würde von Frauen und trotzdem kommt das unglaublich oft vor.

Erstaunlicherweise ist es in vielen Fällen so, dass Männer diese Tatsache überhaupt nicht begreifen, sondern oftmals sogar der festen Überzeugung sind, die Frau fühle sich durch die Anmache noch geschmeichelt.

Jetzt endlich nehmen sich auch Öffentlichkeit und Gesetzgebungsorgane dieser Problematik an, um Wege zu finden, diese »kollegialen« Grapscher, Anmacher und Belästiger zu bestrafen. Traurigerweise hätte sich ohne die Aussicht auf eine drohende Bestrafung an den Gewohnheiten mancher Männer nichts geändert. Manche sahen in Kolleginnen oder Mitarbeiterinnen eine risikolos zu ergatternde Beute, die sie anfassen dürften, wann immer sie es für richtig hielten. Das ist heute nicht mehr so. Wenn ein derartiger Fall ruchbar wird, dann schadet eine solche Anmache erheblich dem Verursacher und führt in der Regel zu einem sehr merklichen Karriereknick – dem nach unten.

Mobbing

Mobbing steht völlig abseits jeglichen guten Benehmens und aller Formen des Anstands. Während deren Hauptzweck ist, Menschen nicht zu frustrieren oder herabzusetzen, bedeutet Mobbing das Gegenteil all dessen.

Das Wort kommt aus dem Englischen. Abgeleitet von *mob = Pöbel* hat es seine ursprüngliche Bedeutung – nämlich »Straßenpöbel«, also das ungebildete und unbeschäftigte Heer der Armen – etwas verändert. Wörtlich übersetzt bedeutet »to mob« so viel wie bedrängen, pöbelhaftes Benehmen und das Bedrängen von bewunderten oder beneideten Menschen.

Mit Sicherheit wird es an dieser Stelle keine Liste mit allen bisher bekannten Möglichkeiten geben, mit deren Hilfe Menschen in ihrem beruflichen Alltag zunächst fertig und dann krank gemacht werden. Mobbing umfasst eigentlich alles, was man sich unter menschlichem Negativverhalten vorstellen kann. Das Phänomen ist in der Zwischenzeit so weit verbreitet, dass es eine Reihe von Veröffentlichungen zu diesem Thema gibt. Experten beschäftigen sich sowohl mit den Formen des Mobbing, mit dessen Auswirkungen auf den Menschen, als auch mit den Ursachen, die jemanden zu einem solchen Verhalten gegenüber seinen KollegInnen veranlasst. Deswegen wird es hier keine verkürzenden oder oberflächlichen Hinweise zu diesem komplexen und ernsten Thema geben.

TIPPS

□ Sobald es jemandem »dämmert«, dass man selbst, eine Kollegin oder ein Kollege gerade dabei ist, Opfer von Mobbing zu werden, sollte man sich mit allen verfügbaren Mitteln dagegen wappnen.
□ Das Wichtigste in so einem Fall ist, sich über alle Details, die zu diesem Thema gehören, schnell und gründlich zu informieren.
□ Dazu sollte man sich die neuesten kompetenten Bücher zum Thema Mobbing beschaffen. *(Siehe Literaturverzeichnis, S. 393)*
□ Schon wenn ein Verdacht auf Mobbing besteht, sollte man sich darum kümmern. Falls sich der Verdacht danach bestätigen sollte, muss man schnell handeln, denn *Mobbing-Opfer werden krank.*
□ Von Mobbing-Zeugen sollte man verlangen können, dass sie so viel an Courage und menschlicher Solidarität mit den

Schwachen aufbringen, einem Opfer von Mobbing nach Kräften beizustehen.

Vorstellungsgespräch

Zu einem Vorstellungsgespräch geht man selbstverständlich nicht so unvorbereitet wie in eine Vorstellung.

Im Gegensatz zum Theater, wo andere die Schauspieler und man selbst Zuschauer ist, wird man bei einem Vorstellungsgespräch selbst der Hauptdarsteller oder die Hauptdarstellerin. Es gibt eine ganze Reihe von Punkten, die man schon im Vorfeld bedenken sollte, um seine Chancen zu verbessern. Was kann man/frau also vorbereitend tun?

TIPPS

□ Über folgende Fragen sollte man sich im Voraus Klarheit verschaffen:

- die Besitzverhältnisse, das heißt: Wem gehört das Unternehmen oder welche Unternehmen gehören sonst noch zu dieser Unternehmensgruppe?
- die wirtschaftliche Situation des Unternehmens
- wie viele Mitarbeiter sind in diesem Unternehmen beschäftigt?
- die wichtigsten Produkte bzw. die wichtigsten Produktionszweige
- die Unternehmenskultur und das Betriebsklima
- die wichtigsten Namen im Unternehmen
- für *Frauen* sehr wichtig: Wie gut sind die Aufstiegschancen für Frauen bzw. wie männlich-dominant ist diese Firma?

□ Diese Informationen kann man sich zum Beispiel über folgende Quellen einholen:

- Industrie- und Handelskammer (IHK)
- »Who is who« der Wirtschaft
- Wirtschaftszeitschriften und -zeitungen
- die wichtigsten Tageszeitungen dieser Region
- kompetente Leute, die man kennt.

Bei einem Vorstellungsgespräch ist meistens *der Eindruck der ersten Minuten von entscheidender Bedeutung*. Wodurch kann man nun diesen ersten Eindruck zu seinen Gunsten beeinflussen?

Zum einen sagen Körperhaltung und Umgangsformen beim Eintreten und Platznehmen bereits sehr viel aus, zum anderen ist die Kleidung immer noch von ganz entscheidender Bedeutung. Manche Bewerber mindern von vornherein allein deswegen ihre Chancen, weil sie völlig falsch angezogen sind.

Nun ist es bedauerlicherweise nicht möglich, allgemeingültige Bekleidungsvorschriften für ein Vorstellungsgespräch zu definieren, weil die Vorgaben, die für die einzelnen Unternehmen gelten, zu unterschiedlich sind. Als variable Faktoren – wegen der sehr unterschiedlichen Standards – zählen in diesem Zusammenhang:

- die Branche
- die Gepflogenheiten innerhalb eines Unternehmens
- der Standort des Unternehmens – das heißt ländliches Umfeld oder Klein- bzw. Großstadt
- die regionalen Unterschiede zwischen den einzelnen Bundesländern

Die größten zu berücksichtigenden Unterschiede ergeben sich aus der Position, für die sich jemand bewerben will.

Unter Berücksichtigung dieser Einschränkungen hier einige *Hinweise zur Bekleidung.*

TIPPS

□ Mit den üblichen Erkundigungen, die man über das Unternehmen einholt, bei dem man sich für eine bestimmte Position bewerben will, sollte man sich auch über den Bekleidungsstil in diesem Unternehmen informieren.
□ Diese Informationen sollten dann in die Entscheidung darüber einbezogen werden, was man/frau zu dem Vorstellungsgespräch anzieht.
□ Bei Produktionsbetrieben kommt es entscheidend darauf an, für welche Stelle man/frau sich bewirbt.
□ Im Allgemeinen ist für die meisten Wirtschaftsunternehmen und Verwaltungen formelle Kleidung anzuraten.

TIPPS ♂

□ Bei dieser Art von Unternehmen sollte ein *Bewerber* zum Vorstellungsgespräch Folgendes tragen:
- einen Anzug oder eine Kombination in gedeckten Farben
- Hemd mit – geschlossenem – Kragen und eine Krawatte, die nicht zu auffallend modisch ist
- Socken passend zum Anzug, eher dunkler, aber nie heller als die Hose und dunkle, blank geputzte Schuhe.

TIPPS ♀

□ In Fällen formeller Bekleidung sollte eine *Bewerberin* zum Vorstellungsgespräch Folgendes tragen:

- ein Kostüm oder Jackenkleid
- auf jeden Fall Strümpfe
- je nach Typ eine Seidenbluse oder eine feine Baumwollbluse unter der Kostümjacke
- falls sie noch jünger ist, durchaus auch ein schönes Marken-T-Shirt oder Body zu Rock und Blazer

□ Für *Frauen*, die sich für eine traditionell von Männern ausgeübte Position bewerben, ist es um ein Vielfaches wichtiger, auf eine dezente Kleidung großen Wert zu legen.

□ Auch Frauen, die sich für einen traditionellen »Frauenjob« interessieren – wie zum Beispiel Büromanagerin oder Sekretärin –, sollten sich nicht zu auffallend feminin kleiden.

TABUS

- ■ zu viel Schmuck
- ■ zu viel Make-up (»Weniger ist mehr!«)

TIPPS ♂♀

□ Bei solchen Anlässen nimmt man/frau am Morgen doppelt so viel Deo wie sonst üblich.

□ Die Schuhe sollten zwar einwandfrei gepflegt aussehen, sie müssen aber nicht unbedingt neu sein. (Preisschild und andere Etiketten zwischen Absatz und Sohle wirken befremdlich!)

□ Um in Bezug auf die Körperhaltung sicher zu sein, sollte man sich die Tipps in *Kapitel 5 (siehe S. 131 ff.)* noch einmal näher ansehen und gut durchdenken.

Wenn man/frau also solchermaßen aufs Beste vorbereitet hinkommt, geht es nur noch um einige Probleme des persönlichen Auftretens. Was macht man zum Beispiel, wenn man ankommt, wie setzt man sich hin und wann, wo lässt man die Beine, die Arme? Auch darauf kann man sich vorher zu Hause vorbereiten. Wenn man das alles schon einmal gedanklich durchgespielt hat, gewinnt man für das wichtige Gespräch selbst ungeheuer an Sicherheit.

Zum *persönlichen Auftreten* ein paar

TIPPS

□ Wenn man/frau das Vorstellungsgespräch in der kalten Jahreszeit zu absolvieren hat, sollte man auf jeden Fall seinen Mantel oder die dicke Jacke im Vorzimmer ablegen.

□ Sollte man nicht dazu aufgefordert worden sein, fragt man selbst höflich nach: »Wo kann ich bitte meinen Mantel ablegen?«

□ Der Geheimtipp: Vor dem Eintreten in das Besprechungszimmer noch einmal unauffällig mit der rechten Hand das Stofftaschentuch kräftig anfassen; das macht die Hand zum Händeschütteln entscheidend trockener.

□ Meist wird man von der Sekretärin in das Chefzimmer hineingeführt;
- wenn das nicht der Fall ist, klopft man kurz an, bevor man eintritt.

□ Normalerweise wartet man nicht auf ein »Herein«;
- da es aber ausgerechnet bei diesem Chef so gewünscht sein könnte, geht man auf Nummer Sicher, wenn man die Sekretärin einfach fragt, ob man warten oder sofort eintreten soll.

□ Man/frau wartet, bis einem die Hand gereicht wird, und streckt seine Hand auf keinen Fall jemandem als Erste/r hin.

□ Man/frau setzt sich erst, nachdem er/sie dazu aufgefordert wurde, und dann erst – mit einer kurzen Verzögerung –, nachdem sich der/die Gesprächsführende selbst gesetzt hat.

□ Gerade hier und jetzt spielt die Körperhaltung eine mitentscheidende Rolle:

- man sollte stets aufrecht sitzen, jedoch nicht stocksteif
- die Beine sollten weder nach vorn ausgestreckt noch unter dem Stuhl geknotet werden – man/frau darf sie jedoch ruhig übereinanderschlagen
- Herren sollten die Knie nicht zu weit auseinander halten, Damen müssen ihre Knie stets zusammenhalten
- die Hände möglichst lose in den Schoß legen, wenn sie nicht gerade gebraucht werden, um mit – knappen – Gesten etwas zu unterstreichen

□ Man/frau sollte so ausführlich antworten, dass weder der Eindruck eines besonders Maulfaulen noch der einer Plaudertasche entstehen kann.

□ Man sollte auf die Signale achten, wann der Gesprächsführende das Gespräch für beendet ansieht;

- sodann sollte man – ohne Hast – aufstehen, sich bedanken und erneut warten, bis man die Hand gereicht bekommt, sich verabschieden und dann gehen.

□ Nicht vor Aufregung vergessen, sich höflich von der Sekretärin zu verabschieden!

Alles das gilt für beide Geschlechter, ohne Unterschied.

TABUS

■ Man/frau sollte *auf keinen Fall*

- sich in dicken Sachen oder Mantel hinsetzen – es wird einem auch ohnehin garantiert noch warm
- mit ausgestreckter Hand auf den Gesprächspartner zugehen

- unaufgefordert oder als Erster Platz nehmen
- sich bequem hinsetzen und »alle viere« von sich strecken
- die Füße unter dem Stuhl verknoten oder gar eine Ferse auf das Knie des anderen Beines legen
- ins Plaudern kommen
- sich betont negativ über andere Firmen oder Personen äußern.

Wenn man alle diese Hinweise bereits als Vorbereitung durchdacht und berücksichtigt hat, kann man sich während des Vorstellungsgesprächs beruhigt auf die Gesprächsinhalte konzentrieren und braucht dann nicht mehr über diese Dinge nachzudenken. Das ist ein erheblicher Vorteil, den man gegenüber denjenigen hat, denen erst im Augenblick des Gesprächs diese oder jene Äußerlichkeit an sich selbst auffällt, und die sich erst dann fragen, ob sie wohl richtig angezogen sind, oder ob sie dieses oder jenes korrekt gemacht haben. Es ist einleuchtend, dass diese Zweifel in einer solchen Situation sehr verunsichern können. Und durch solch eine Unsicherheit geht viel an der Souveränität des persönlichen Auftretens flöten.

3 Unternehmenskultur und interne Kommunikation

Was heißt Unternehmenskultur?

Bei einer repräsentativen Umfrage durch das *Institut der deutschen Wirtschaft* zum Begriff »Unternehmenskultur« bei über 1000 Unternehmen aller Größen und Branchen hat folgende Definition die meiste Zustimmung (97,9 %) erhalten:

»Unternehmenskultur ist ein Begriff, mit dem die Gesamtheit der Denk-, Verhaltens- und Arbeitsweisen in einem Unternehmen umschrieben wird. Er umschließt Elemente, wie zum Beispiel Ziele, Werte, Führung, Organisation, Struktur, Personalpolitik, aber auch Produkte und angewandte Technik.«

Will man diesen komplexen Begriff in die Praxis umsetzen, kommt man an der Tatsache nicht vorbei, dass die jeweils praktizierte Unternehmenskultur abhängig ist von dem *persönlichen Kulturverständnis* derjenigen, die das Unternehmen führen. Dabei werden dann höfliche Umgangsformen als glaubwürdigste Zeichen dafür gewertet, dass man kultivierte Menschen vor sich hat.

Aber nicht genug damit, dass man den höflichen Menschen für »feiner« und dadurch meist auch für sympathischer hält als einen unhöflichen. Die guten Manieren sind ebenso entscheidend dafür, ob man bei jemandem höhere

Sachkompetenz vermutet oder eher weniger Zutrauen zu seinen Fähigkeiten hat. Die Gründe hierfür liegen zunächst einmal im psychologischen Bereich und haben viel mit unserer Kulturtradition zu tun. Zu früheren Zeiten waren gute Manieren unabdingbar an eine qualifizierte Ausbildung gekoppelt und bildeten stets eine Einheit. So ist aus unserer Epoche als Kulturnation die Erfahrung im kollektiven Gedächtnis hängen geblieben, dass höfliche und korrekte Formen so etwas wie die nach außen getretene und dadurch sichtbar gemachte Bildung eines Menschen darstellen.

Sind Höflichkeit und gute Manieren der leitenden Herren und Damen der prägende Stil eines Unternehmens, wirkt sich dieses Klima des gegenseitigen Respekts unvergleichlich motivierend auf alle Firmenangehörigen aus. Denn das Gefühl, als MitarbeiterIn geachtet zu werden, beeinflusst ganz erheblich die Identifikation mit dem Unternehmen, und die Arbeit macht auch wesentlich mehr Freude. Es ist eine Tatsache, dass nur diejenigen MitarbeiterInnen ihre Kunden wichtig nehmen, die sich selbst wichtig genommen wissen. So bewirkt ein höflicher Umgangsstil maßgeblich das positive Image eines Unternehmens.

Alle Studien und Untersuchungen – ganz gleich ob sie sich auf Wirtschafts- oder Industrieunternehmen beziehen, ob auf Handel oder Verwaltungen – kommen in einem Punkt zum immer gleichen Ergebnis: die Vorbildfunktion der Vorgesetzten reicht ungeheuer weit. So färben nicht nur simple Gepflogenheiten von Chefs ab, auch deren psychische Grundverfassung macht in dem Unternehmen »Schule«. So wird sich der Optimismus des/der Chefs/Chefin ebenso durch das ganze Unternehmen bzw. die ganze Abteilung fortsetzen, wie auch eine etwaige Übellaunigkeit für die ganze Umgebung prägend wirkt. Und so erstaunt es dann nicht, dass sich auch die Manieren und der Umgangston von

Vorgesetzten ganz selbstverständlich als prägendes Vorbild auswirken. Niemals wird ein Chef höfliche Mitarbeiter erwarten dürfen, wenn er selbst nicht zu jeder Mitarbeiterin und zu jedem Mitarbeiter höflich ist.

Höflichkeit als erfolgreichster Kommunikationsstil

Die Ergebnisse zahlreicher Studien über die Effizienz der Tätigkeit von Managern variieren ein wenig, aber alle sind sich darin einig, dass der Hauptanteil ihrer Tätigkeit aus Kommunikation besteht; die Ergebnisse bewegen sich so zwischen 50 bis 80 Prozent. Nun mag der Prozentsatz der Kommunikation, die Führungskräfte für unternehmensinterne Kommunikation aufwenden, von Unternehmen zu Unternehmen unterschiedlich sein; ungeachtet dieser Nuancen handelt es sich um ein enormes Finanzpotenzial, das selbstverständlich so effizient wie möglich verwendet werden sollte. – Aber das geschieht nur selten.

Renommierte Unternehmensberater, wie der St. Gallener Managementprofessor Fredmund Malik, beklagen zum Beispiel die weit verbreitete Unkenntnis im Hinblick auf Sitzungsmanagement. »Sitzungen sind schlecht vorbereitet, werden schlecht geleitet, die Tagesordnungen sind überhäuft« (Manager Magazin). Das kostet Zeit und Nerven – und das kostet viel, viel Geld. Sicherlich kann man diese Fähigkeiten in Seminaren entwickeln. So einfache Dinge wie *Sitzungsmanagement*, schriftliche Kommunikation und eine effektive Arbeitsmethodik kann und sollte man auf jeden Fall lernen. Das zu vermitteln ist aber nicht Thema dieses Buches.

Eine erfolgreiche Kommunikation, die für das Führungsverhalten von entscheidender Bedeutung ist, erfordert jedoch noch weitere Fähigkeiten, und so muss hier vom guten *Führungsstil* die Rede sein.

Das wichtigste Instrument der Kommunikation ist das Gespräch, das in einer ganzen Reihe von betrieblichen Zusammenhängen – vielleicht gerade den schwierigsten – nicht durch andere Kommunikationsmittel zu ersetzen ist. Man denke zum Beispiel an eine vertrauliche Bereinigung persönlicher Kontroversen oder an absolut vertrauliche Gespräche beim komplizierten Aushandeln von Geschäften. Je höher man diese Situationen gewichtet, umso mehr erscheint es unverzichtbar, dass man sich auch über den persönlichen Stil Gedanken macht, und sich nicht allein auf die reinen Gesprächsstrategien verlässt.

Die Gründe, weswegen Unternehmenskommunikation zu einem der modernen Schlüsselbegriffe unternehmerischen Erfolges geworden ist, sind vielschichtig. Sie können hier beileibe nicht grundlegend beleuchtet, sondern nur kurz als solche identifiziert werden. Es gilt heute als eine gesicherte Erkenntnis, dass die Corporate Identity das Bild eines Unternehmens in der Öffentlichkeit prägt. Hier wird sichtbar, was das Unternehmen ausmacht: die Unternehmensidee, der Stil der Unternehmenskultur und die Wertvorstellungen, die ein Unternehmen leiten. Bedingung für ein positives Erscheinungsbild einer Unternehmensidentität in der Öffentlichkeit ist unabdingbar die Identifikation der MitarbeiterInnen mit ihrem Unternehmen. So ist nicht nur die Kommunikation nach außen notwendiger Teil einer Überlebensstrategie von Unternehmen – zunächst und vor allem muss der Stil der internen Kommunikation diese Identifikation ermöglichen.

Konsequenterweise spielen die Formen menschlichen Umgangs, die man in diesem Zusammenhang auch als »Interaktionsregeln« bezeichnen kann, dabei eine entscheidende Rolle. Es geht also stets um die *Qualität der Kommunikation*, nicht um Kommunikation als solche.

Im Allgemeinen steht – sowohl für die innere Unternehmenskommunikation als auch für die nach außen – die ganze Palette der auch im privaten Bereich üblichen Höflichkeitsformen zur Verfügung. Beiden Kommunikationszusammenhängen gemeinsam ist ebenfalls, dass es sich bei Höflichkeitsformen um Strategien handelt, die auf Erfolg gerichtet sind: hier geschäftlicher Erfolg, dort privater Erfolg.

Strategien der Gesprächsführung

Es gibt eine Reihe einfacher Regeln, deren Beachtung Geschäftsgespräche von vornherein günstig beeinflussen. Hierzu einige Tipps:

☐ *Positive Gesprächsatmosphäre* herstellen.

Sämtliche äußeren Bedingungen sollten bereits einen positiven Eindruck machen. Das bezieht sich sowohl auf den Stil des Mobiliars und der Dekoration eines Raumes als auch auf deren Anordnung.

Der exquisiteste Ledersessel kann eine negative Wirkung haben, wenn der Gast oder Gesprächspartner darin versinkt und nur knapp über die Schreibtischkante in die Augen des Gegenübers blicken kann. Ebenso kann ein schöner Blumenstrauß seine beabsichtigte Wirkung verfehlen, wenn er den notwendigen Blickkontakt behindert. In diese Rubrik gehören noch eine ganze Anzahl weiterer selbstverständlicher Kleinigkeiten.

☐ Räumlich eine *gleiche Gesprächsebene* herstellen.

Es ist wichtig, dem/der GesprächspartnerIn ebenfalls einen Platz anzubieten, wenn man selbst während der Unterredung sitzt. Es ist immer ungünstig, auf sich herabsehen zu lassen. Es gibt also auch keinen Grund, einem Mitarbeiter nur deshalb keinen Platz anzubieten, weil man ihm unangenehme Dinge zu sagen hat; denn das Ergebnis wäre, dass derjenige die ganze Zeit auf den Vorgesetzten herabschaute.

Will man den Gesprächspartner nicht zum Sitzen auffordern, sollte man selbst auch stehen bleiben.

□ Deutliches *Interesse am Gegenüber* zeigen.

Diese Regel bezieht sich sowohl auf Gesten wie auch auf das gesprochene Wort. Damit ist das unverbindliche, höfliche Interesse gemeint, das dem/der GesprächspartnerIn das Gefühl gibt, persönlich ernst genommen zu werden.

□ Unter den höflichen Gesten ist hier der *Handschlag* zu nennen, der bei uns formal sowohl Anfang als auch Ende eines Gesprächs markiert. Durch den Händedruck erhält jedes Gespräch eine andere, verbindlichere Qualität.

□ Zu den *verbalen Höflichkeitsgesten* gehört es zum Beispiel, Gästen nach der Begrüßung mit einer Frage wie: »Hatten Sie eine gute Fahrt hierher?« oder »Haben Sie uns leicht gefunden?« Interesse entgegenzubringen.

MitarbeiterInnen gegenüber empfiehlt es sich, über das floskelhafte »Wie geht es Ihnen?« hinaus, sich nach dem Befinden zu erkundigen; auf jeden Fall dann, wenn es bekannt ist, dass der/die MitarbeiterIn private oder gesundheitliche Sorgen hat.

□ In der *Körperhaltung* sich dem Gegenüber *»zuneigen«*.

Wie schwierig das in einem angeregten Gespräch auch sein mag, man sollte stets versuchen, auf die eigene Körpersprache zu achten. Das empfiehlt sich besonders dann, wenn man einem Gesprächspartner gegenüber Vorbehalte hat – wenn man ihm gegenüber also »abgeneigt« ist. Will man das nicht sofort erkennen lassen, sollte man sich ihm bewusst hinwenden.

□ Stets mit *Namen* anreden!

Es ist eine nicht allzu bekannte, jedoch feststehende Tatsache, dass *des Menschen liebstes Wort sein eigener Name* ist;

so genannte »Verkaufskanonen« wissen das. Es ist schlechterdings ein Gebot der Höflichkeit, Gesprächspartner mit ihrem Namen anzureden.

☐ Ganz ganz wichtig ist das *Lächeln*!

Gewiss ist es nicht für alle Gesprächssituationen passend. Wenn man/frau sich jedoch darüber im Klaren ist, dass ein freundliches Lächeln Vertrauen bewirkt, kann in den meisten Fällen ein Lächeln wesentlich dazu beitragen, eine gespannte Atmosphäre zu entspannen.

☐ Man/frau sollte gut *zuhören* können und *ausreden* lassen.

Die knapp zur Verfügung stehende Zeit hindert einen oft daran, jemandem zuzuhören, der sich etwas langatmig oder zu ausführlich ausdrückt. Dieses Zeitopfer wird dann als besonders schmerzlich empfunden, wenn man schon im Voraus weiß, was der/diejenige sagen will. Dennoch ist dem Zuhören der Vorzug zu geben. Die scheinbar geopferte Zeit zahlt sich oft mehrfach wieder aus, denn selbst wenn man in der Sache nichts Neues mehr zu erfahren glaubt, erhält man auf diese Art und Weise andere Informationen – auch solche über den Menschen, den man vor sich hat.

☐ Bei *Gesprächsunterbrechung* sollte man sich beim Gesprächspartner entschuldigen.

Das gilt für jede Art von Unterbrechung – gleichgültig, ob jemand hereinkommt oder anruft. Selbstverständlich ist diese höfliche Geste – unabhängig vom Status des Gesprächspartners – jedermann/-frau gegenüber angebracht.

☐ Oft empfiehlt es sich auch, etwas zu *trinken anzubieten*.

Das gilt auf jeden Fall für Besucher, eher selten für Gespräche mit Mitarbeitern.

☐ Man sollte niemanden *im Mantel sitzen* lassen.

Es ist in jedem Fall stilvoller, wenn der Gast seinen Mantel bereits im Vorzimmer ablegen kann.

Vermeidbare Reibungspunkte

Die guten wie auch die mangelhaften Manieren des Einzelnen sind für sämtliche betrieblichen Kommunikationszusammenhänge ausschlaggebend. Dass das Auftreten der Führungskräfte wegen ihrer nicht von der Hand zu weisenden Vorbildfunktion besonders Beispiel gebend ist, steht außer Zweifel. Das bedeutet, dass sowohl die guten wie auch die schlechten Manieren der Vorgesetzten sich unmittelbar auf das Betriebsklima auswirken. Und ein schlechtes Betriebsklima verursacht bei Menschen immense Reibungsverluste – bei Computern ist das etwas anderes.

Natürlich können gute Manieren nicht falsches Handeln verdecken oder gar ersetzen. Und es gibt eine Unzahl von unvermeidlichen Reibungspunkten, die von kleinen Dissonanzen bis zu handfesten Verfehlungen reichen können. Wenn man solche Reibungspunkte nun schon nicht ausschließen kann, ist es umso wichtiger, dass man sie nicht noch verschärft. Zweifellos lassen sich viele der unvermeidlich immer wieder auftretenden Konflikte durch einen höflichen Umgangston entschärfen und schon allein dadurch einer einvernehmlichen Lösung näher bringen.

Gut vorbereitete Besprechungen und Meetings

(Zu Organisation und technischen Vorbereitungen von größeren Konferenzen *siehe Kapitel 7, S. 192 ff.*)

Teure Fach- und Führungskräfte zu einer Konferenz zu laden und sie dann unnütz herumsitzen zu lassen, kostet nicht nur viel Geld – vor allem kostet es viel Nerven, ruft Unmut und Ärger hervor und wirkt wunderbar demotivierend.

Trotz dieser bekannten Konsequenzen findet eben dies Tag für Tag in den Verwaltungs- und Entscheidungsetagen unserer Unternehmen statt. Es wäre doch einmal einen Versuch wert, die Einladungen zu Konferenzen/Meetings, Besprechungen etc. nach Art eines »Sprintstarts« zu organisieren:

1. Vorankündigung (»Auf die Plätze!«)
2. Bestätigung des vorgesehenen Zeitpunkts am selben Tag (»Fertig!«)
3. Kurzfristiger telefonischer Bescheid (»Los!«)

Falls sich eine solche oder auch eine andere Art durchdachten Zusammenrufens hoch bezahlter MitarbeiterInnen durchsetzen könnte, wäre das ein sicheres Mittel, erhebliche Kosten zu sparen – Kosten an Finanzmitteln und Nervenkraft! Darüber hinaus diente es mit Sicherheit der unternehmensinternen Kommunikation.

Zur Organisation von Meetings, Besprechungen und Inhouse-Konferenzen

TIPPS

□ Zunächst müssen zur *organisatorischen Vorbereitung* folgende Fragen geklärt werden:

- Wer ist als TeilnehmerIn unbedingt notwendig? – Mit diesen TeilnehmerInnen Termine nebst Ausweichterminen vorklären.
- Welcher Zeitraum zwischen Einladung und Konferenzzeitpunkt ist für die TeilnehmerInnen notwendig?
- Welches ist der beste Zeitpunkt für die Konferenz?
- Wie viel Zeit wird das Hauptthema und wie viel werden die Nebenthemen benötigen?
- Auf welche Zeit ist die Redezeit für die Teilnehmerbeiträge zu begrenzen?

- Welcher Zeitplan ist im konkreten Fall am zweckmäßigsten?
- Wer leitet die Konferenz bzw. übernimmt die Moderation?
- Wer übernimmt die Zeitkontrolle?
- Wer macht das Protokoll?
- Welche Unterlagen brauchen die TeilnehmerInnen vor der Konferenz?
- Welche Unterlagen sollen während der Konferenz verteilt werden?

□ Vor der Aufstellung einer *Tagesordnung* sollten folgende Fragen durchdacht werden:

- Warum bedarf es einer Konferenz? Welche Probleme stehen zur Entscheidung an? (Themen der Tagesordnung)
- Was soll mit der Lösung dieses Problems erreicht werden? (Konferenzziel)
- Wie lange darf es dauern, bis man entscheidungsfähig ist? (Zeitvorgabe)
- Wessen Informationen werden zu dieser Entscheidungsfindung benötigt? (KonferenzteilnehmerInnen)
- Wäre es besser, die Informationen einzeln einzuholen, anstatt sie in einem Meeting zusammenzutragen? (Notwendigkeitskontrolle für ein Meeting, eine Besprechung oder eine Konferenz)

□ Zur inhaltlichen *Vorbereitung* sollten folgende Fragen geklärt werden:

- Aus welchen Teilproblemen besteht das Gesamtproblem?
- Ist die Problemlage für jede/n der TeilnehmerInnen verständlich?
- Wie müssen die Teilprobleme deswegen formuliert werden?

□ Die *Einladung* soll in jedem Fall – am besten in Frageform – das Gesamtproblem und die Teilprobleme enthalten.

Zum Beispiel:

- Themen und Unterthemen (als Fragen)
- evtl. geladene Referenten
- Zeitpunkt für Anfang und für Ende
- Programmablauf
- Unterlagen, die von den TeilnehmerInnen mitzubringen sind
- Konferenzort mit Telefondurchwahl

□ Die *Durchführung* verlangt Vorüberlegungen zu folgenden Punkten:

- Einleitung (Ablauf, Begrenzung der Redezeit, Einsetzung von Zeit-, ggf. auch Themenkontrolleuren)
- Ablauf (wie viele Rundläufe werden benötigt?)
- Entscheidungskriterien

□ Das *Protokoll* enthält nur *Entscheidungen des/der Verantwortlichen*, zum Beispiel:

- zu treffende Maßnahmen
- zu delegierende Aufgaben (wer hat was bis wann zu erledigen?)
- zur Kontrolle.

Der Vortrag

Mit der Einschränkung, dass es hier nicht darum geht, ein detailliertes Vortragstrainingsprogramm vorzustellen, sollen die folgenden Punkte bei der Vortragsvorbereitung helfen.

TIPPS

□ Das notwendige Selbstvertrauen verleiht am zuverlässigsten eine *inhaltlich gut durchdachte Konzeption.*

□ Bei der Planung sollte eine *eingängige Vermittlungsstrategie* ebenfalls im Detail vorbereitet worden sein. Dabei sollten u. a. folgende Punkte bedacht werden:

- Wie erreicht man die erwünschte Motivation?
- griffiger Anfang – Interesse wecken
- guter Schluss – die Teilnehmer sollen motiviert die Konferenz verlassen!
- Gegenargumente miteinbeziehen

□ Die *Vortragstechnik* bezieht zunächst eine Reihe körperlicher Komponenten mit ein, wie zum Beispiel

- Körperhaltung/Körpersprache
- Mimik
- Gestik
- Stimme

□ Der *Medieneinsatz* sollte sich nach dem Inhalt des Vortrags richten; nicht alle technischen Medien eignen sich für jeden Vortrag.

□ Unter den *konventionellen Medien* kann man gegenwärtig unter folgenden Hilfsmitteln wählen:

- Flip-Chart, dazu große, farbige Stifte
- Metaplan-Wände
- Karten als Rechteck, Oval und als Wölkchen, die man an die Metaplan-Wand heften kann
- und die gute alte Tafel; sie bewährt sich nach wie vor dort, wo man während des Vortrags nicht nur Stichworte oder Skizzen festhalten, sondern auch Korrekturen daran möglich machen will.

□ Die Palette der *technischen Medien* wird ständig erweitert; zurzeit sind darunter die gängigsten:

- der Tageslichtschreiber mit einer Leinwand hinter dem/der RednerIn
- der Overhead-Projektor für einen Folienvortrag mit der Möglichkeit, die Folien während des Vortrags noch zu markieren oder neu zu beschriften

- der Overhead-Projektor in Verbindung mit einem PC (Personal Computer) und einem LC-Display – damit lassen sich mit entsprechender Software sowohl Folienvorträge als auch Dia-Vorträge durchführen
- das Epidiaskop, womit sich Buchseiten, Tabellen, Grafiken usw. an eine Leinwand werfen lassen, ohne sie vorher kopieren zu müssen
- Diaprojektor für Diavortrag
- Filmprojektor und Videorecorder für Lehrfilme u. Ä.

□ Das wichtigste Medium ist das *Rednerkonzept*, das als Stichwortkonzept oder als abzulesendes Konzept zu erstellen ist. Mischformen können ungeübte Redner irritieren.

□ Für *Stichwortkonzepte* eignen sich Karten im DIN A6-Format am besten. Allerdings sollte man nicht mehr als 3 Sätze darauf unterbringen.

□ Für ein durchformuliertes *Rednerkonzept* sind DIN A5-Blätter im Querformat sehr beliebt, eine größere Übersicht bieten jedoch DIN A4-Blätter.

□ Die rhetorische Komponente bereitet man am besten durch *unterschiedliche Markierungen* auf dem Vortragskonzept vor. Dafür gibt es verschiedene Methoden, die man/frau, je nach persönlichen Gepflogenheiten und Geschmack, ausprobieren sollte.

□ Für alle Arten von Konzepten gilt:

- Die *Schrift* eines Konzepts muss groß und gut lesbar sein.
- Man sollte große *Abstände* zwischen den Zeilen lassen, um in letzter Minute noch etwas nachtragen zu können.
- Auf jeden Fall alle Blätter durchnummerieren!

- Ein guter Vortrag enthält
  - keine Belehrungen mit dem »erhobenen Zeigefinger«
  - keinen Tadel
  - keine befehlsartigen Anweisungen
  - keine nichtgeläufigen Fremdwörter oder unbekannte Fachbegriffe.
- Auf keinen Fall sollte ein Vortrag nur daraus bestehen, den gesamten Text mithilfe von Folien auf die Leinwand zu projizieren und nur diesen Text vorzutragen.
- Es ist nicht zu empfehlen, mit Kringeln und Verweisen am Rand zu arbeiten, denn damit findet man sich während des Vortrags nie zurecht.

Telefon und Handy

Einen wesentlich größeren Zeitraum als der persönliche Umgang mit Besuchern, Kunden oder MitarbeiterInnen beansprucht normalerweise das Telefonieren. Es ist also »tägliche Übung«, sollte man meinen.

Erstaunlicherweise geben aber gerade Telefongespräche immer wieder Anlass zu Missverständnissen. Oder sie tragen sogar dazu bei, dass ein Unternehmen einen ausgesprochen schlechten Ruf bekommt. Man sollte also schon ein paar Worte darüber verlieren.

Der erste telefonische Kontakt mit einem Unternehmen hinterlässt bei jedem/jeder AnruferIn den sehr wichtigen ersten Eindruck. Bei jedem ersten Telefonkontakt liefert der/die MitarbeiterIn im gleichen Moment die akustische *Visitenkarte des Unternehmens* ab. Die Situation ist durchaus vergleichbar der des ersten persönlichen Eindrucks, den man von einer Person bekommt. Deswegen muss die erste telefonische Antwort desjenigen, der als Erster das ankommende Telefongespräch entgegennimmt, wohl überlegt sowie *höflich und freundlich* sein. Da dieses Problem alle Unternehmen betrifft, ganz gleich welcher Größe, ist es vielleicht angebracht, sich wieder einmal einige Grunderkenntnisse ins Gedächtnis zu rufen.

Bei jedem Telefongespräch ist die Kommunikation allein auf die Sprache reduziert und auf jedes gesprochene Wort angewiesen.

Alle anderen Mittel der Verständigung, die uns bei einer persönlichen Begegnung zur Verfügung stehen, wie zum Beispiel Gestik, Lächeln(!), Haltung usw., entfallen bei dem rein akustischen Kontakt. Dem entgegen steht die Tatsache, dass wir bei jeder Kommunikation stets eine ganze Reihe von Informationen benötigen, die uns dabei helfen müssen, herauszufinden, um wen es sich bei einem unbekannten Gesprächspartner überhaupt handelt. Bei einem persönlichen Kontakt können wir anhand von Kleidung, Haltung und Umgangsformen – der so genannten persönlichen Ausstrahlung eines Menschen – nach unserer Erfahrung urteilen und meistens ganz gut einschätzen, mit wem wir es zu tun haben. Beim Telefongespräch entfallen alle diese Informationen. Als Einordnungshilfen haben wir nur noch die *Stimme,* den *Akzent* und die *verbalen Höflichkeitsformen* zu unserer Orientierung zur Verfügung.

Es versteht sich also von selbst, dass bei einem Telefongespräch jedes einzelne gesprochene Wort wesentlich mehr Bedeutung bekommt als bei einem persönlichen Gespräch. Aus diesem Grund sollte man seiner *Wortwahl* besondere Aufmerksamkeit widmen. Höflichkeitsgesten müssen durch Worte ausgedrückt werden, um verstanden zu werden. Aber auch flapsige Bemerkungen bleiben stehen, die man bei einem persönlichen Kontakt mit einem Lächeln sofort entschärfen kann, wenn man am Gesichtsausdruck des Gesprächspartners eine unbeabsichtigte Reaktion bemerkt. In einer solchen Situation kann man sofort eine Korrektur oder Interpretation nachschieben, wenn man sieht, dass das Gegenüber die Bemerkung in den falschen Hals bekommen hat. – Diese Möglichkeiten fallen beim Telefongespräch weg.

TIPPS

□ Als *AnruferIn* sagt man

- zuerst Name, Firma, »guten Tag«, dann:
- »Ich/wir hätte/n gern Herrn/Frau … gesprochen, können Sie mich *bitte* verbinden«
- *»danke«*, wenn jemand einen Kontakt hergestellt hat.

□ Generell *bitte* und *danke* nicht vergessen! Dazu reicht die Zeit immer.

□ Bei Anrufen *in Privathaushalte* sollten, wenn irgendmöglich, die korrekten Privat-Telefonzeiten beachtet werden.

Das heißt, ohne unaufschiebbaren Grund sollte man niemanden zwischen 13 und 15 Uhr zu Hause anrufen.

□ In den südeuropäischen Nachbarländern gelten *Tabuzeiten* oft auch für den Geschäftsverkehr.

- In der Ostschweiz findet man Anrufe zwischen 12 und 14 Uhr rücksichtslos.
- In der Französischen Schweiz und im Tessin gilt dies für die Zeit zwischen 13 und 15 Uhr – meist wird innerhalb dieses Zeitraums gar nicht abgenommen.
- In Frankreich gibt es zwischen 13 und 16 Uhr eine je nach Region unterschiedliche Tabuzeit von ca. zwei Stunden.

□ Der oder die *Angerufene*, der/die Gespräche von außen entgegennimmt, sagt,

- wenn es die Telefonzentrale ist: *Firma* und *»Guten Tag«*
- wenn es ein Sekretariat oder eine Abteilung ist: *Firma*, ggf. *Abteilung* und den *eigenen Namen.*

□ Die Reihenfolge ist beliebig, allerdings sollte die erste Antwort keinesfalls zu lang werden, deshalb auch *nicht mit Vor- und Nachnamen* melden.

□ Das Weiterverbinden sollte *so zügig wie nur irgend möglich* vor sich gehen, weil das Wartenlassen – und der damit verbundene Zeitaufwand – den Anrufer Geld kostet.

□ Es empfiehlt sich, besondere Anweisungen an die Telefonzentrale zu geben, besonders höflich zu sein und einen Anrufer möglichst *nie vergeblich* anrufen zu lassen.

□ Für den Fall, dass ein gewünschter Gesprächspartner nicht erreichbar ist, sollte folgende Antwort Standard sein:

»Der gewünschte Teilnehmer meldet sich nicht, kann ich Ihnen vielleicht weiterhelfen?«

□ Dafür gibt es eine Reihe von Möglichkeiten. Man kann

- die Durchwahlnummer des gewünschten Teilnehmers geben
- anbieten – anhand einer Liste, die nicht nur alphabetisch, sondern auch *nach Abteilungen geordnet* ist –, den/die TeilnehmerIn mit jemandem aus der gleichen Abteilung zu verbinden
- dem/der AnruferIn versichern, dass man sich darum bemühen wird, dass der gewünschte Gesprächspartner so schnell wie möglich zurückruft; und Ähnliches mehr.

TABUS

■ Niemals darf ein Kunde vergeblich angerufen haben oder aufgefordert werden, nochmals anzurufen.

■ Flapsige Redensarten sind unbedingt zu vermeiden, weil sie am Telefon sofort unverschämt oder diskriminierend klingen; zum Beispiel:

- »Rufen Sie später noch einmal an!« (Hier fehlt das »Bitte«, daher klingt es wie ein Befehl!)
- »Gute Frau, ...« (ist ungezogen distanzlos)
- »Das habe ich Ihnen schon einmal gesagt!« (heißt so viel wie: »Schwer von Begriff sind Sie auch noch!«)
- »Sie hören mir gar nicht zu!« (ist ein ungehöriger Tadel)
- »Haben Sie das verstanden?« (bedeutet: »Ich halte Sie für geistig zumindest schwach belichtet.«)

■ Es ist für unsere Etikette durchaus problematisch, wenn Erwachsene sich mit *Vor- und Nachnamen* am Telefon melden, wie es amerikanische oder amerikanisierende Unternehmen oftmals von ihren MitarbeiterInnen verlangen. Die gleiche Gepflogenheit, die im Amerikanischen nett und freundlich klingt, wirkt in unserer Kultur *anbiedernd bis peinlich*. – Bei jungen Leuten unter sich ist das hingegen kein Problem.

■ Zeitaufwendiges Weiterverbinden ist heutzutage absolut verpönt!

■ Nichts ist kundenunfreundlicher als die so genannten *»Warteschleifen«*. Ganz gleich, ob mit oder ohne Musikuntermalung – Kunden nehmen es mit Recht übel, dass sie die Rationalisierungsmaßnahmen anderer Unternehmen mit ihrer eigenen Zeit bezahlen müssen. Kein Dienstleistungsunternehmen, das nicht über ein Monopolprodukt verfügt, kann sich über einen längeren Zeitraum solche Scherze erlauben, ohne einen erheblichen Kundenverlust zu erleiden.

Das Handy als Ärgernis

Der *Umgang mit dem »Handy«* stellt die Etikette scheinbar vor immer neue Herausforderungen. Diese moderne Errungenschaft hat – neben einer Reihe wirklicher Vorzüge für Leute, die permanent erreichbar sein müssen – einen großen Nachteil: sie kann in ungehöriger Weise stören.

Nach einer ersten Phase, in der das »neue« Gerät dazu benutzt wurde, um Aufmerksamkeit zu erregen, hat sich der Gebrauch dieses Kommunikationsgerätes gegenwärtig – von einigen unverbesserlichen Ausnahmen abgesehen – auf seine vernünftige Nutzanwendung reduziert. Wenn jetzt jemand mit so einem Handy herumläuft, kann man davon ausgehen, dass es sich um einen Monteur, Spediteur oder Chauffeur handelt, jedenfalls jemanden, der wegen maximaler Ausnutzung seiner Arbeitszeit dauernd erreichbar sein muss. Wirklich wichtige Leute haben ein Sekretariat.

Sowohl die technischen Sonderausrüstungen als auch die besonderen Schwierigkeiten, die diese Geräte verursachen, weil sie eine unangenehme Störquelle für alle möglichen funkgesteuerten Apparate und Installationen sind, sollen in diesem Zusammenhang unberücksichtigt bleiben. Hier geht es einzig und allein um die Frage, wie man die Störung anderer, unbeteiligter Menschen auf ein unvermeidbares Minimum reduzieren kann.

TIPPS

☐ Das Mitführen des eingeschalteten Handys sollte auf das *unbedingt notwendige Mindestmaß* beschränkt werden.
☐ Man sollte sicherstellen, dass das akustische Signal nicht Unbeteiligte behelligt oder stört oder in Situationen ertönt, die der Andacht, Stille oder Konzentration gehören.
☐ Zum Telefonieren geht man in einen Nebenraum, in ein Foyer, in den Flur oder ins Freie.
☐ Es ist eine strikte Regel der guten Manieren, niemals Unbeteiligte an einem Handy-Telefonat teilhaben zu lassen.

■ Es ist äußerst unfein, in Gegenwart anderer hörbar zu telefonieren, weil das einen exhibitionistischen Eindruck macht.

■ Ein völliges Unding ist es, wenn Veranstaltungen durch jemanden gestört werden, der als Zuschauer oder Zuhörer nebenbei telefoniert.

■ Jeder Mensch mit Taktgefühl fühlt sich peinlich berührt, wenn er ungewollt Telefongespräche anderer mithören muss. Wer zum Beispiel vom Tisch eines Restaurants aus telefoniert, darf sich nicht wundern, wenn man ihn für – gelinde gesagt – aufdringlich hält.

E-Mail-Sprache

Einige TIPPS *und* TABUS *nach heutigem Stand:*

□ Jeder Mensch weiß in seiner E-Mail-Korrespondenz einen höflichen Stil zu schätzen, in der Regel wird allerdings *auf Füllwörter verzichtet.*

□ Eine *persönliche E-Mail* ist wie ein (elektronisch versandter) Brief einzuordnen und mit einer freundlichen Anrede (Sehr geehrte/r … / Lieber … / Sirs) einzuleiten oder einem Gruß (Hallo …) als eine Ansprache auf gleicher Ebene.

□ Selbstverständlich lässt eine fehlerhafte Rechtschreibung unvermeidliche Rückschlüsse auf den Bildungsstand des Absenders zu; aber man ist in der Tat nachsichtiger gegenüber *kleinen* »Flüchtigkeitsfehlern«.

■ Keinesfalls gibt es diese Toleranz gegenüber der verballhornenden Chat-Sprache der Kids, deren Anwendung in einer seriösen Geschäftskorrespondenz höchst unliebsame Folgen haben könnte. Im günstigsten Fall würde man für unreif gehalten.

■ Gleichfalls ist von Abkürzungen abzuraten, deren Kenntnis die Übung mit Chat rooms voraussetzt, wie z. B. <bb>(bye-bye), <cul8er>(see you later), <tuvm>(thank you very much) oder die Verwendung so genannter »Emoticons« wie :-) / :-)) / %-) / :-I …

□ Die Verwendung von – auch englischen – Akronymen und Abkürzungen ist durchaus akzeptiert, vorausgesetzt die Kommunikation ist dadurch sichergestellt, dass diese Kürzel allgemein bekannt sind und daher verstanden werden.

Beispiele in Deutsch: alle Abkürzungen, die der Duden vorsieht, sowie
MfG oder mfg / ggf. / vgl. / uam. / o. a. / d. h. …
Beispiele in Englisch: i.e. / asap / 4u / cu / fe …

■ Im internationalen Geschäft sind alle Kürzel – auch englische! – tunlichst zu vermeiden, die einen kumpelhaften Ton signalisieren.

□ E-Mails zu senden ist dann angemessen, wenn in persönlicher Geschäftskorrespondenz Arbeits- oder Entscheidungsunterlagen schnell den richtigen Adressaten erreichen sollen. Allerdings sollte man darauf Wert legen, dass wichtige Nachrichten quittiert werden – und der Adressat nicht gerade in Urlaub ist.

■ E-Mails sind in all jenen Fällen nicht angebracht, in denen es sich um rechtsverbindliche Dinge handelt. Verträge, Bestellungen hochwertiger Güter usw. sowie Kündigungen benötigen nach wie vor eine rechtsverbindliche Unterschrift und müssen deshalb ausgedruckt werden.

■ Selbstverständlich sollte man bei *zu internen* Bezügen oder vertraulichen Dingen Vorsicht walten lassen und besser nicht als E-Mail senden, denn der Hinweis: »for your eyes only« bietet keine Garantie für Vertraulichkeit.

□ Unbestritten ist, dass bei einem Brief durch die Einbeziehung ästhetischer Stilmittel wie schönem Papier, Farb-

Logo, Schriftbild usw. die Kommunikation auf eine höhere Ebene gestellt wird und sich damit von der »Massenware E-Mail« abhebt.

Telefax und Anrufbeantworter

Das *Telefax* ist mittlerweile ein weit verbreitetes Kommunikationsmedium. Es hat unschlagbare Vorteile: es ist billiger als ein Telefongespräch und schneller als ein Brief. Allerdings gibt es auch einen großen »Nachteil«: Menschen, die nur noch das Telefonieren gewöhnt waren, müssen wieder schreiben lernen. Damit das für die »modernen Analphabeten« nicht so schwer wird – das sind diejenigen, die trotz abgeschlossenen Hochschulstudiums kein Wort mehr ohne ihre Sekretärin zu Papier bringen können –, genügen für die Fax-Sprache nur reduzierte Texte.

Das meiste steht schon auf dem Fax-Brief-Kopf:

Fax-Nachricht

Absender mit oder ohne
Postanschrift
Telefon Nummer
Telefax Nummer

Fax-Nr.:
Empfänger:
Fax besteht aus insgesamt Seite/n

Datum:

Der eigentliche Text braucht dann nur eine kurzgefasste Mitteilung zu sein, die aber keiner ausgefeilten Syntax oder vollendeter Sätze bedarf. Es ist auch nicht notwendig, mit »Sehr geehrte/r …« anzufangen, sondern man kann kurz schreiben:

Für Herrn Gerd Köhler:
Ihre Bestellung ist eingetroffen und liegt für Sie bereit.

MfG
Gerd Kaltwasser

Man kann die gleiche Mitteilung aber auch ganz anders faxen:

Guten Morgen, lieber Herr Köhler,
ist es bei Ihnen auch schon so heiß, oder haben Sie von dem Gewitter heute Nacht etwas Erfrischung abbekommen?
Ich wollte Ihnen schnell mitteilen, dass Ihre Bestellung nun endlich eingetroffen ist; Sie können sie jederzeit abholen. Auch über Mittag ist jemand da.

Mit freundlichen Grüßen
Veronika Müller-Thurgau

TIPPS

□ Geschäftliche Fax-Mitteilungen lassen meist auch etwas Spielraum für kurze atmosphärische Klimaverbesserungen.
□ Es ist sehr zu empfehlen, per Fax keine vertraulichen Mitteilungen zu schicken, sofern man nicht ganz sicher ist, dass tatsächlich ausschließlich der Empfänger Zugang zu dem Faxgerät hat. Die Rechtslage ist zwar klar, auch Telefaxbriefe unterliegen dem Briefgeheimnis. Aber selbst wenn dem so ist, wer wollte dafür garantieren, wenn mehrere Leute in dem Büro arbeiten?

TABUS

■ *Sehr wichtig:* Es ist nicht ratsam, über Vorgänge zu sprechen, die man nur in Form einer Fax-Mitteilung – unbefugt – zur Kenntnis genommen hat. Das ist strafbar.
■ Absolute »Rohrkrepierer« mit einem garantierten Negativ-Effekt sind die seitenweise nachts verschickten Werbe-Faxe. Nach meinen eigenen, umfassenden Erkundigungen gibt es keinen Menschen, der diese Art Faxreklame liest oder gar positiv zur Kenntnis nimmt. Dagegen gibt es

durchgängig Ärger darüber, morgens ins Büro zu kommen, und wichtige Mitteilungen konnten nur deswegen nicht durchkommen, weil Reklame-Faxe den gesamten Papiervorrat nachts aufgebraucht haben.

Der geschäftlich genutzte *Anrufbeantworter* wird in der Regel nur dann eingesetzt, wenn die Sprech- bzw. Öffnungszeiten vorbei sind oder wenn wirklich niemand im Büro ist. Anrufbeantworter laufen zu lassen, nur damit man in Ruhe gelassen wird, wäre eine Ungezogenheit.

Der Anrufbeantworter kann in unterschiedlicher Weise eingesetzt werden:

- zur einseitigen Nachrichtendurchsage, zum Beispiel von Öffnungszeiten oder von weiteren Telefonnummern, die der Anrufer zu diesem Zeitpunkt erreichen kann; oder
- zur Aufnahme von Nachrichten, die nach einem Signalton vom Anrufer auf das Band gesprochen werden können.

Während bei der ersten Verwendungsart kaum Schwierigkeiten in der Benutzung auftreten, gibt es in Bezug auf die zweite Nutzung immer mal wieder Probleme. Die rühren daher, dass manche Menschen sich scheuen, aufs Band zu sprechen. Da das Phänomen bekannt ist, versucht man eben, den kleinen Text so nett und persönlich wie möglich zu gestalten.

TIPPS

☐ Der Text auf dem Firmen-Anrufbeantworter sollte folgende Informationen enthalten:
  - Name, Unternehmen, Telefonnummer
  - mit einer kleinen Entschuldigung einleiten, von wann bis wann der Anschluss nicht erreichbar ist oder

- ab wann der/die gewünschte TeilnehmerIn wieder erreichbar sein wird
- ggf. eine andere Nummer für dringende Nachrichten angeben
- nicht vergessen, sich für den Anruf zu bedanken!

□ Bei der Möglichkeit, eine Nachricht zu hinterlassen, sollte der Text zusätzlich enthalten:

- eine freundliche Aufforderung, die Nachricht dem Band anzuvertrauen
- den Hinweis darauf, erst nach dem Signalton zu sprechen.

TABU

■ Bei der geschäftlichen Kommunikation ist es eine ausgesprochene Geschmacksfrage, Musik auf den Anrufbeantworter zu spielen, weil es unnütz die Zeit der Anrufer kostet.

4 Die »andere« Berufswelt der Frauen

Besondere Anforderungen an Frauen in der »Männerwelt« des beruflichen Alltags

Seit Anbeginn der industriellen Revolution ist die gewerbliche Arbeitswelt *von Männern für Männer* eingerichtet worden. Frauen wurden in dieser Arbeitswelt stets nur in gewissen Zusammenhängen und zu gewissen Zeiten mal mehr und mal weniger geduldet – als zu gewissen Arbeitsleistungen notwendige Arbeitskräfte. Selbstredend waren und sind dies minderbezahlte Tätigkeiten, die Männer zu diesen Zeiten nicht ausüben können – zum Beispiel, weil sie gerade mal wieder Krieg führen müssen – oder nicht ausüben wollen, weil es sich um unattraktive Arbeiten in untergeordneteren Funktionen handelt.

Und so ist auch von Anfang an die Sprache der erwerbstätigen Arbeit die *Sprache der Männer.* Frauen verschwinden in dieser Sprache, sofern sie sich aus den von Männern für sie vorgesehenen, dienenden Berufen – wie beispielsweise als Krankenschwester, Sekretärin oder Kindergärtnerin – herausbegeben und mit Männern in berufliche Konkurrenz treten. Sobald sie sich also in die beruflichen Männerreservate wagen, werden sie nicht mehr als Frauen anerkannt und genannt. Erst in den letzten zehn Jahren setzen sich sehr allmählich die »Kauffrau«, »Betriebsrätin« und »Diplomingenieurin« auch als sprachlich erfasste Frauenberufe durch – nach und nach, mit einer Entwicklungslinie von Norden nach Süden. Im Süden unseres Landes können Frauen auch heute noch auf einen nachhaltigen männlichen Widerstand treffen, der immer noch aus der Überzeugung kommt, »mitgemeint« (mit einer männlichen Titulierung) sei gleichbedeutend mit »mitbenannt« (als qualifizierte Frau).

Weil es also nach wie vor eine durch und durch auf Männer ausgerichtete Arbeitswelt ist, müssen Frauen von vornherein mit massiven Schwierigkeiten, Widersprüchen und Diskriminierungen rechnen, sobald sie sich in diese Welt begeben.

Seit Anfang der 90er Jahre gibt es mehrere wissenschaftliche Untersuchungen, die der Frage nachgegangen sind, welche Schwierigkeiten einer Karriere von Frauen grundsätzlich entgegenstehen und wo die Unterschiede zu den für Männer üblichen Problemen liegen.

Zum Beispiel die Arbeitsbedingungen

Die ganze Arbeitswelt ist auf männliche Verhaltensweisen und Bedürfnisse abgestellt. Arbeitszeiten und Arbeitslöhne, Kongresse und Konferenzen, Businesshotels und Freizeitangebote.

Es gibt nach wie vor erst einige, sehr wenige Hotels, die Bedürfnisse von geschäftsreisenden Frauen berücksichtigt haben. In diesen Hotels sind die »Zimmer für die geschäftsreisende Frau« mit einem ansprechenden Toilettentisch ausgerüstet, der auch noch mit einer für Frauen geeigneten kleinen Auswahl an nützlichen Utensilien ausgestattet ist – und einem Haarföhn, der nicht zur Kategorie »Heuwender« zu zählen ist. Und für den Fahrstuhl, der aus Sicherheitsgründen nur mit der Zimmer-Code-Karte funktioniert, ist der weibliche Gast ebenfalls dankbar.

Aber es sind – leider – nicht nur die fehlenden Annehmlichkeiten und Mängel in Bezug auf ihre Sicherheit, die

Frauen tagtäglich darauf verweisen, dass sie sich als Randfiguren in einer Welt bewegen, die für eine andere Gruppe der Menschheit konzipiert ist. Die Schwierigkeiten, auf die sie stoßen, sind komplex.

Zum Beispiel Chancengleichheit

Nicht nur im industriellen, sondern auch in den gut dotierten Dienstleistungsberufen sind Frauen »unterbezahlt, unterrepräsentiert und haben wenig erreicht, Managerinnen werden benachteiligt, und es ist unwahrscheinlich, dass sich daran in naher Zukunft etwas ändert«, stellte die Zeitung »The European« 1993 fest. Und in der Tat hat sich bis heute daran nichts geändert. Namhafte Soziologen haben 1993 die augenblickliche Zuwachsrate an weiblichen Führungskräften fortgeschrieben und errechnet, dass es *noch 475 Jahre* dauern wird, bis Gleichberechtigung in den Geschäftsleitungen herrscht. Mit anderen Worten, bei der gleichen Geduld von Frauen wird es *bis ins Jahr 2468* dauern, bis ungefähr gleich viel qualifizierte Frauen wie entsprechend qualifizierte Männer die Spitze der Karriereleiter erreichen können.

Am besten ist, eine Frau gründet sich ihre Firma selbst – dann hat sie ausgesprochen gute Aussichten, diese auch erfolgreich selbst zu leiten. Das Gros der Frauen in Vorständen als auch in den Aufsichtsräten stellen Firmen, die in Familienbesitz sind. Immerhin gibt es rund *600 000 Unternehmerinnen*, die tagtäglich zeigen, dass es wohl nicht an den für Führungsaufgaben notwendigen Fähigkeiten und Begabungen fehlt.

Zum Beispiel Einkommen

Im Hinblick auf die *Einkommensdifferenz* zu den Männern muss man feststellen, dass hierzulande Frauendiskriminierung überall und in allen Branchen tägliche Übung ist.

Frauen verdienen im Allgemeinen immer noch – wie schon seit Jahrzehnten – ca. *30 % weniger* als ihre Kollegen und in den *Führungspositionen nur ca. 50 %* dessen, was Männer auf gleicher Ebene erhalten. Über die Gründe hierfür wird viel spekuliert. Entweder, so wird behauptet, trauten sich die Frauen nicht, »männergerechtes Entgelt« zu fordern, oder sie seien so unheimlich froh über die erreichte Position, dass sie sich dann nicht trauten, auch noch positionsgerechte Forderungen zu stellen.

Zum Beispiel die Familie

Für Männer in Führungspositionen ist es natürlich eine willkommene Unterstützung, wenn »die Frau an seiner Seite« ihrem Mann viele Steine des täglichen Lebens aus dem Karriereweg räumt. Er kann sich ganz auf seinen Beruf konzentrieren, weil sie ihm die Sorgen mit den Kindern und dem Haushalt völlig abnimmt. Selbstverständlich ist sie darüber hinaus jederzeit bereit, ein anspruchsvolles kleines Abendessen zu arrangieren, wenn er für ein wichtiges Geschäftsgespräch die stilvolle Atmosphäre des eigenen Hauses vorzieht.

Die Tatsache, dass die Ehefrauen desto seltener berufstätig sind, je höher die Position des Mannes ist, hat ihre Auswirkungen in zweierlei Hinsicht. Zum einen dienen sie als wichtiger *Wettbewerbsvorteil zugunsten des Mannes* gegenüber weiblicher Konkurrenz, und zum anderen als *Stabilisierung eines Rollenbildes der Frau von gestern.* Eine Managerin dagegen ist nur sehr, sehr selten in einer so glücklichen Lage, in der es zu Hause einen Partner gibt, der darauf eingestellt ist, mal eben für ihre Geschäftsfreunde ein gepflegtes Essen zu zaubern oder wichtige Gäste von ihr diskret und aufopfernd zu bewirten.

So hat sich nicht zuletzt aufgrund der ihm zuarbeitenden, nimmermüden Ehefrau zu Hause in den Köpfen der männlichen Führungsschicht nach wie vor ein Frauenbild stabilisiert, das heute nur noch auf einen sehr kleinen Kreis von Frauen zutrifft. Solange aber die eigenen Ehefrauen den führenden Männern in unserem Land nicht wirklich »Dampf machen«, indem sie das Bild der modernen, selbstbestimmten Frau bereits zu Hause nachhaltig prägen – was sie zunehmend auch tun –, solange wird das verfestigte, verstaubte Rollenbild der Frau von gestern nicht aus den Männerköpfen verschwinden.

Frauen stehen heutzutage immer noch vor der Wahl: *Karriere oder Familie*. Logischerweise finden wir unter den Führungsfrauen nur wenige mit eigener Familie. Eine vergleichende Studie aus den Jahren 1986 und 1991 ergab, dass 62 % der Managerinnen keine Kinder haben, nur 20 % von ihnen haben zwei und mehr Kinder. Hier wird der Unterschied zu den Männern sehr augenfällig: Nur 13 % von ihnen sind kinderlos, und 63 % der Manager haben zwei und mehr Kinder.

Doppelbelastung durch Beruf und Familie, das ist nach wie vor ein Begriff nur für Frauen. Diese »Doppelbelastung« lässt sich ab einer gewissen Führungsebene nicht mehr durchhalten. Und da ist dann meist auch niemand »an ihrer Seite«, der für die kleinen karrierefördernden Handreichungen zu Hause zur Stelle wäre. Statistiken belegen das, was alle wissen: Die doppelt belastete Frau hat zu wenig Zeit für sich selbst, sodass sie eines Tages die eigene Identität aus den Augen verloren hat. Wenn sie aber von vornherein entweder eine eigene Familie oder die Karriere abschreibt, verzichtet sie damit zugleich auf eine ganze Dimension ihres Menschseins, auf die Männer grundsätzlich nicht zu verzichten brauchen.

Dem Problem der Vereinbarkeit von Beruf und Familie ist man in Deutschland kein bisschen näher gekommen. Nach wie vor fehlen bei uns Krabbelstuben, Kinderhorte, Ganztagskindergärten und Ganztagsschulen. Und die Abwehrschlacht gegen solcher Art Forderungen wird mit immer neuen Argumenten geführt. Obwohl für alle (west!-)europäischen Länder um uns herum eine bare Selbstverständlichkeit, werden diese Einrichtungen entweder für sozialistisches Teufelszeug erklärt – oder es ist dafür in unserem Land einfach kein Geld da.

In einer aktuellen UN-Studie der ILO (International Labor Organisation) wurde ein direkter Zusammenhang zwischen Aufstiegschancen für Frauen und guten Einrichtungen zur Kinderbetreuung nachgewiesen.

- *In* Frankreich *für 95 Prozent der Kinder im Vorschulalter Kinderhortplätze. Französinnen bleiben von allen Europäerinnen am längsten berufstätig und bleiben erst nach der Geburt des dritten Kindes zu Hause.*
- *In* England *und den* Niederlanden *geben sie die Arbeit meist nach der Geburt des zweiten Kindes auf.*
- *In* Deutschland *müssen die meisten Frauen nur aus dem Grund fehlender Kinderbetreuungseinrichtungen schon nach der Geburt des ersten Kindes zu Hause bleiben.*

Die Vereinbarkeit von Kindern und Karriere ist nach wie vor grundsätzlich ein Problem für berufstätige *Frauen*, wovon es nur wenige Ausnahmen gibt. Für berufstätige Männer ist es der Normalfall, Kinder zu haben und gleichzeitig Karriere zu machen, auch davon gibt es nur wenige Ausnahmen.

»Typisch Frau!« – was heißt denn das?

Jedes Mal, wenn in einer bisher ausschließlich von Männern ausgefüllten Berufssparte erstmals eine Frau auftauchte, gab es einen Männerchor aus Vorbehalten, Warnungen und hanebüchenen Vorurteilen, die sich diesem »Experiment« entgegenstellten. Denken wir nur an die ersten weiblichen Lehrlinge im Sanitärhandwerk oder bei den Schornsteinfegern, die ersten Straßenbahnführerinnen oder an die ersten Pilotinnen.

So ging noch 1986 ein Aufschrei durch die Herrenwelt deutscher Cockpits, als die Lufthansa in Erwägung zog, Pilotinnen auszubilden. Die Berufsorganisation der Piloten, die »Vereinigung Cockpit«, wandte sich damals vehement dagegen, Frauen in die Führerkanzel deutscher Verkehrsflugzeuge zu lassen, mit so abenteuerlichen wie ernst gemeinten Argumenten wie Frauen seien zu klein und zu schwach, um im Ausnahmefall das Seitenruderpedal mit Körperkraft bedienen zu können, sie wären durch die ständige Gefahr einer Schwangerschaft zu teures Personal, und schließlich wurde noch auf »die Bedeutung der psychomotorischen Stabilität im Pilotenberuf« hingewiesen, »auf die Fähigkeit, auch in Extremsituationen ruhig und systematisch zu arbeiten«. Frauen neigten jedoch dazu, »im Notfall alles loszulassen und in Tränen auszubrechen«.

Heute kann man/frau nun doch die erfreuliche Tatsache vermerken, dass bei der Lufthansa Frauen bereits als Kapitäninnen auf dem linken Sitz fliegen – so wie auch in allen technischen wie naturwissenschaftlichen Berufen die alten Vorurteile mittlerweile ausnahmslos widerlegt worden sind. Abgeschafft sind sie dadurch jedoch keineswegs.

Noch vor 30 Jahren war es gar keine Frage, dass Frauen sich besonders männlich zu geben hatten, damit sie fachlich ernst genommen wurden. Das galt in besonderem Maß für Akademikerinnen und die Frauen, die in so genannte »Männerberufe« *einzudringen* wagten. Nicht so für die angestammten »Frauenberufe«, wie zum Beispiel die Sekretärin. Sie konnte sich schon immer etwas weiblicher geben und attraktiv aussehen, ohne dadurch ihrem beruflichen Werdegang zu schaden. Normalerweise kam sie ja auch nicht einem Mann als Konkurrentin in die Quere.

Heute wird von weiblichen Führungskräften erwartet, dass sie sich *als Frauen einbringen und* sich trotzdem den Berufsanforderungen *anpassen*, die eben nach wie vor männlich geprägt sind.

Es ist nicht zu übersehen, dass der gesamte Berufsbereich noch immer männlich orientiert und bestimmt ist. Deswegen ist es ganz interessant, sich die *»typisch männlichen«* Eigenschaften einmal näher anzusehen, zumal sie bislang als besonders Erfolg versprechend galten – und zum großen Teil auch heute noch gelten.

□ Traditionell gelten folgende Eigenschaften als *»typisch männlich«:*

- Durchsetzungsvermögen
- hohe physische und psychische Belastbarkeit
- »natürliche« Autorität
- Sachlichkeit
- körperliche Stärke

□ Traditionell gelten folgende Eigenschaften als *»typisch weiblich«*:

- Anpassungsfähigkeit
- Emotionalität
- Kompromissbereitschaft
- geringe psychische Belastbarkeit (eine Frau weint schnell!)
- geringe körperliche Belastbarkeit

So wenig wahrscheinlich es ist, einem Mann in Führungsposition zu begegnen, der ausschließlich »männliche« Eigenschaften auf sich vereinigt, so selbstverständlich ist natürlich auch der Schluss:

Die Wahrscheinlichkeit, eine Frau mit allen ihr traditionell als »typisch weiblich« zugeteilten – oder angedichteten – Eigenschaften im Erwerbsleben anzutreffen, geht gegen Null.

Selbstverständlich ist auch in diesem Zusammenhang nun einmal nicht zu bestreiten, dass es *geschlechtsspezifische Eigenschaften* gibt. Ganze Bände wurden in jüngster Zeit mit wissenschaftlichen Untersuchungen darüber gefüllt, in denen diese Unterschiede herausgearbeitet wurden. Das, was gegenwärtig als »gesicherte Erkenntnis« gelten darf, sieht aber etwas anders aus als die oben aufgeführten Klischees.

Dabei sollte jedoch prinzipiell nicht außer Acht gelassen werden, dass diese Kriterien nicht auf jeden einzelnen Mann oder auf die einzelne Frau direkt bezogen werden dürfen. Sie können nur als *idealtypische Eigenschaften* definiert werden, wobei es dann noch völlig offen bleibt, wie viel von diesen männlichen Eigenschaften und wie viel der weiblichen Eigenschaften ein Mann besitzt, – und wie viel von jenen weiblichen Eigenschaften und wie viel der so definierten männlichen Eigenschaften eine Frau in sich vereinigt. Bei der überwiegenden Mehrheit kann man davon ausgehen, dass ein sehr männlicher Mann eben eine maximale Ansammlung männlicher Eigenschaften besitzt. Und eine sehr weibliche Frau besitzt offenbar sehr viele der weiblichen Eigenschaften.

Dabei bleiben die nach wie vor herrschenden Unterschiede in Erziehung und Ausbildung – und damit auch die frühe Förderung bestimmter Eigenschaften – noch völlig unberücksichtigt. Zwar sind sich die Gelehrten immer noch uneinig über die Ursachen der Befähigungsunterschiede. So meint die eine Richtung, es sei das Gehirn, das von Anfang an in Nuancen anders funktioniert. Die andere Expertenmeinung sieht die Ursachen in den Eltern und Lehrern, die

die Kleinen in althergebrachte Geschlechterrollen pressen und das Interesse auf vermeintlich typisch männliche bzw. weibliche Domänen lenken. Mit einiger Sicherheit kann man wohl auf einen komplexen Zusammenhang zwischen beiden Ursachenbündeln schließen.

Neuere Studien aus dem In- und Ausland haben ergeben, dass die Koedukation, also der Gemeinschaftsunterricht für Mädchen und Jungen, keineswegs die Mädchen fördere, sondern fast ausschließlich den Jungen zugute kommt. Dafür hier nur einige Beispiele:

- Jungen werden im Unterricht doppelt so häufig aufgerufen wie Mädchen, sie erfahren mehr Beachtung, weil sie sich aggressiver in den Vordergrund drängen, sie werden also öfter gelobt oder getadelt.
- Mädchen werden häufiger unterbrochen, ihre Beiträge von Jungen abgekanzelt.
- Jungen mit guten Noten werden von Lehrern für aufgeweckt und intelligent gehalten, entsprechende Schülerinnen für fleißig und ordentlich.
- Den Kampf um die Herrschaft im Klassenzimmer gewinnen die Jungen, sie bestimmen, was im Unterricht läuft; die Mädcheninteressen werden im Normalfall vernachlässigt.

In diesen Zusammenhang gestellt sind die beruflichen Nachteile, denen Frauen nach wie vor ausgesetzt sind – als Fortsetzungsstory erkennbar, die sich über die Universitäten zu den geminderten Einstellungs- wie Aufstiegschancen kontinuierlich fortsetzt und an der sich noch nichts Bemerkenswertes geändert hat.

Gegenwärtige Studien gehen davon aus, dass einige der wesentlichsten Unterschiede in den Führungseigenschaften sowie die Zugänge zu Führungskriterien sich folgendermaßen gegenüberstellen lassen:

Männliche Führungskriterien	Weibliche Führungskriterien
♂ Regelorientiert	♀ Beziehungsorientiert
♂ Prinzipienorientiert	
♂ Sich an Regeln halten	♀ Annahme von Abweichungen von der Regel
	♀ Berücksichtigen der konkreten Situation
	♀ Kompromissbereitschaft
	♀ Harmoniebedürfnis
♂ Konflikte werden ausgetragen	♀ Konflikte werden vermieden, anders angesprochen, im Sinne von sowohl als auch zu lösen
♂ Übernahme von Verantwortung für Ergebnisse	♀ Übernahme von Verantwortung für Personen
♂ Sich selbst und die eigenen Ziele wichtig nehmen	
♂ Sich abgrenzen gegen andere	♀ Rücksicht nehmen auf andere
♂ Einsetzen für Ideale	♀ Einsetzen für Personen
♂ Zielorientiert	♀ Prozessorientiert
♂ Durchsetzungswille/ Durchsetzungsstärke	♀ Einbeziehen anderer in Entscheidungsfindung/ überzeugen
♂ Entwickeln von allgemeinen verbindlichen Regeln	♀ Integration

Die heutige Führungsarbeit ist vor allem anderen *Kommunikationsarbeit.* Als hierzu erforderliche Fähigkeiten gelten:

- erhöhte Sensibilität nach außen und nach innen
- die Bereitschaft, zuzuhören, Kompromissbereitschaft
- die Bereitschaft zu einem offenen Umgang mit Informationen, ohne jeweils Machtüberlegungen vorzuschalten
- die Bereitschaft, Erfolge zu teilen.

Das sind nun nicht mehr die »männlichen« Führungskriterien, sondern eher die »weiblichen«. Hinzu kommt noch die »weibliche« Fähigkeit zu *»kaleidoskopischem Denken«*. Das soll heißen, dass Frauen die Fähigkeit besitzen, eine ganze

Reihe von Informationen gleichzeitig aufzunehmen und in mehreren Richtungen zu durchdenken, um dann zu mehreren Perspektiven möglicher Ergebnisse zu kommen. Unbestritten ist ebenfalls, dass Frauen eine größere Fähigkeit zu Teamwork besitzen.

Die Tatsache, dass sich der Prozentsatz an Frauen in Führungspositionen in den letzten Jahren kaum bewegte, hat offenbar ganz andere Gründe. Und diese sind offensichtlich nicht nur auf Seiten der Frauen zu suchen. Dabei dürften erfolgsorientierte Unternehmen in ihrem eigenen, ökonomischen Interesse eigentlich nicht länger auf weibliche Managementqualitäten verzichten. Es wird jedoch zweifellos noch einige Zeit dauern, bis sich diese Erkenntnis gegen männliche Eigen- und Machtinteressen durchgesetzt haben wird – wenngleich hoffentlich nicht 475 Jahre. Die Zwischenzeit sollten Frauen auf alle Fälle nutzen, um aktiv und selbstbestimmt etwas für ihre Karriere zu tun.

Soweit die Zusammenhänge zwischen den Verhaltenserwartungen im Hinblick auf bestimmte Führungspositionen und den männlichen bzw. weiblichen Führungseigenschaften rational in etwa nachzuvollziehen sind, werden sie von Frauen noch als unproblematisch empfunden und allgemein auch akzeptiert. Die Verständnisschwierigkeiten beginnen erst dort, wo man an Frauen *sich widersprechende Maßstäbe* anlegt.

- Einerseits sollen Frauen ihre – vorausgesetzten – »typisch weiblichen« Fähigkeiten in ihre Arbeit einbringen und nicht die der Männer imitieren.
- Andererseits sollen sie sämtliche männlichen Fähigkeiten und Eigenschaften zur Arbeitsbewältigung selbstverständlich auch besitzen.
- Einerseits sollen Frauen nicht zu weiblich-attraktiv aussehen, weil das ihrem Ansehen im Hinblick auf die ihnen unterstellte Fachkompetenz schadet.

- Andererseits wird ihr Äußeres wesentlich kritischer betrachtet als das der Männer.

Wie sollen Frauen nun mit diesen Widersprüchen am besten umgehen? Zwar gibt es überall Hinweise darauf, dass die heutige berufstätige Frau in einer ganzen Reihe weiterer Berufe ernster genommen wird als noch vor einigen Jahren. Aber dort, wo die »Luft« schon etwas »dünner« wird – wo es um Gehaltsklassen geht, für die sich viele Männer für qualifiziert halten –, gibt es für Frauen nach wie vor eine Reihe von Problemen einzig und allein aus der Tatsache, dass sie Frauen sind. Realistische, intelligente Frauen werden dieser Tatsache Rechnung tragen – was keineswegs heißt, dass sie sie akzeptieren oder gar in Ordnung finden. Sie achten auf ihre Umgebung und werden sich zunächst einmal darauf einstellen, um ihre Chancen nicht von Anfang an zu mindern. Aus weiteren Analysen und Erkenntnissen lassen sich dann einige praxisorientierte Hinweise ableiten. *(Siehe S. 118 ff.)*

Frauen in traditionellen Frauenberufen

Warum werden solche Positionen, deren Aufgaben für Männer zu komplex oder zu unattraktiv sind, sodass sie unangefochten von Frauen ausgefüllt werden dürfen, sogleich minder bewertet und schlechter bezahlt?

Nehmen wir das Beispiel der Büromanagerin. Dieser Aufgabenbereich umfasst sowohl komplexe organisatorische, kommunikative als auch repräsentative Aufgaben. Da diese Position sowohl viel Fingerspitzengefühl, Einfühlungsvermögen und Kooperationsbereitschaft wie auch hohe Einsatzbereitschaft erfordert, ist das kein Aufgabenbereich, der für Männer erstrebenswert erscheint. Weil diese Arbeit also im Normalfall von Frauen übernommen wird, läuft das unter der Stellenbezeichnung »Sekretärin«. Das bedeutet automatisch eine minder dotierte Gehaltsgruppe – weil es ein »Frauenberuf« ist.

Obgleich die Bezeichnungen für den Sekretärinnenberuf unterschiedlich sind, sagt keine etwas über die tatsächlich ausgeübten Tätigkeiten aus. Ich habe es bis heute nicht verstanden, wodurch sich die »Vorzimmerdame« von der »Chefsekretärin« und diese von der »Direktionsassistentin« u. a. m. unterscheidet. Ich weiß nur, dass es nicht prinzipiell das unterschiedliche Gehalt ist. Offensichtlich beschreiben diese Berufsbezeichnungen weder die Unterschiede im Aufgabenbereich noch im Umfang der Verantwortung, obwohl es da doch gewaltige, bezeichenbare Unterschiede gibt. So kann man durch die jeweilige Berufsbezeichnung keineswegs darauf schließen, ob der »Chef«, auf den sich ihr spezifisches Aufgabenfeld bezieht, nun Mitglied des Vorstands einer Weltfirma oder Geschäftsführer eines kleinen Unternehmens ist, ob er Hauptabteilungsleiter oder Gruppenleiter oder Minister oder Staatssekretär ist. Ganz gleich, wie unterschiedlich ihre Tätigkeiten auch sein mögen, Frauen in der Industrie und in Wirtschaftsunternehmen, in Ministerien und Verwaltungen sind eben »Sekretärinnen«. So einfach war das schon immer – und diese Berufsbezeichnung konnte auch nur deshalb so *undifferenziert* bleiben, weil das Berufsbild dieses Frauenberufs so undifferenziert geblieben ist. Vergleichbare Zusammenfassungen von so großen Unterschieden im Umfang von Verantwortungsbereichen gibt es für keinen traditionellen »Männerberuf«.

Für mich ist jedenfalls die Frau im Vorzimmer eines – wegen seines Verantwortungsbereichs – hoch dotierten Chefs, welche die gesamte Organisation des Büros voll im Griff hat, die Gäste empfängt, für die Bewirtung der Gäste zu sorgen hat, Konferenzen und Kongresse vorzubereiten hat, Termine abstimmt, Anlaufstelle für sämtliche Probleme von MitarbeiterInnen ist, die Unterlagen vorbereitet, usw., usw., mit dem Sammelbegriff »Sekretärin« nicht mehr angemessen zu bezeichnen. Für sie halte ich zum Beispiel die Berufsbezeichnung *Büromanagerin* für wesentlich treffender.

Neben dem Aufgabenbereich des Sekretariats kommen vielfach – je nach der Position des unmittelbaren Chefs oder der Chefin – eine ganze Reihe weiterer Organisations- und Repräsentationsaufgaben hinzu. Und insbesondere diese Aufgaben verlangen besondere Kenntnisse und Fähigkeiten, die in den allgemein üblichen Ausbildungsprogrammen für Sekretärinnen nicht enthalten sind.

Allerdings einen ins Auge springenden Vorteil haben Büromanagerinnen gegenüber solchen Frauen, die sich die Qualifikation für Führungsaufgaben im technisch-naturwissenschaftlichen Bereich, als Juristinnen, Diplomkauffrauen usw. erworben haben: eine wesentlich größere Sicherheit im Auftreten. Es ist nicht von der Hand zu weisen, dass das Vorhandensein von Identifikationsmustern, also von Vorbildern aus der Müttergeneration, von ausschlaggebender Bedeutung für die eigene Identität ist. Und so gibt es bei den Damen in Frauenberufen höchst selten Unsicherheiten in der Kleiderfrage, in Fragen ihres gesamten Erscheinungsbildes und selten im Auftreten. Sie »dürfen« im Großen und Ganzen viel weiblicher erscheinen als die Frauen in traditionellen Männerberufen, denen sofort ein Mangel an fachlicher Kompetenz nachgesagt wird, wenn sie attraktiv aussehen. Das ist dann doch *ein* Vorteil des »Frauenberufs Sekretärin«.

Frauen in traditionellen Männerberufen

Repräsentative Umfragen unter männlichen Führungskräften unseres Landes haben gerade noch in jüngster Zeit ergeben, dass die überwiegende Mehrheit von ihnen klare Vorstellungen von der Frau im Beruf hat: Ihr *natürlicher* Platz sei der im Vorzimmer des Chefs in einer uneingeschränkt dienenden Funktion – eben als *seine* Sekretärin …

Frauenförderprogramme, Aufbaukurse und firmeninterne Frauenbeauftragte haben den Prozentsatz der Frauen im Management nicht nennenswert zu erhöhen vermocht. Nirgendwo ist der Aufstieg für qualifizierte Frauen so schwer wie in großen Konzernen. In kleineren Unternehmen sind ihre Chancen dann schon etwas größer, an die Spitze zu gelangen. Das gilt sogar für ganz Europa.

Die Männergesellschaft zieht es in allen Fällen, wo es zu einer Frau auch eine männliche Alternative gibt, uneingeschränkt vor, unter sich zu bleiben. Doch das oft hervorgeholte Argument, Frauen seien für Spitzenjobs ein zu großes finanzielles Risiko, weil sie eventuell schwanger werden und für Wochen oder Monate ausfallen könnten, ist statistisch längst widerlegt: Managerinnen bleiben im Durchschnitt 4,5 Jahre in derselben Firma, Männer im Aufsteigeralter wechseln bereits nach 3,3 Jahren zu einem anderen Unternehmen.

Frauen werden in der Regel nicht zu den prestigeträchtigen General-Management-Seminaren geschickt, sondern dürfen Kommunikations-, Rhetorik- und Anti-Stress-Seminare besuchen. Und so gibt es noch reihenweise ähnliche Beispiele, die die Annahme widerlegen, die männlichen Führungspersönlichkeiten hätten es sich zum Ziel gesetzt, Frauen in verantwortungsvolle Positionen zu befördern.

Eine bedauerliche Tatsache ist allerdings, dass Frauen sich gegenüber Führungsfrauen unverhohlen kritischer geben als die meisten Männer. Besonders bei Frauen der traditionellen Frauenberufe treffen Managerinnen meist auf außerordentlich wenig Kooperationsbereitschaft. Wo sie nicht gerade offene Anfeindungen erleben, kann in den meisten Unternehmen von solidarischem Verhalten zwischen Frauen unterschiedlicher Führungsebenen bei weitem nicht die Rede sein. Aber »auch die Aufsteigerin, die alle Männerwerte verinnerlicht hat, ist nicht unbedingt Komplizin der Frau« (Manager Magazin).

Frauen, die »es geschafft haben«, behaupten gern, das Erreichen einer Führungsposition sei ausschließlich eine Frage der Qualifikation und nicht des Geschlechts. Das ist ein tragischer Irrtum. 43 Prozent der Managerinnen, die für eine Studie eines Wirtschaftsmagazins befragt wurden, beklagten sich über spürbare Vorurteile gegenüber Frauen. Vorstände und Abteilungsleiter besetzen Positionen sehr wohl nach der Frage, ob der Qualifikant eine Frau oder ein Mann ist. Die Relation zwischen Männern und Frauen darf in einem Bereich, in einer Abteilung, einen gewissen *»Grenzwert«* nicht überschreiten, sonst wird die Umgebung »unruhig«. Chefs haben ihre persönliche »Frauenquote« im Kopf, die sich daraus errechnet, wie viele Frauen sie ihrer Abteilung »zumuten können«. – Einen »Grenzwert« für eine bestimmte Anzahl von Männern in einer Abteilung gibt es dagegen nicht.

Trotz des enormen Konkurrenzdrucks, unter dem die meisten Wirtschaftsunternehmen heute stehen, sind keine Ansätze zu einem Umdenken über die optimalen Führungseigenschaften von Managern auszumachen. Eine kurze Zeit lang – während der 80er Jahre – hatte es den Anschein, als würden die Unternehmen damit beginnen, auch weibliche Führungsressourcen auszuschöpfen. Jedoch hatten bereits die ersten Anzeichen von einer Rezession ganz schnell wieder andere Realitäten geschaffen: Der Konkurrenzkampf um die knappen Positionen geht in Zeiten von Personalabbau ganz offensichtlich zuallererst zu Lasten der Frauen.

»Von Emanzipation wird geredet, wenn im Arbeitsprozess Frauen gebraucht werden«, erklärte der St. Gallener Philosoph Bernhard Pesendorfer der Zeitschrift Manager

Magazin. »In Zeiten hoher Arbeitslosigkeit wird wieder der Wert der Familie hervorgekehrt.« So sind die Frauen eigentlich wieder dort angekommen, wo sie immer waren: Sie bilden die industrielle Reservearmee für Zeiten mit hohem Personalbedarf. Der einzige Unterschied ist der, dass es noch nie eine so teure, weil hoch qualifizierte Reservearmee gegeben hat.

Zum jetzigen Zeitpunkt ist es für Frauen mit Karriereambitionen einerseits noch unerlässlich, sich dem »männlichen« Berufsbereich *anzupassen*, andererseits erfordert es von Frauen eine äußerst *differenzierte Vorgehensweise*. Denn es wäre fatal, wenn Frauen sich durch die reine Imitation männlicher Verhaltensweisen den beruflichen Anforderungen zu stellen suchten, wie es bei den Pionierinnen mancher Führungsbereiche durchaus noch der Fall war. Das hatte diesen Frauen oftmals die hämische Bezeichnung »Mannweiber« eingetragen. Wohlgemerkt, es sind damit nicht etwa Anforderungen an Kenntnisse und Leistungsbereitschaft der Frauen gemeint. Hier geht es um die *Verhaltensweisen, die auf Erfolg zielen*.

Was schadet der Karriere?

Grundsätzlich kommt es sehr darauf an, welches Verhältnis die Managerin/Sekretärin zu ihren Kollegen und Kolleginnen, Mitarbeitern und Mitarbeiterinnen hat. Wenn es ein recht gutes Verhältnis ist und sie sich grundsätzlich respektiert weiß, dann braucht sie nicht permanent und vor allen auf der Hut zu sein. Wenn sie aber in einem eher schlechten Betriebsklima zu arbeiten hat, wird die exponierte Frau schon eher damit zu rechnen haben, dass sie mit Argusaugen beobachtet wird.

Je weiter eine Frau in der Führungshierarchie aufsteigt, desto mehr sieht sie sich einer ganzen Palette von Vor- und Beckmesserurteilen ausgesetzt, mit denen sie zurechtkommen muss. Das eigentlich Traurige an dieser Tatsache ist, dass die Hauptbeteiligten an der unverhohlenen Kritik – die dazu oftmals recht verletzend geäußert wird – noch nicht einmal Männer, sondern Frauen sind. Diejenigen, die an einer Führungsfrau oder der Chef-Büromanagerin kein gutes Haar lassen wollen, sind meist die Kolleginnen. Dieses *unsolidarische Verhalten von Frauen* ist mit ein Grund dafür, dass es immer noch sehr langsam vorangeht mit der Frauenkarriere. Denn diese Frauen betreiben das Geschäft der Männer im Abwehrgefecht gegen gute Frauen, sie werden zu deren »Mittäterinnen«.

Jede aufstiegsorientierte Frau sollte sich darüber hinaus im Klaren sein, dass ihr *Äußeres* wesentlich mehr im Blickpunkt des Interesses steht als das ihrer (männlichen) Kollegen. Diese Erkenntnis zu leugnen, würde an der Tatsache selbst nichts ändern, sondern nur der Karriere schaden.

Es ist unbestritten, dass Männer sich nach einem anderen Kommunikationsschema verhalten als Frauen. Für Männer ist es von Anfang an eine etwas »unnormale« Situation, Frauen zuzuhören. Ihre Konzentrationsfähigkeit gegenüber dem Vortrag einer Frau hängt ganz erheblich davon ab, wie der äußere »Check« ausgefallen ist. Anders gesagt, für Männer ist es von entscheidender Bedeutung für ihre Aufnahmefähigkeit von Informationen, die ihnen von Frauen vermittelt werden, welche *äußeren Signale* die Frau aussendet. Sendet eine Frau zu weiblich-erotische Signale aus, so fällt es jedem Mann, der generell für solche Reize empfänglich ist, erst einmal schwer, ihr zuzuhören und sich ausschließlich auf den gesprochenen Text zu konzentrieren.

Tritt sie dagegen betont maskulin auf, so ist die Kommunikation ebenso gestört, weil diese Frau zu sehr von der Erwartung gegenüber »normalem« weiblichen Auftreten abweicht.

Viele Frauen in Führungspositionen glauben, ihre Leistungsfähigkeit und Kompetenz durch besonders männliche Verhaltensweisen unter Beweis stellen zu müssen. Diese Auffassung ist falsch. Unstrittige wissenschaftliche Untersuchungen belegen, dass sowohl ein zu unweibliches Auftreten als auch ein zu feminines absolut verkehrt ist. Denn auch ein auffälliges Betonen der weiblichen Ausstrahlung würde der Karriere schaden. Managerinnen von heute müssen einen täglichen Balanceakt zwischen *erwünschten* und *nicht erwünschten »typisch weiblichen« Verhaltensweisen* vollführen. Das bedeutet also einen täglichen Eiertanz zwischen zu wenig und zu viel Frau.

Nun ist dies aber noch lange kein Grund dafür, dass eine Frau sich sagt: also ist es egal, was ich rede, Hauptsache, das Äußere stimmt. – Ganz so ist es nun auch wieder nicht. Denn, nachdem der äußere »Check« ohne wesentliche Beanstandungen überstanden worden ist, kann es durchaus sein, dass Männer auch mal einer Frau zuhören. Und dann ist es schon besser, dass das, was sie zu sagen hat, auch stimmt.

Jede erfolgsorientierte Frau sollte so früh wie möglich zu ihrem *persönlichen Stil* finden, der ihr gleichzeitig auch Selbstbewusstsein verleiht. Nichts wirkt sich negativer auf die Karriere aus als mangelndes Selbstwertgefühl.

Ohne die Tatsache außer Acht zu lassen, dass es natürlich immer auf die einzelne Persönlichkeit ankommt sowie auf die besonderen Umstände ihres jeweiligen Arbeitsumfeldes, könnten doch einige allgemeine Feststellungen diesem Selbstfindungsprozess ganz nützlich sein.

Tipps und Tabus zur Schadensvermeidung

TIPPS

Die an ihrer Karriere interessierte Frau *sollte*

□ sich attraktiv, elegant kleiden und großen Wert auf ein gepflegtes Äußeres legen *(siehe dazu Kapitel 5, S. 135 ff.).*

□ selbst in angespannten Situationen oder gegenüber unsympathischen Leuten immer versuchen, charmant zu bleiben. Charme – weiblicher wie männlicher – ist auch im Beruf sehr gefragt und jeder Karriere absolut förderlich.

□ kollegial und kooperativ sein, aber etwas Distanz zwischen sich und ihren MitarbeiterInnen lassen.

□ vor allem bei Kontroversen mit größtmöglicher Gelassenheit zu Werke gehen und nach Möglichkeit versuchen, mit Humor die Situation zu entschärfen. Humor wird einer Frau ganz besonders als persönliche Souveränität gutgeschrieben.

□ Selbstbewusstsein zeigen! Dies gehört nicht zum weiblichen Rollenbild, ist aber Voraussetzung für jede Karriere. Daher sollte sie sachlich und locker auch über die eigenen Fähigkeiten sprechen und verdiente Anerkennung verlangen.

□ ruhig mal durchblicken lassen, dass ihr beruflicher Aufstieg für sie wichtig ist.

□ mit »charmanter Sachlichkeit« ihre Rechte verteidigen.

□ den Mund aufmachen, um sich durchzusetzen.

□ ihre Autorität ausüben und – freundlich formulierte – Anweisungen geben.

□ um mehr Sicherheit zu gewinnen – sich auf die zu lösende Aufgabe konzentrieren und Aufgabenlisten anfertigen, wobei sie von groben zu detaillierten Listen vorgehen sollte.

□ sich – sodann – auf ihr Verhalten konzentrieren, Zielverhalten festlegen und sich selbst zur Kontrolle und Lenkung des eigenen Verhaltens beobachten. Negative innere Monologe sollte sie bewusst ändern.

□ bei sich selbst auch kleine Fortschritte bemerken und anerkennen.

TABUS

Die an ihrer Karriere interessierte Frau *sollte nicht*

■ Männer in ihrem Habitus, der Art des Umgangstons oder in ihrer äußeren Erscheinung nachzuahmen suchen. Sich männlich zu geben kann ihr als Versuch ausgelegt werden, mangelndes Selbstbewusstsein zu kompensieren. In jedem Fall würde es ihr als »unweiblich« angekreidet, wenn nicht gar als Anbiederung an die männlichen Vorgesetzten.

■ charmante und korrekte Umgangsformen im Beruf für überflüssig halten. Wenn eine Frau uncharmant und schroff ist, wird ihr das sofort als unweiblich und unsicher angekreidet.

■ völlig humorlos sein. Humorlose Frauen werden schnell zur »Emanze« erklärt und dann haben sie es von vornherein noch schwerer. Genauso verkehrt wäre es, Humor mit Albernheiten zu verwechseln.

Zu den ewigen »Witzereißern« nicht genügend Distanz zu halten, könnte sich als sehr schädlich für die Karriere herausstellen. Denn diese »netten Kumpels« sind oft indiskret, taktlos und sehr »fantasievoll«.

■ sich mit zu vielen Leuten duzen. Führungsfrauen sollten sich am besten mit niemandem im Betrieb duzen.

■ sich irgendeine Form von Diskriminierung gefallen lassen, auch nicht die gedankenloseste. Frau sollte – ohne schroff zu reagieren – keinen Zweifel darüber aufkommen lassen, dass sie sich keinesfalls herabsetzen lassen würde. Das betrifft insbesondere Akademikerinnen, denen immer noch so »nette« Dinge geboten werden wie: »Ach, Frau

Doktor …, wären Sie so nett, für uns etwas Kaffee zu organisieren, Frauen haben dafür doch das geübtere Händchen.« – Äußerste Vorsicht!!

- brüsk, unbeherrscht oder unüberlegt emotional reagieren. Damit würde sie nur wieder die uralten Vorurteile gegenüber Frauen bestätigen. Und dann würde sie garantiert sehr lange Zeit brauchen, bis sie aus diesem Klischee wieder herauskäme.
- falsche Bescheidenheit an den Tag legen, zum Beispiel in Bezug auf die Größe und die Ausstattung ihres Büros. »Sessel machen Chefs«, und ein zu kleines Büro beengt – es verkleinert auch den Eindruck von der Kompetenz der Managerin!
- ihre eigenen Fähigkeiten und Leistungen herunterspielen – eine besonders festsitzende weibliche »Spezialität« – und die Fähigkeiten der anderen dagegen hochloben.
- eigene Erfolge für glückliche Zufälle, eigene Misserfolge aber für Unfähigkeit halten; dann darf sie sich nicht wundern, wenn mit der Zeit andere das auch so sehen.
- die eigenen Schwächen betonen. Das wäre schlicht Dummheit.

Viele dieser Punkte werden zwar, nach altem Klischee, als »typisch weibliche« Verhaltensweisen angesehen. Das Gefährlichere daran ist jedoch, dass das gleichbedeutend ist mit: *»Für Führungsaufgaben ungeeignet«*. Deswegen sind sie so gefährlich für eine Karriere.

Beruflicher Erfolg ist planbar – weibliche Karrierestrategien

Der schlimmste Feind jeglicher Frauenkarriere ist die eigene Unsicherheit; sie zu beseitigen und Souveränität im Auftreten zu vermitteln, ist also auch der Schwerpunkt dieses

Kapitels. Aus diesem Grund folgen hier noch einmal nützliche Hinweise aus einer anderen Perspektive, die sich sowohl an Frauen richten, die in traditionellen Frauenberufen arbeiten, als auch an Frauen, die in vormals reinen Männerdomänen versuchen Fuß zu fassen.

Für beide Gruppen von berufstätigen Frauen sollen praktikable Möglichkeiten aufgezeigt werden, wie sie in ihrem Beruf erfolgreicher sein könnten.

Für eine repräsentative Studie wurde vor einiger Zeit an internationale Top-Managerinnen die Frage gestellt, wie sie selbst die Situation der Frauen in der männlichen Arbeitswelt einschätzten und welchen Rat sie an aufstiegsorientierte Frauen weiterzugeben hätten. Bei der Auswertung der Antworten fällt als Erstes auf, dass keine dieser Expertinnen der Ansicht ist, dass gute Arbeit allein den Aufstieg einer Frau sicherstellt, so wie es im Normalfall auf Männer zutrifft.

Sozialwissenschaftlerinnen wie auch die wenigen Top-Managerinnen in europäischen Konzernspitzen raten Frauen unisono zu diesem anstrengenden »Spagat«: »Möglichst sachorientiert argumentieren, auch wenn es Scheinargumente sein mögen« (Ariane Berthoin-Antal). »Ganz wichtig für Frauen in Führungspositionen ist, dass sie nicht anfangen, sich wie die Männer aufzuführen« (Dr. Heidrun Friedel-Howe). »Frauen sollten im Beruf weiblich bleiben und darauf achten, sich elegant zu kleiden« (Michèle Gillot). »Frauen kämpfen nicht gegen Windmühlenflügel. Entweder steigen sie ganz aus – oder sie passen sich an« (Camilla Krebsbach-Gnath). »Während der ersten Jahre müssen Frauen mehr und härter arbeiten als die Männer, um Anerkennung zu finden. Sie müssen sich permanent verteidigen. – Frauen sind *zu nett*« (Jacqueline Bokhorst).

Selbstverständlich kann keine dieser Expertinnen einen für alle Frauen Erfolg versprechenden Weg zur Spitze aufzeigen. Eine Frau, die am eigenen beruflichen Aufstieg interessiert ist, muss ihren Einsatz in dem Unternehmen, dem Betrieb oder der Verwaltung *bewusst planen*, um ihn effektiver zu gestalten. Dabei kann sie von den Erfahrungen anderer profitieren und sich ihre persönliche Strategie mithilfe der vielen Anregungen und Lehren, die daraus zu ziehen sind, selbst zusammenbauen. Das ist auf jeden Fall besser, als sich auf ein eigenes »Trial-and-Error«-Verfahren allein zu verlassen.

Für die Planung der persönlichen Erfolgsstrategie ist die Beachtung folgender drei *psychologischer Gesichtspunkte* wichtig:

- Sie sollte sich auf ihre eigenen Fähigkeiten verlassen und daraus Selbstbewusstsein schöpfen.
- Sie sollte sich bewusst machen, dass es ihre Stärken sind, von denen sie das Unternehmen profitieren lassen kann – was letztlich auch ihr selbst zugute kommt.
- Sie sollte sich intensiver als sie es ursprünglich für notwendig erachtet hätte, auf wichtige Konferenzen, Besprechungen und Verhandlungen vorbereiten. Diese Vorbereitung sollte sich sowohl auf die Struktur von Inhalten und Konzeption des Vortrags beziehen als auch auf die Rhetorik und das eigene Auftreten.

Für männliche wie für weibliche BerufskollegInnen gilt gleichermaßen, dass eine *inhaltlich gut durchdachte Konzeption* schon sehr viel Selbstvertrauen verleiht. Zusätzlich sollte aber noch eine *eingängige Vermittlungsstrategie* vorbereitet worden sein. Sonst kann es passieren, dass der Vortrag sich selbst allein dadurch entwertet, dass er schlecht verständlich und daher schwer nachzuvollziehen ist. *(Näheres dazu in Kapitel 3, S. 83 ff.)*

In allen denkbaren Wirtschaftsbereichen und Verwaltungen ist es nicht nur wichtig, dass eine Frau fachlich ausgezeichnet arbeitet. Es ist geradezu unerlässlich, dass sie ihre Arbeit gut *»verkauft«*, um sich mit ihren Ergebnissen durchzusetzen. Und letztlich ist es ebenso wichtig, dass sie auch sich selbst gut »verkauft«, um Akzeptanz zu finden. Diese Erkenntnis fehlt leider gerade den hoch qualifizierten Frauen recht oft. Sie sind der irrigen Auffassung, dass allein ihre Arbeitsleistung zählt. Dem ist nicht so. Das trifft schon auf Männer nicht zu – und auf Frauen schon gar nicht. Gerade in den – ich nenne es einmal »Persönlichkeitsstrategien« – geben die erfolgreichen Männer ein sehr eindringliches Beispiel.

Nun ist es aber für erfolgsorientierte Frauen geradezu eine »Sünde«, wenn sie auf irgendeiner Ebene versuchten, männliche Verhaltensformen platt nachzuahmen. Nichts wird einer Frau weniger verziehen, als wenn sie Männer zu imitieren versuchte. Dagegen sind übrigens sowohl Männer als auch Frauen »allergisch«. Eine Frau sollte sich auf *ihre* persönlichen Möglichkeiten verlassen. Und das bewusst.

Es ist eine bewährte Tatsache, dass eine gründliche Vorbereitung Sicherheit verleiht. Und Selbstsicherheit ist das beste und zuverlässigste Mittel gegen *Nervosität.* Die aber wird Frauen wesentlich stärker angekreidet als Männern.

Wie bereits mehrfach erwähnt, haben Frauen nach wie vor mit wesentlich größeren Vorbehalten gegenüber ihren Führungseigenschaften zu rechnen als Männer. Eine Frau muss sich also darauf einstellen, dass man in allen nur denkbaren Zusammenhängen ihre Kompetenz allein deswegen infrage stellt, *weil sie eine Frau ist.* Ihr Erfolg wird also sehr davon bestimmt sein, ob es ihr gelingt, möglichst *hohe Sachkompetenz zu signalisieren,* ohne dadurch Männer zu imitieren. Wie aber stellt sie das am besten an?

Für eine erfolgsorientierte Frau ist es also eine sehr entscheidende Frage, *wie* sie mit den männlichen Maßstäben umgehen soll. Soll sie sich besonders männlich geben? Wird sie dann ernster genommen und wird man ihr dann besser zuhören und ihre Fachkompetenz mehr anerkennen? Oder ist es eher von Vorteil, wenn sie besonders weiblich erscheint und sie sich ständig um ein attraktives Aussehen bemüht? Kurz gesagt: Soll sie *auffallen oder sich anpassen?*

Ja und nein; nichts von alledem – und doch alles zusammen! Ein Zauberwort dazu heißt *Selbstsicherheit*.

In punkto Selbstsicherheit können Frauen bei Männern in der Tat sehr viel lernen, denn die eigene Überzeugung davon, dass man selbst »gut« ist, ist bei Männern sehr sehr ausgeprägt und weit verbreitet. Nur darf frau dabei auf keinen Fall männliche Gestik oder Mimik oder sonstiges männliches Gehabe annehmen. Sie muss ihre individuellen Verhaltensformen bewusst ausbauen und dann daraus *Selbstsicherheit* gewinnen.

Allein schon durch selbstsicheres Auftreten signalisieren Frauen sowohl *Sachkompetenz* als auch *Souveränität im Umgang mit Menschen*. Für viele Frauen liegt aber genau hier das Problem.

Was können Frauen tun, denen es an Selbstsicherheit mangelt? Am wirkungsvollsten ist, wenn es ihnen gelingt, die wichtigsten Unsicherheitsfaktoren auszuschalten.

TIPPS

□ Für ein sicheres Auftreten ist es unerlässlich, dass Frauen sich ihre *fachliche Kompetenz bewusst machen*. Sie müssen es sich selbst einreden, dass sie sich in jedem Fall auf ihr Wissen verlassen können.

Alle anderen Ratschläge versagen ihre Dienste, wenn frau nicht sicher ist, fachlich allen denkbaren Fragen gewachsen zu sein.

□ Der Stellenwert, den *gute Manieren* für ein sicheres Auftreten haben, ist nicht hoch genug einzuschätzen. Insbesondere Frauen sollten darauf achten, dass sie »ausnehmend« höflich zu jedermann/-frau sind, denn das wird ihnen – übrigens zu Recht – als *persönliche Souveränität* angerechnet.

□ Dass das *gepflegte Äußere* und die *richtige Kleidung* eine wesentliche Rolle für die Selbstsicherheit spielen, darüber sollten natürlich keine Zweifel aufkommen. Führungsfrauen sollten sich stets attraktiv, aber *nicht zu feminin* kleiden *(siehe Kapitel 5, S. 149 ff.)*. Der persönliche Stil ihres Erscheinungsbilds im Büro sollte möglichst mit ihrer Persönlichkeit im Einklang stehen. Wenn man/frau bei einem wichtigen beruflichen Termin plötzlich von dem entsetzlichen Gefühl beschlichen wird, total falsch angezogen zu sein, ist schon sehr sehr viel an Selbstbewusstsein nötig, um sich darüber hinwegsetzen zu können.

□ In allen offiziellen Kommunikationszusammenhängen spielt die korrekte Haltung sowohl für Männer wie auch für Frauen eine wichtige Rolle. Jedoch unterliegt die *Körperhaltung* von Frauen noch wesentlich mehr Beschränkungen. Deshalb ist es für sie unabdingbar notwendig, darauf vertrauen zu können, dass sie ihre Körperhaltung jederzeit »im Griff« haben.

□ Wenn also ein beruflicher »Auftritt« bevorsteht, bei dem eine Frau sachbedingt im Mittelpunkt des Interesses stehen wird, sollte sie bereits zu Hause diese *Situation vor einem großen Spiegel simulieren*. Dann wird sie feststellen, *wie* sie dasteht, und sie kann, falls notwendig, noch dieses oder jenes Detail an ihrer Haltung ändern. Auf diese Weise kann sie sich ihrer korrekten Körperhaltung in dem Moment sicher sein, wenn es »darauf ankommt«.

□ Es gibt – nach den Erkenntnissen der Psychologie – so etwas wie eine *»kompetente« Stimmlage*. Selbstverständlich ist es das männliche Vorbild, dessen Stimmlage Kompetenz und Durchsetzungsvermögen signalisiert. Für Frauen in traditionellen »Männerberufen« wäre es also vorteilhaft, zu versuchen, ihre Stimme möglichst tief erscheinen zu lassen. Zweifellos hat es eine Frau von vornherein schwerer sich durchzusetzen, wenn sie von der Natur mit einer sehr leisen, »dünnen« Stimme bedacht worden ist. Wenn dies auch nur schwer zu ändern ist, sollten Frauen auf jeden Fall darauf achten, dass ihre Stimme *niemals schrill* wird. Das kann besonders dann passieren, wenn sie sehr laut sprechen müssen, oder wenn sie sich ärgern oder über etwas aufregen.

Der *gesellschaftliche Rang*, den eine Dame in privater Gesellschaft einnimmt, wird im beruflichen Zusammenhang durch die betriebliche Rangordnung generell *außer Kraft* gesetzt. Frauen können also nicht mit den Höflichkeitsgesten rechnen, die sie im Privatleben als nach wie vor »Ranghöhere« genießen können.

Weibliche Führungskräfte, die auch innerhalb des Unternehmens eine höhere Rangstufe einnehmen, werden in den Verhaltensformen dieser Hierarchieebene keine wesentlichen Unterschiede zu den gesellschaftlich üblichen zu beachten haben. Ihnen wird beispielsweise hier wie dort die Tür aufgehalten, sie können erwarten, dass man ihnen den Vortritt gewährt u. a. m. Das heißt, dass sie nicht wesentlich zwischen beruflich und privat zu unterscheiden haben.

Anders ist das bei *Frauen der anderen Hierarchiestufen*. Für sie gilt, dass sie sich, wie ihre männlichen Kollegen auch, ganz normal in die betriebliche Rangordnung einreihen und sich entsprechend verhalten. Das kann beispielsweise für Sekretärinnen wie für Sachbearbeiterinnen bedeuten, dass sie

- zu einer Begrüßung mit Handschlag aufstehen
- warten sollten, bis der Höherrangige ihnen die Hand reicht
- gegebenenfalls ihrem Vorgesetzten die Tür aufhalten – wenn er es sich von ihr gefallen lässt.

Die korrekte Berufsbezeichnung und der weibliche Plural

Es wird heutzutage von kaum jemandem mehr infrage gestellt, Frauen mit der *weiblichen Berufsbezeichnung* zu benennen, mit der *weiblichen Form der Anrede* anzusprechen und *im Plural* ebenfalls vorkommen zu lassen. Allerdings hinkt der tägliche Sprachgebrauch diesem Übereinkommen mancherorts noch etwas nach. Zweifelsfrei ist es ein Gebot der Höflichkeit, *Frauen als Frauen zu bezeichnen* und nicht als Männer. Noch vor zehn Jahren wurde von Sprachwissenschaftlerinnen an selbstbewusste Frauen appelliert:

Eine Sprecherin bezeichnet niemals sich selbst mit einem Maskulinum.

Zwischenzeitlich hat sich dieses Tabu so weit durchgesetzt, dass die Verletzung dieser Regel äußerst peinlich wirkt.

Einige Beispiele korrekter weiblicher *Berufsbezeichnungen*:

- Kauffrau
- Amtfrau
- Ingenieurin
- Ärztin
- Ministerin
- Betriebsrätin
- Industriekauffrau
- Oberamtfrau
- Chemikerin
- Oberärztin
- Staatssekretärin
- Ombudsfrau
- Bankkauffrau
- Kamerafrau
- Modelltischlerin
- Lehrstuhlinhaberin
- Ministerialrätin
- Amtsrätin…

Falsch sind zum Beispiel *Sprachvergewaltigungen*, mit deren Hilfe man in einer Übergangszeit krampfhaft versuchte, die weibliche Sprachform zu vermeiden oder zu umgehen.

TABUS

■ Sprachlich und sachlich falsch sind alle Versuche mit der Endung *»...männin«*:

- falsch: »Amtsmännin« • richtig: *Amt(s)frau*
- falsch: »Landsmännin« • richtig: *Landsfrau*

■ Sprachlich und sachlich falsch sind alle Formulierungen mit *»weiblicher ... mann«:*

- falsch: »weiblicher Bankkaufmann« • richtig: *Bankkauffrau*

Bei allen personengebundenen Bezeichnungen sollte man sich sprachlich für ein Geschlecht entscheiden, und zwar für das, welches gemeint ist.

Als *Formulierungen der Mehrzahl* sind folgende sowohl richtig als auch erforderlich:

- Bürger und Bürger*innen*,
- Mitarbeiter und Mitarbeiter*innen*,
- Ingenieur*innen*, Hausbesitzer*innen*, Unternehmer*innen* usw.

So unhöflich es wäre, Frauen, die nun einmal da sind, nur wegen der Umständlichkeit der doppelten Nennung oder aus Platzersparnisgründen nicht anzusprechen, so verständlich sind die Bemühungen, die Schreibweise des weiblichen Plurals im Zusammenhang mit dem männlichen zu vereinfachen. Gegenwärtig werden für die Berücksichtigung des weiblichen Plurals folgende Varianten der *Sparschreibweise* verwendet und akzeptiert:

- MitarbeiterInnen oder
- Mitarbeiter/innen

Als nicht mehr zeitgemäß gilt die Schreibweise: Mitarbeiter(innen), weil hierbei die Frauen in unfreundliche Klammern gesetzt werden. Alles, was man in Klammern setzt, ist für den Zusammenhang unwichtig.

5 Stilvolle Kleidung im Beruf und bei offiziellen Einladungen

Was bestimmt den ersten Eindruck?

Manche Leute hätten es gern anders, aber so funktioniert die Welt nun einmal: Der erste Eindruck, den ein Mensch bei Fremden bewirkt, wird eben nicht durch seinen netten Charakter, seinen unvergleichlichen Geist oder seine überragende Intelligenz bestimmt. Der erste Eindruck entsteht innerhalb von Sekunden und basiert *ausschließlich auf Äußerlichkeiten.*

Diese äußeren Kennzeichen haben die Funktion von Signalen, die wir zur Einordnung fremder Menschen dringend brauchen. Diese Signale oder »Codes«, die jeder Mensch aussendet, entschlüsseln wir mithilfe der Interpretationsraster, die wir seit Urzeiten in uns tragen. Solche Codes sind die Körperhaltung, der Grad der Gepflegtheit der Gesamterscheinung, Mimik und Gestik, Umgangsformen und Kleidung – und zwar von oben bis unten. Diese äußeren Kennzeichen sind dann noch in ihrer Abstimmung aufeinander und in ihrer Relation zueinander sehr aussagekräftig.

Wenn beispielsweise jemand mit dem neuesten Outfit, aber mit hängenden Schultern und ungepflegter Frisur hereinkommt, dann ist er/sie bei Leuten, die viel mit Menschen zu tun haben, auf jeden Fall negativer eingeordnet, als wenn er/sie nicht so neue Klamotten anhätte. Umgekehrt wird jemand mit höflichen Umgangsformen, der aber in etwas vernachlässigter Kleidung steckt, keinesfalls einhellig positiv beurteilt, wenn sein Äußeres nicht mit dem Bild übereinstimmt, das er aufgrund seiner Position bieten müsste. Diese Erkenntnis vermisst man sehr oft bei Führungskräften der mathematisch-technischen Berufe und im IT-Business.

Es bestimmen also Stimmigkeit und Authentizität – das heißt, die Glaubwürdigkeit – des Äußeren über Zustimmung oder Ablehnung. Denn wir Menschen sind ausgesprochen allergisch gegen solche Leute, die mit Dingen, die ihnen eigentlich fremd sind, einen Eindruck zu machen versuchen, der nicht stimmt – der eigentlich auf Täuschung beruht. Von daher ist auch die – oftmals fast aggressive – Ablehnung gegenüber denjenigen zu verstehen, die Höflichkeit nicht als ein glaubwürdiges Zeichen ihres Respekts vor allen Menschen verstehen, sondern als reine Strategie.

So wie das gute Benehmen von einer Reihe bestimmter Handlungen entscheidend geprägt wird, so wird das ganze Erscheinungsbild eines Menschen wesentlich von einer Reihe äußerlicher Faktoren beeinflusst; das sind zuerst eine gute Körperhaltung und das gepflegte Aussehen.

Körperhaltungen

Es ist eine Binsenweisheit, dass in allen beruflichen Zusammenhängen die Selbstdisziplin nach wie vor hoch im Kurs steht. Und als der sichtbare Ausdruck von Selbstdisziplin gilt die *Körperbeherrschung*. Selbstverständlich bedeutet das eine Einschränkung der Natur und der »natürlichen« Triebe und Gewohnheiten. Alles, was mit diesen Anforderungen zu tun hat, läuft auf eine Auferlegung von Selbstzwängen hinaus. Es kann eigentlich gar keinen Zweifel darüber geben, dass *Anpassung und Disziplin* im Beruf nicht nur erwartet, sondern auch *bezahlt* werden. Niemand wird dafür bezahlt, dass er im Beruf seine Gewohnheiten und Bequemlichkeiten pflegt. Selbst künstlerische Berufe lassen sehr wenig Raum für ungehemmte Selbstverwirklichung; gerade in diesen Berufen finden sich meist Musterbeispiele für Selbstdisziplin.

Für die Körperhaltung gilt immer noch das Gleiche wie für alle anderen Einschränkungen des »natürlichen« Verhaltens von Menschen: je mehr das natürliche Verhaltensbedürfnis ge»formt« wird, umso höher ist das Ansehen des »gut erzogenen« Menschen. Früher hatte man bereits den kleinen Kindern die »richtige« Körperhaltung beigebracht, sodass sie ihnen wie eine natürliche Haltung vorkam. Es wurde ihnen also zur »zweiten« Natur, sich aufrecht zu halten.

Heutzutage haben wir es ganz offenbar mit dem Problem zu tun, dass sich zwei Werte gegenüberstehen. Auf der einen Seite gibt es den starken Trend nach immer größerer Freiheit. Und darauf zielt auch die gegenwärtige Erziehung von Kindern, die möglichst früh zu Selbstständigkeit und der Übernahme von Eigenverantwortung angehalten werden. Diese Erziehung vermeidet es bewusst, Kinder mit solchen Zwängen zu traktieren, wie der Formung natürlicher Lebensäußerungen und -bedürfnisse oder gar Haltungen des Körpers. Auf der anderen Seite spielt in allen beruflichen Zusammenhängen *Selbstdisziplin* eine große Rolle.

Erst ein größerer Zeitabstand wird zeigen, welcher dieser beiden Werte – Freiheit oder Selbstbeherrschung – sich gegenüber dem anderen durchgesetzt haben wird. Gegenwärtig deutet alles darauf hin, dass es wieder einmal in Richtung auf Einschränkung der Natur und der Auferlegung von Selbstzwängen hinausläuft. Zurzeit jedenfalls kann es aber gar keinen Zweifel darüber geben, dass Anpassung und Disziplin im Beruf erwartet und auch wieder durchgesetzt werden.

Vielen Menschen ist überhaupt nicht bewusst, dass der erste Eindruck, den sie vermitteln, ganz von Äußerlichkeiten bestimmt ist. Tatsache aber ist, dass wir von Fremden zuallererst danach beurteilt werden, *was* wir anhaben und *wie* wir unsere Kleidung tragen. Dabei ist die gute Körperhaltung absolut maßgebend.

Frauen unterliegen in ihrer Körperhaltung allerdings immer noch größeren Einschränkungen und sie werden sehr viel strenger beurteilt als Männer. Dabei geht es nicht nur um den Nachweis von Selbstdisziplin – wie es für die Beurteilung männlicher Haltung maßgeblich ist –, sondern um traditionelle *Interpretationen der Körpersprache*. Hier Änderungen herbeizuführen ist keine Sache, die eine Generation allein leisten könnte. Dazu brauchen wir wesentlich mehr Zeit, weil es sich um Veränderungen von *Einordnungskriterien* handelt, die unbewusst aufgenommen werden.

Es ist also die Aufgabe von längeren Entwicklungsprozessen, das Unterbewusstsein zu verändern. Weil dem so ist, bleibt gegenwärtig nur übrig, uns die Interpretation dieser angeblichen körpersprachlichen Signale bewusst zu machen und uns darauf einzustellen.

Was versteht man nun unter einer guten Körperhaltung?

Man könnte es vielleicht als eine *Mischung aus sportlicher und eleganter Körperbeherrschung* bezeichnen, die sich im Einzelnen so darstellt:

- *Eine gute Körperhaltung ist stets aufrecht, wobei die Schulterblätter etwas zusammengezogen werden.*
- *Die Haltung der Beine, Arme und Hände ist sowohl im Stehen als auch im Sitzen zu kontrollieren. Dabei gibt es für Damen und Herren unterschiedliche Standards zu beachten.*

Einige Haltungsregeln für Herren

TIPPS ♂

□ Im Stehen wie auch im Sitzen sollte ein Herr sich möglichst aufrecht halten – mit ziemlich geradem Rücken, ohne stocksteif zu wirken.
□ Die Beine kann er ruhig etwas auseinander stellen, aber nicht zu breitbeinig, und im Sitzen sollten die Beine in Körpernähe bleiben. Männer dürfen selbstverständlich die Beine übereinanderschlagen.
□ Arme und Hände kann man an sich herabhängen lassen; als Wechselhaltung(!) können die Arme auch mal verschränkt werden, wobei es freundlicher und offener wirkt, wenn beide Hände sichtbar bleiben.
□ Man sollte darauf achten, dass die Hände keinen verkrampften Eindruck machen, also nicht zu angespannt wirken. *Eine(!)* Hand darf auch für kurze Zeit mal in einer Hosen- oder Jackentasche verschwinden – allerdings *nie*, wenn die andere Hand gerade jemanden begrüßt!
□ Im Sitzen sollten die Arme nie als Kopfstütze verwendet werden.

TABUS ♂

Männer sollten *nicht*

■ während sie jemanden begrüßen, eine Hand in der Jacken- oder Hosentasche haben
■ mit hängenden Schultern und krummem Rücken stehen oder sitzen
■ die Arme hinter dem Rücken zusammenlegen
■ die Hände in einer »Fußball-Mauer«-Haltung vor sich halten

- beide Hände gleichzeitig in die Taschen stecken
- während des Redens dauernd gestikulieren, vor allem nicht mit offensichtlich eingeübten Gesten
- ihre Rede mit einem drohenden Zeigefinger unterstützen
- im Sitzen die Beine von sich strecken und auch nicht einen Fuß auf das andere Knie legen.

Einige Haltungsregeln für Frauen

TIPPS ♀

□ Im Stehen sollte eine Dame
- sich möglichst aufrecht halten – mit etwas zusammengezogenen Schulterblättern
- die *Beine* nicht so weit auseinander stellen, wie es einem Mann erlaubt ist, sondern so eng wie möglich
- einen *Fuß* etwas vor den anderen stellen, wenn sie direkt von vorn gesehen wird
- die *Arme* ruhig an sich herabhängen lassen; als Wechselhaltung(!) können die Arme auch mal verschränkt werden, wobei es freundlicher (und auch weiblicher) wirkt, wenn immer beide Hände zu sehen sind
- darauf achten, dass die *Hände* einen »kontrolliert lässigen« Eindruck machen, also nicht zu angespannt wirken. Deshalb können sie auch einfach hängen gelassen werden. *Eine(!)* Hand darf auch für kurze Zeit mal in einer Hosen- oder Rocktasche verschwinden – allerdings *nie*, wenn die andere Hand gerade jemanden begrüßt!

□ Im Sitzen sollte sie
- möglichst aufrecht mit geradem *Rücken* sitzen
- die Haltung ihrer *Beine* stets kontrollieren, denn die *Knie müssen stets geschlossen* gehalten werden. Sie

»darf« dabei ihre Beine übereinandergeschlagen und alle gut aussehenden Stellungen einnehmen, solange sie ihre Beine *parallel* hält.

TABUS ♀

Eine Dame sollte *nicht*
- die Schulterblätter hängen lassen
- die Arme hinter dem Rücken zusammenlegen
- die Hände vor dem Bauch falten
- beide Hände gleichzeitig in irgendwelchen Taschen der Bekleidung verschwinden lassen
- während des Redens andauernd die Hände ringen oder sie gefaltet halten
- während einer Begrüßung mit Handschlag eine Hand in eine Rock-, Jacken- oder Hosentasche stecken
- breitbeinig sitzen, wenn sie einen Rock trägt.

TABUS ♂♀

- Es gilt als äußerst unfein, in offiziellen Situationen laute Geräusche von sich geben, zum Beispiel *laut zu lachen* oder geräuschvoll zu *gähnen*. (Geübte können völlig geräuschlos durch die Nase gähnen.) Zumindest sollte man sich während des Gähnens die Hand vor den Mund halten.
- Das Gleiche gilt auch für das *Husten* oder *Niesen*; hierbei empfiehlt es sich – wenn immer die Zeit dazu noch reicht –, ein Taschentuch vor Mund und Nase zu halten.
- Absolut verpönt ist bei uns, in Gegenwart anderer *Kaugummi* oder irgendetwas anderes zu lutschen oder zu kauen, während man mit jemandem spricht oder von anderen angesprochen wird.

Körperpflege und Kosmetik

Die sorgfältige Körperpflege ist heute ein unverzichtbarer Bestandteil eines gepflegten Erscheinungsbildes. Das hat wenig bis überhaupt nichts mit Eitelkeit zu tun, sondern sehr viel mit dem Hygienebedürfnis moderner Menschen und mit der Notwendigkeit, auch auf diejenigen Leute angenehm zu wirken, mit denen man es im Laufe eines Tages zu tun hat. Die Körperpflege ist natürlich auch Ausdruck für den persönlichen Stil eines Menschen. Und ganz zweifellos ist sie Voraussetzung für eine gehobene berufliche Position.

TIPPS ♂♀

□ Für moderne Menschen steht selbstverständlich an erster Stelle die *Körperhygiene*: ob Dusche oder Badewanne, ob unter Verwendung von Seife oder von Duschgel, das ist eine Frage des persönlichen Geschmacks. Nur, dass jeder Mensch sich täglich gründlich waschen muss, das steht wohl außer Frage!

□ Das täglich mehrfache *Zähneputzen* – morgens und abends ist das absolute Minimum – dient nicht nur den schönen weißen Zähnen, sondern auch dem frischen Atem.

□ Sicherlich sollten Herren in gleicher Weise wie Damen darauf achten, dass der *Atem frisch* und frei von Mundgeruch ist. Falls das täglich mehrmalige Zähneputzen nicht ausreicht, kann man/frau es mit Lutschpastillen oder Sprays zur Vermeidung von Mundgeruch versuchen.

TIPPS für den gepflegten *Mann*

□ Der angenehme *Körperduft* ist für Männer heute genauso selbstverständlich wie für Frauen, deshalb ist das Deodorant mittlerweile auch für Herren unentbehrlich. Das gründliche

Waschen ist zwar unverzichtbar, aber es reicht bei den meisten Menschen für einen angenehmen Körpergeruch während eines langen Arbeitstages nicht aus.

□ Ein Hauch von *Eau de Cologne* – im gleichen Duft wie das Rasierwasser – wird bei Herren mindestens als angenehm, wenn nicht sogar als anziehend empfunden. Der so genannte »natürliche« Körpergeruch wirkt auf andere dagegen äußerst unangenehm, aufdringlich und abstoßend.

□ Viele moderne Männer verwenden heute eine leichte *Feuchtigkeitscreme* gegen die hautzerstörenden Umwelteinflüsse und die ozonhaltige Luft. Der Sonnenschutz gegen die aggressiven ultravioletten Strahlen ist heutzutage kaum mehr eine kosmetische Frage, sondern eine medizinische Notwendigkeit.

□ Die *Hände und Fingernägel* müssen einen gepflegten Eindruck machen. Auch Herren sollten täglich eine Handcreme benutzen, wenn ihre Haut spröde ist.

□ Die *Haare* sollten stets einen frisch gewaschenen Eindruck machen. Bei Herren, die morgens im Anzug mit Krawatte ins Büro müssen, sollte die Frisur den ursprünglichen Schnitt noch erkennen lassen. Lange Haare – zusammengefasst oder offen getragen – werden noch nicht in allen Berufssparten gern gesehen.

□ Ein gepflegter *Bart* wird heute allgemein akzeptiert.

TABUS ♂

■ Sehr peinlich wirkt es, wenn jemand nach Schweiß riecht, das wird von anderen als unzumutbare Belästigung empfunden.

■ Auch Herren sollten nicht so stark parfümiert ins Büro kommen, dass es der Umgebung den Atem verschlägt.

■ Sehr unangenehm für die Mitmenschen ist es, stark mit Knoblauch gewürzte Speisen zu sich zu nehmen und am nächsten Tag die KollegInnen am Arbeitsplatz mit den entsprechenden Gerüchen zu belästigen.

■ Zu »vergessen«, seinen Fingernägeln genügend Aufmerksamkeit zu widmen, sodass sie zu lang oder zu schmutzig oder beides sind, wäre stillos und unkultiviert.

■ Falls die Frisur einen ungepflegten Eindruck macht, würde dadurch das gesamte Erscheinungsbild beschädigt.

Einige Stilfragen für Damen

Für die erfolgreiche *Frau* gehören Körperpflege und Kosmetik unverzichtbar zum gepflegten Erscheinungsbild. Deswegen geht es hier eigentlich nicht um das »Ob«, denn etwas Kosmetik gehört meistens zur kleinen »Korrektur der Natur«, sondern nur um das »Wieviel«. Der Maßstab ist hierbei normalerweise das Lebensalter: Je jünger eine Frau ist, umso mehr wird sie noch von der Natur verschönt; je älter sie ist, umso mehr sollte sie der Natur ein wenig nachhelfen.

Von entscheidender Bedeutung ist hingegen die Frage, um welchen *Typ* Frau es sich handelt. Frauen, die Wert auf natürliches Aussehen legen, werden sich mehr an solche Produkte halten, die die Haut pflegen und vor schädlichen Umwelteinflüssen schützen sollen. Elegante Frauen werden ihr Erscheinungsbild auch durch solche Kosmetika zu verbessern suchen, die der Faltenbildung vorbeugen sollen oder die Fältchen verdecken.

TIPPS für die kultivierte *Frau*

□ Den täglichen Gebrauch eines *Deodorants* stellt keine kultivierte Frau mehr infrage. Hier geht es meist nur um die unterschiedliche Hautverträglichkeit der Deos. Und dafür gibt es mittlerweile hinreichend viele Produkte, die keinerlei Reizstoffe mehr enthalten. Am mildesten sind Roll-Ons und Deo-Cremes.

□ Sie sollte aber darauf achten, dass sie ein Deodorant auswählt, das in seiner Stärke den Anforderungen ihres Arbeitstages gewachsen ist. Denn nichts wird von der Umgebung als peinlicher empfunden als eine Frau mit Körpergeruch.

□ Der Gebrauch eines *Anti-Transpirants* – die stärkere Variante, die bereits auf die Schweißentwicklung hemmend wirken soll – kann bei manchen Menschen notwendig werden. Allerdings ist die Unterdrückung der Transpiration auf Dauer nicht so unproblematisch wie die bloße Geruchsverhinderung durch die Vermeidung von Bakterien.

□ Zweifellos empfiehlt es sich, bei solchen Gelegenheiten auf ein Anti-Transpirant zurückzugreifen, wenn frau – sei es beruflich oder privat – etwas Besonderes vorhat und die Gefahr besteht, dass sie unter *Stress* etwas ins Schwitzen kommen könnte. Auf jeden Fall empfiehlt es sich, bereits beim Kauf sehr darauf zu achten, dass dieses Anti-Transpirant auch an empfindlichen Stoffen keinen Schaden anrichtet.

□ Eine Frau mit Stil verwendet tagsüber nur *Eau de Cologne*, Eau de Toilette bzw. Eau de Parfum. Das Parfum selbst ist erst für den Abend gedacht. Eine Dame sollte jedenfalls bedenken, dass der persönliche Duft etwas sehr Persönliches ist und erst ab einer unmittelbaren (intimen) Körpernähe von anderen Menschen wahrgenommen werden dürfte.

□ Damit sie selbst noch das Maß für ihren Duft behält, wird die gepflegte Frau die Duftnote ihres Eau de Parfum *öfter mal wechseln*. Denn nach einer Weile der Gewöhnung kann niemand mehr die Menge des Duftes objektiv beurteilen, denn man/frau nimmt den Duft an sich selbst nicht mehr richtig auf. Das kann dann dazu verführen, zu viel davon zu nehmen.

□ Um die Gefahr der Gewöhnung zu reduzieren, empfiehlt es sich, zwischen *mehreren Duftnoten* und -stärken auch während eines Tages zu wechseln. Zum Sporttreiben passt zum Beispiel ein anderes Eau de Cologne als für die Bürotätigkeit, und für den Abend sollte dann der etwas schwerere Duft an die Reihe kommen.

□ Jener Typ Frau, welcher das kultivierte Aussehen dem naturbelassenen vorzieht, sollte auf den Wuchs der *Körperhaare* achten. Es widerspricht immer noch dem Idealbild einer gepflegten Frau, wenn ihre Beine dunkel behaart sind oder Haare unter der Achsel herausschauen. Blonde Frauen haben es in diesem Punkt etwas besser, ganz erübrigt sich das Problem aber auch für sie nicht.

□ Die *Hände* sollten auf jeden Fall einen gepflegten Eindruck machen. Wie oft täglich eine Handcreme zu benutzen ist, hängt sehr von der ausgeübten Tätigkeit ab. Oft trocknet die Büroluft die Hände stark aus.

□ *Nagellack* erscheint aus ästhetischen Gründen oftmals angebracht, weil er die Nägel auch nach einem langen Arbeitstag gepflegt erscheinen lässt – er muss aber nicht unbedingt sein. Die Entscheidung für oder gegen Nagellack ist eine reine Geschmacksache, die auch wesentlich vom Typ der Frau abhängt. Allerdings müssen lackierte Nägel stets gut gepflegt werden und dürfen keine abgeplatzten Stellen aufweisen.

□ Bei problematischen Nägeln – der modernen Zivilisationskrankheit, unter der viele Frauen leiden – kann frau auch den Weg in ein *Nagelstudio* zur Verlängerung der Nägel wählen. Allerdings sind überlange Nägel vom Gebrauchswert an Computern sowie vom Geschmack her oftmals sehr problematisch.

□ Das *Make-up* sollte bei Tageslicht sehr dezent und der Hautfarbe angepasst sein. Selbstverständlich sollte es tagsüber das »kleine« Make-up sein, sodass für den Abend noch Steigerungsmöglichkeiten bleiben.

□ In der dunklen Jahreszeit sollten Frauen darauf achten, sich morgens bei möglichst *hellem Licht* zurechtzumachen. Denn eine zu schwache Beleuchtung verfälscht die wahren Farben. Und dann kann frau bei Tageslicht eine peinliche Überraschung erleben, wenn sie alle dunklen Streifen und Flecken und die abrupten Farbabstufungen entdeckt.

□ Die *Frisur* verlangt ebenfalls unsere täglich kritische Aufmerksamkeit. Eine gepflegte Frau sollte ab und zu einmal den Spiegel kritisch befragen, ob ihre Frisur noch in die Zeit und zu ihrem sonstigen Stil passt.

TABUS ♀

■ *Kein Deodorant* zu verwenden, obwohl frau zu Körpergeruch neigt, wird von ihrer Umgebung als außerordentlich peinliche Zumutung empfunden.

■ Ein zu schwaches Deo zu verwenden, das der Belastung des Arbeitstages nicht standhält und mit der Zeit versagt, ist ebenso unverzeihlich. (Die Umgebung verzagt, sagt aber nichts.)

■ So *stark parfümiert* ins Büro zu kommen, dass es allen anderen den Atem verschlägt; das wird nicht nur von Leuten, die mit dieser Kollegin zusammen in einem Lift fahren müssen, für aufdringlich und unfein gehalten.

■ Wenn eine Freundin gesunder Kost sich am Wochenende oder sogar während der Woche *Knoblauch* einverleibt, belästigt sie alle anderen mit den entsprechenden Gerüchen. Das gilt nicht nur in kleineren Büros als *Zumutung*.

■ Auch bei uns wirkt der Anblick von weiblichen *Körperhaaren* – vor allem unter den Achseln – auf viele Menschen unangenehm und peinlich.

■ *Fingernägel in Überlänge* sind nicht nur aus Geschmacksgründen, sondern auch aus praktischen Erwägungen problematisch.

- Eine »lieblose« *Frisur*, als ein Stiefkind der ganzen Erscheinung, beeinflusst natürlich das Gesamtbild unvorteilhaft.

Das unangenehmste an den Fehlern aus dem Bereich des Körperlichen ist, dass *andere Leute sie eher bemerken* als man/frau selbst. Die tägliche Umgebung fühlt sich davon zwar unheimlich belästigt und rümpft hinter dem Rücken des/der Betroffenen die Nase, aber niemand traut sich, ihm/ihr etwas davon zu sagen. Deswegen werden solche Nachlässigkeiten für alle Beteiligten so peinlich.

Was man mit Leuten machen soll, die solche Regeln nicht kennen oder missachten und deshalb eine andauernde Zumutung für ihre Umgebung sind, wird weiter unten besprochen.

Kleidung und Bekleidungsvorschriften

Es war eigentlich noch nie seine »Privatsache«, was ein Mensch als Bekleidung auf seinem Körper trug. Sobald er seine Höhle oder Hütte, seine Wohnung oder sein Schloss verließ, war seine Kleidung ein Erkennungszeichen und ein wichtiger Hinweis für andere, wen sie vor sich hatten. Und diesen Zweck hat die Kleidung nach wie vor zu erfüllen – nämlich fremde Menschen einzuordnen. Auch heute dient Kleidung wie eh und je dazu, Menschen einer bestimmten Tätigkeit zuzuordnen, oder auch bestimmten Kulturkreisen – weniger bestimmten sozialen Schichten, wie es früher der Fall war.

Während wir im Privatleben gegenwärtig ein fast unübersehbares Angebot von Freizeitbekleidung für die verschiedensten Sportarten und andere Freizeitbeschäftigungen vorfinden und eine fast ebenso differenzierte Kleiderordnung für alle nur denkbaren offiziellen Veranstaltungen haben, sieht es in beruflichen Zusammenhängen fast danach aus, als wären Beschäftigte ab einer bestimmten gehobenen Ebene geradezu *uniformiert*.

Ganz erhebliche Stilunterschiede in der Kleiderfrage gibt es dagegen zwischen den verschiedenen Altersgruppen. Junge Leute drücken durch ihre Kleidung nicht nur ein bestimmtes Lebensgefühl aus, sondern hauptsächlich ihre Gruppenzugehörigkeit mit Gleichgesinnten. Mithilfe der Kleidung ordnen sie sich gegenseitig bestimmten Lebensauffassungen zu und erkennen sich untereinander – ob es sich nun um Yuppies oder Ökos, Punks oder Rocker u. a. m. handelt. Daher ist es auch so völlig daneben gegriffen und äußerst *peinlich*, wenn Angehörige der Elterngeneration den Kleidungsstil *junger Leute zu imitieren* versuchen.

Abgesehen von dieser Spielart der Kleidungsdifferenzierung war es schon immer eine eiserne Regel des guten Geschmacks, sich *altersgemäß* zu kleiden. Erst innerhalb einer Altersschicht – und unter Beachtung der besonderen *Umgebung* und des *Anlasses* – bestimmen letztlich der persönliche Geschmack und die Mode den Kleidungsstil eines Menschen.

Weil Kleidung also eine so wichtige Einordnungsfunktion besitzt, ist es immer überlegenswert, was man/frau anzieht, wenn jemand seine eigenen vier Wände verlässt. Mit diesem Augenblick nämlich wird unsere *Bekleidung öffentlich* und bildet einen *Bestandteil der Kultur* unseres Landes.

Bei der Betrachtung etwas größerer Zeiträume wird es offensichtlich, dass die Kleidung der Menschen eigentlich noch nie ihre reine Privatsache gewesen ist, sondern durchweg auch ein *signifikanter Bestandteil der jeweiligen Kulturepoche*. Wie alle anderen Elemente von Kultur sind natürlich auch die Bekleidungsstile dem Wandel der Kultur unterworfen. Und wie schnell sich unsere »Mode« wandelt, weiß jeder.

Stilvolle Kleidung im Beruf

Beim Stichwort »Berufskleidung« denken wir meist nur an die traditionelle Berufskleidung, wie zum Beispiel die originelle Zimmermannskleidung, die hohen Mützen der Köche und die vielen funktionalen, berufsbedingten Kittel usw. – oder auch an die Uniformen des Militärs und der Luftverkehrsgesellschaften.

Es sind jedoch nicht nur »Uniformen« im herkömmlichen Sinn, mit denen wir es heute zu tun haben. Jede Berufssparte, jede Branche besitzt so eine Art von Uniformität in der Berufskleidung. Jede/r Erwerbstätige wird auf Anhieb den äußeren Unterschied zwischen Bankangestellten, Journalisten, Leuten aus der Modebranche oder jenen aus dem High-Tech-Business feststellen können.

Dagegen ist es dann schon eher erstaunlich, dass die Führungskräfte nicht nur aller Branchen und Institutionen, sondern offenbar aller Nationen, einen einheitlichen Stil bevorzugen. Sie tragen die so genannte »formelle« Kleidung, die man als *Geschäftsanzug* bzw. international mit *»Business suit«* bezeichnet. Man wird diesen Herren im dunklen Anzug mit weißem Hemd und mit Krawatte – dem aktuellen Outfit für Manager – auf allen Chefetagen der Welt begegnen. Übrigens gibt es einen vergleichbaren, internationalen Stil auch für Managerinnen: es ist in aller Regel ein Kostüm, oft in einer *Variante des »Chanel-Kostüms«*, das elegant (und teuer) und sehr dezent ist.

Welcher Bekleidungsstil nun für die MitarbeiterInnen eines bestimmten Unternehmens verbindlich zu sein hat, ist in aller Regel schon durch die *Bekleidungsgepflogenheiten der jeweiligen Branche* vorgegeben. Darüber hinaus kann die jeweilige Geschäftsleitung festlegen, in welcher Art sie ihre Mitarbeiter und Mitarbeiterinnen gekleidet zu sehen wünscht.

Solche Vorschriften befinden sich übrigens im Einklang mit unserem geltenden Arbeitsrecht. *Die Nichteinhaltung von Bekleidungsvorschriften gilt als Kündigungsgrund.* Das trifft beispielsweise auch zu für die Weigerung, eine Krawatte zu tragen, oder wenn jemand partout nicht darauf verzichten will, in *Blue Jeans* ins Büro zu kommen.

Die korrekte Bekleidung des Managers

Die nachfolgenden Beispiele beziehen sich auf die Standards der »formellen Kleidung«; das heißt, diese Beispiele gelten für *Führungspositionen* in solchen Unternehmen und Institutionen, in denen auf traditionelle Bekleidung Wert gelegt wird.

Formelle Bekleidung für Herren **heißt gegenwärtig:**

- Gedeckter Anzug (keine leuchtenden oder hellen Farben)
- Die Anzug-Kombination gilt in vielen Branchen nicht als offizieller Anzug für Führungskräfte.
- Je dezenter der Anzug, umso vornehmer – das heißt: nicht zu auffällig oder zu modisch
- Oberhemd mit Kragen und Manschetten
- Doppelmanschetten – eine Voraussetzung für Schmuck-Manschettenknöpfe – trägt man heutzutage seltener, sie gelten aber nach wie vor als elegant.
- Krawatte, die nicht zu »laut« sein sollte, eventuell auch Einstecktuch, das eine individuelle Note erlaubt (nicht zu modisch!)
- Die gebundene Schleife (= *Fliege*) hat den gleichen Stellenwert wie die Krawatte, wirkt jedoch etwas individualistischer.
- *Dunkle Socken*, passend zum Anzug
- Saubere, *blank geputzte, dunkle* Schuhe, passend zum Anzug

- Am Abend trägt ein Herr zum offiziellen Anzug *ausschließlich schwarze* Schuhe.
- Natürlich muss alles einen sehr gepflegten Eindruck machen.

Gegenwärtig ist die Krawatte in manchen Branchen – vor allem im IT-Business – auf dem Rückzug. Allerdings gilt das nicht für die oberen Führungsschichten; dort gehört die Krawatte nach wie vor zur »Business-Uniform« (es sei denn, man ist ein Bill Gates).

In manchen Unternehmen wird auch mit dem »Casual Friday« experimentiert. Unter »Casual Business-Suit« versteht man:
- Anzug oder kombinierter Anzug
- Polohemd oder offenes Kragenhemd mit weißem T-Shirt darunter
- korrekte Socken und Schuhe.

TIPPS ♂

□ Das ästhetisch aussehende, gebügelte *Stoff*taschentuch gehört nach wie vor zur korrekten Herrenausstattung.
□ Papiertaschentücher sind nur zusätzliche Utensilien für allerlei praktische Zwecke.
□ Zu Hause sollten stets *Schuhspanner* benutzt werden, damit die Schuhe keine »Sorgenfalten« bekommen.
□ Die Krawatte resp. Schleife (= Fliege) muss täglich neu gebunden werden, weil ihr Aussehen sonst dramatisch leidet.
□ Eine teure Krawatte sollte mindestens 36 Stunden ruhen dürfen, bevor sie wieder gebunden wird.

■ *Freizeitkleidung darf nicht mit offizieller Bekleidung oder »Casual Business-Kleidung« verwechselt* oder kombiniert werden.

■ *Ausschließlich* in den *Freizeitbereich* bzw. in künstlerische Berufe oder in den Produktionsbetrieb gehören zum Beispiel:

- Blue Jeans
- Tennisschuhe und Sandalen
- Schuhe mit dicken Kreppsohlen

■ Ausgesprochen *peinlich* wirken:

- weiße Socken zum Anzug
- schmutzige, staubige oder abgelaufene Schuhe

■ Es gilt nach wie vor als ein *Fauxpas*, in einer *nicht-privaten Umgebung* die Krawatte zu lockern und den Kragenknopf zu öffnen oder sonstige »Erleichterungen« in Anspruch zu nehmen!

- Bei *extrem hohen* Temperaturen können zwischen den Anwesenden Sonderregelungen vereinbart werden.

■ In Gegenwart fremder Frauen/Damen – Kolleginnen mit eingeschlossen! – das Jackett abzulegen, ohne sie um Erlaubnis gefragt zu haben, ist ein eindeutiges Zeichen für Verweigerung des Respekts, den jeder Mann Damen schuldet.

■ In unkorrekter, legerer Aufmachung vor seinen Chef oder seine Chefin zu treten, wird als persönliche Missachtung verstanden und ist schädlich.

Wenn bei Konferenzen oder Besprechungen Damen anwesend sind, ist es ein Gebot der Höflichkeit, die anwesende/n Dame/n um Erlaubnis zu bitten, das Jackett ablegen zu dürfen.

Dieses Thema ist aber so heikel, dass es stets *dem Ranghöchsten vorbehalten* ist, diese Frage zu stellen oder als Erster das Zeichen dafür zu geben, dass eine legere Kleiderordnung angesagt ist.

Bei sehr hohen Temperaturen erteilen erfahrene Kolleginnen von sich aus ihren männlichen Kollegen die Erlaubnis zum Ablegen der Jacketts, bevor sie darum gebeten werden.

Die korrekte Bekleidung der Managerin

Für Frauen mit Stil ist es selbstverständlich, sich im beruflichen Alltag nicht in der gleichen Weise zu kleiden oder zurechtzumachen, wie sie es in ihrer Freizeit tun oder wenn sie abends ausgehen. Darüber hinaus werden sie gleichzeitig stets darauf achten, dass ihre tägliche Kleidung der Art ihrer Tätigkeit angemessen ist.

In allen Büroberufen gilt es als nicht besonders guter Stil, wenn eine Frau während ihrer Arbeit großen Wert auf die Betonung ihrer körperlichen Reize legt. Selbstredend ist damit keineswegs gemeint, dass sie sich in Sack und Asche hüllen muss, um ins Büro zu gehen. Sie sollte sich selbstverständlich attraktiv kleiden, jedoch nicht zu auffallend feminin. Eine erfolgreiche Frau wird erst abends ausgesprochen weiblich wirken wollen.

Allerdings gibt es im Hinblick auf den Bekleidungs*stil* ganz generell einen *gravierenden Unterschied zwischen zwei Berufsgruppen* erwerbstätiger Frauen zu beachten, der im traditionellen wie im psychologischen Bereich seine Ursachen hat.

In allen traditionell von Frauen ausgeübten Berufen – *wie z. B. Sekretärinnen, Dolmetscherinnen, Friseurinnen – können sie sich grundsätzlich femininer kleiden, ohne einen Kompetenz- oder Ansehensverlust zu erleiden.*

Frauen in traditionell von Männern ausgeübten Berufen – *wie z. B. Anwältinnen, Professorinnen und Akademikerinnen aus technisch-naturwissenschaftlichen Gebieten – sollten ihrem Outfit für den Berufsalltag lieber einen leicht maskulinen Touch geben.*

Für beide Gruppen von Frauen gilt die Grundregel – als wichtiges Hilfsmittel auf dem Weg zum beruflichen Erfolg –, dass ihre Kleidung stets *dezent* sein muss und nicht zu auffallend weiblich oder zu modisch sein darf. Und natürlich sollte alles einen sehr gepflegten Eindruck machen.

Allgemeine Standards für eine betriebliche Kleiderordnung müssten allerdings – über einige Grundregeln hinaus – für alle erdenklichen Branchen getrennt ausgeführt werden, denn zu unterschiedlich ist der herrschende Geschmack der verschiedenen Wirtschaftszweige. So gibt es Berufszweige, in denen man/frau sich betont modisch kleidet, in anderen gibt man sich leger, und wieder andere legen besonderen Wert auf korrekte Konservativität der Kleidung.

Bei den nachfolgend angeführten Beispielen werden die Maßstäbe der *formellen Kleidung* zugrunde gelegt, das heißt, sie gelten für diejenigen Wirtschaftszweige, Unternehmen und Institutionen, in denen auf traditionelle, das heißt, auf eine *konservativ-korrekte Bekleidung* Wert gelegt wird. Auch soll hier der Tatsache Rechnung getragen werden, dass beispielsweise für Diplomingenieurinnen sowie für Biologinnen, Vorstandsassistentinnen usw. grundsätzlich noch wesentlich mehr Fragen offen sind als bei Frauen, für deren Berufe es schon lange weibliche Vorbilder gibt – wie zum Beispiel den Vorzimmerdamen.

Tipps und Tabus zur Kleidung von Führungsfrauen

TIPPS ♀

□ Als korrekt angezogen gilt frau bei uns mit
- einem Kostüm
- einem dezenten Kleid
- einem gut sitzenden Hosenanzug.

□ Die Schultern sollten stets bedeckt sein. Das bedeutet also auch im Hochsommer *mindestens kleine Ärmel.*

□ Das Kleid oder das Kostüm sollte in Schnitt und Aufmachung *der Position entsprechen.* Wenn die beruflichen Aufgaben mit Repräsentationspflichten oder Kundenkontakten usw. verbunden sind, kann es für das Image des Unternehmens sehr wichtig sein, dass auch die Büromanagerin schon aufgrund ihrer Kleidung seriös und kultiviert wirkt.

□ Und auch das muss sein: Ungeachtet der Außen- oder Innentemperaturen sind *Strümpfe* (resp. Strumpfhosen) für die korrekte Bekleidung einer Frau *ein Muss!* (Leider selbst bei 30 Grad im Schatten!)

□ Sehr ordentliche, gepflegte *Schuhe*, im Stil passend zur Bekleidung.

Vorsichtshalber sollte jedoch erwähnt werden, dass es hier und da – hauptsächlich im süddeutschen Raum – noch Unternehmen gibt, bei denen es einer Chefsekretärin nicht »erlaubt« ist, einen Hosenanzug zu tragen. Dafür gibt es heutzutage jedoch keinen rationalen Grund mehr, denn grundsätzlich gibt es *keinen stilistischen Unterschied* zwischen einem Kostüm und einem Hosenanzug. So ist es auch unerheblich, ob eine Dame zu einem Blazer eine Hose oder einen Rock trägt.

Den *Stil der Kleidung* bestimmen nämlich ganz andere Faktoren, wie zum Beispiel:

- die *Qualität* des Stoffes
- die Klasse von *Schnitt und Verarbeitung*
- ob es sich um einen sportlichen, einen eleganten, einen sehr femininen oder einen alternativen Naturlook handelt
- die Länge eines Rockes
- und die Herstellungsart
- ob der Rock aus Strickware besteht oder handgewebt ist usw.

□ Das *Stofftaschentuch* ist ein unverzichtbarer *Kulturgegenstand*. Papiertaschentücher sind nur für bestimmte Zwecke ganz nützlich, zum Beispiel aus hygienischen Gründen bei Schnupfen oder zum schnellen Eingreifen bei verschüttetem Kaffee und regenbesprenkelten Beinen und Schuhen. Als dekoratives Taschentuch sollte jedoch immer noch ein – möglichst gebügeltes – Stofftaschentuch in der Handtasche sein.

TABUS ♀

■ Freizeitkleidung mit offizieller Bekleidung zu verwechseln oder zu kombinieren. Das ist meistens die Ursache vieler »Missgriffe« von Frauen, die nicht sehr geschmackssicher sind.

■ Für alle Frauen mit Geschmack gelten für ihre *Bürokleidung* als tabu:

- Mini-mini-Röcke
- Kleider mit großem Dekolleté
- auffallend durchsichtige oder wallende, wogende Kleider
- »dramatisch« enge Röcke oder Hosen mit straff gespannten Nähten

- Spaghetti-Träger und einfache T-Shirts
- aufreizende oder andere Freizeitkleidung
- *Jeans*, Leggings und Radlerhosen!

■ Im Büro geradezu *peinlich* wirken

- nackte Beine und damit nackte Füße
- ein unordentlicher Rocksaum
- Laufmaschen
- ungepflegte oder nicht geputzte Schuhe
- schief getretene Absätze.

Tipps und Tabus zum Thema Schmuck

TIPPS ♀

□ Im beruflichen Alltag sollte die erfolgsorientierte Frau mit Schmuck eher *sparsam* umgehen als zu viel anzulegen. Nicht allein deswegen, weil es in der männlich dominierten Berufswelt günstiger für die erfolgsorientierte Frau ist, wenn sie sich dem Gesamterscheinungsbild im Betrieb optisch etwas anpasst.

□ Darüber hinaus sollte frau sich auch die Frage stellen, wieweit sich der Schmuck mit der Art ihrer Tätigkeit verträgt.

TABUS ♀

■ Ganze Sammlungen klappernder, klingender Armreifen und/oder Armbänder.

■ Der »Brilli« im Nasenflügel und die Klammer in der Augenbraue.

Wenn eine Frau sich damit zu schmücken gewöhnt ist, hat sie es in jedem Beruf schwer, der nicht im künstlerischen oder im unmittelbaren Produktionsbereich liegt.

Bekleidungsvorschriften bei offiziellen Anlässen

Bestimmte gesellschaftliche Veranstaltungen sind mit festgelegten Vorstellungen darüber verbunden, welche Kleidung zu welcher Gelegenheit zu tragen ist. Weil es stets die *Gäste* sind, die durch den Stil ihrer Kleidung eine Veranstaltung prägen, ist es natürlich auch das gute Recht der Gastgeber, in Bezug auf die Kleidung der Gäste Wünsche zu äußern, damit alles zueinander passt.

Wenn man also eine Einladung zu einer gesellschaftlichen Veranstaltung erhält, auf der ein Bekleidungsvorschlag vermerkt ist, so muss man diesen *»Vorschlag«* als *bindend* betrachten. Er findet sich entweder als *Bekleidungsvermerk* schriftlich auf den Einladungen oder kann auch nur mündlich geäußert werden. Sollte man wirklich nicht das Entsprechende anzuziehen haben, so sagt man höflich ab – etwas anderes anzuziehen kommt nicht infrage. Denn missachtete jemand diesen geplanten Stil, so wäre das als eine grobe Unhöflichkeit gegenüber den Gastgebern zu verstehen. Dabei macht es keinen Unterschied, ob man »overdressed« hinginge, also eleganter als die übrigen Gäste, oder »underdressed«, das heißt für den Anlass zu schlicht gekleidet.

In jedem Fall würde man dadurch seine Missachtung gegenüber den Gastgebern zum Ausdruck bringen, die das verübeln könnten. In solchen Fällen pflegen jedoch die anderen Gäste noch »unangenehmer« auf einen solchen Affront zu reagieren. Gegen »Understatement« ist dagegen nichts einzuwenden, wenn beispielsweise sehr teure Stoffe in einem schlichten Stil verarbeitet worden sind, u. Ä.

Alle offiziellen Bekleidungsvorschriften beziehen sich stets nur auf die Herrenbekleidung. Offenbar ging und geht man davon aus, dass die Dame dann schon das »Entsprechende« anzuziehen weiß.

Hier gibt es einen Hauch von individueller Freiheit für die Frau! Sie kann wirklich aus einer größeren Auswahl an Möglichkeiten schöpfen.

Die *offiziellen Bekleidungsvermerke* können lauten:
- Straßenanzug = Business suit = Geschäftsanzug
- dunkler Anzug
- Stresemann = Kleiner Gesellschaftsanzug (am Tag)
- Cut/Cutaway
- Abendanzug = Smoking = Dinnerjacket = cravate noire = black tie
- Großer Gesellschaftsanzug = Frack = cravate blanche = white tie

Bei *größeren Privateinladungen* kann auf der Einladung beispielsweise stehen:
- legere Kleidung
- festliche Kleidung
- sommerliche Kleidung
- Abendanzug

Für eine Reihe offizieller Veranstaltungen gibt es jedoch festgelegte Konventionen, dadurch erübrigt sich dann ein Bekleidungsvermerk.

Die nachfolgenden Beispiele sollen zur Orientierung in den Fällen dienen, in denen eine *offizielle Einladung* keinen entsprechenden Bekleidungsvermerk enthält. Über den Anzug hinaus werden auch noch weitere, sichtbare Bestandteile der Bekleidung angesprochen.

Und hier werden auch Beispiele für die *offizielle Bekleidung der Damen genannt*.

Was gilt als offizielle Bekleidung zu welcher Gelegenheit?

Für ihn:	**Für sie:**
• *Akademische Feier/Festakt*	
Stresemann/Cut/ schwarzer Anzug	elegantes Kostüm in gedeckten Farben
weißes Hemd	
Krawatte grau oder silbergrau	
schwarze *Kniestrümpfe*	*immer:* Strümpfe (bzw. Strumpfhose)
schwarze Schuhe	
• *Vormittags-Empfang*	
dunkler Anzug	Kostüm oder elegantes Jackenkleid
weißes Hemd	
elegante Krawatte	
dunkle Socken oder Kniestrümpfe	*immer:* Strümpfe
schwarze Schuhe	
• *Lunch/Brunch*	
normaler Business-Anzug	elegantes Tageskleid je nach Jahreszeit
Krawatte	
Socken dunkler als der Anzug	*immer:* Strümpfe
• *Cocktailparty*	
gedeckter Straßenanzug oder dunkler Anzug	Nachmittagskleid oder Cocktailkleid
Krawatte	
dunkle *Kniestrümpfe*	*immer:* Strümpfe
schwarze Schuhe	

• *Abendeinladungen*

Bei Abendeinladungen gilt stets die Kleidervorschrift, die auf der Einladung vermerkt ist. Fehlt ein solcher Vermerk, sollte man/frau sich vorher – am besten bei den Gastgebern selbst – erkundigen, was »man« denn an dem Abend trägt. Allgemein gelten folgende Regeln:

- *Ball*

Smoking	Abendkleid, kurz oder lang –
Smokinghemd, weiß oder pastell	je nach Mode, Typ und Alter –
Cummerbund oder Weste	oder auch Abendanzug
Fliege, schwarz oder farbig	
schwarze *Kniestrümpfe*	*immer:* Strümpfe
schwarze Abendschuhe oder	
Lackschuhe	

- *Bankett/Diner (Dinner)*

Smoking	Abendkleid, vorzugsweise mit
Smokinghemd, weiß oder pastell	bedeckten Schultern, bei
Fliege, schwarz	großem Dekolleté
evtl. Weste mit passender Fliege	ist ein Cape oder eine
im Sommer: Dinner-Jackett	Stola zum Bedecken der
schwarze *Kniestrümpfe*	Schultern zweckmäßig
schwarze Abendschuhe oder	*immer:* Strümpfe
Lackschuhe	

TIPPS

□ Der *Smoking* ist der klassische *Abend*anzug. Er besteht aus einer Hose ohne Aufschlag mit Seidengalons (= aufgesetzte Längsstreifen an den Außenseiten der Hose), einem Jackett mit einem seidenen (Satin) Schalkragen oder seidenem Revers und entweder seidener Weste mit Schleife (Fliege) aus dem gleichen Stoff oder mit »Cummerbund« und schwarzer Fliege. Dazu trägt man ein weißes Hemd mit allen erdenklichen Verzierungen wie Rüschen, Biesen oder Spitzen. Die Knopfleiste ist in der Regel verdeckt, man kann sie aber auch für Schmuck-Hemdenknöpfe zum Durchknöpfen bekommen. Der Fantasie sind in Bezug auf diese Smoking-Knöpfe kaum Grenzen gesetzt, sie dürfen im Notfall auch aus reinen Brillanten bestehen. Der klassische Smoking ist einreihig, nicht übereinander geknöpft und schwarz; es gibt ihn aber auch in verschiedenen dunklen Farben und auch als Zweireiher.

□ Im Sommer, auf einer Gartenparty oder auf einer Schiffsreise, kann der Smoking mit einem hellen, fast weißen Jackett zur normalen (schwarzen) Smokinghose getragen werden – das ist bei uns das eigentliche *Dinnerjacket.* Dazu trägt man ein weißes oder pastellfarbenes Smokinghemd mit dunkler Schleife.

Der Smoking unterliegt einem alten, nach wie vor gültigen Tabu: Er darf nicht vor 19 Uhr ans Tageslicht!

□ Der *Stresemann* – oder »Kleiner Gesellschaftsanzug« – wird zu offiziellen oder festlicheren Gelegenheiten *während des Tages* getragen, wie zum Beispiel zu Hochzeiten. Er ist das Pendant zum Smoking für den Tag – *Stresemann und Smoking dürfen sich nie begegnen!* Der Stresemann besteht aus einer schwarz-grau gestreiften Hose mit einreihigem, schwarzem Jackett. Dazu trägt man ein weißes Hemd mit grauer Weste und grauer oder silbergrauer Krawatte. Eine Krawattennadel ist beim Stresemann das »Tüpfelchen auf dem i«.

Stresemann und Cut sind reine Tagesanzüge; sie verschwinden zum Abend von der Bildfläche!

□ Der *Cut* – oder voll ausgeschrieben: *Cutaway* – ist der hochoffizielle *Gesellschaftsanzug für den Tag*. Er ist so etwas wie der große Bruder des Stresemann und wird auch gern »Frack des Tages« genannt (und heutzutage entsprechend selten gebraucht). Er hat die gleiche schwarz-grau gestreifte Hose wie der Stresemann, dazu gehört dann ein einreihiges, schwarzes Jackett, das, von vorne nach hinten abgeschrägt, in lange Schöße übergeht. (Der Anblick von hinten erinnert an einen Pinguin.) Dazu trägt der Herr normalerweise eine graue Weste – für Trauerfeiern ist die Weste schwarz –, ein weißes Hemd, entweder mit einem Klappenkragen – dazu ein Plastron, das mit einer Krawattennadel geschmückt wird –, oder ein Hemd mit Umlegekragen. In diesem Fall wird dazu eine Krawatte in silbergrau oder weiß gemustert getragen. Zum Cut gehören stets edle Manschettenknöpfe.

Der Cut gilt als ein eher altertümliches Kleidungsstück, das nur noch bei *hochoffiziellen* Gelegenheiten, wie Staatsempfängen und Staatsbegräbnissen, getragen wird, oder auch zu allerlei Anlässen, bei denen sich der europäische Adel selbst feiert.

TABUS

■ Wenn es sich um eine offizielle Veranstaltung handelt, gibt es *keinen Weg*, die oben beschriebenen Bekleidungsvorschriften zu unterlaufen.

■ Es gilt als äußerst unfein, zu einer Einladung oder Veranstaltung *»unpassend«* gekleidet zu erscheinen, im Einzelnen heißt das,

- wenn man/frau *»overdressed«* – also für den Anlass zu aufwendig oder zu chic – zu einer Veranstaltung erscheint.
- oder *»underdressed«* – also für den Anlass zu einfach oder zu schlicht gekleidet – zu einer Einladung geht.
- wenn jemand *zu auffällig* angezogen ist, das heißt, er/sie trägt ein Kleidungsstück, das eigentlich nur für den Laufsteg entworfen wurde.
- wenn eine Dame für ihr Alter *zu aufreizend* gekleidet ist. Das großzügige Dekolleté, die superkurze Rocklänge besitzen eigentlich nur bei jüngeren Frauen eine ästhetische Anziehungskraft.

– wenn die Bekleidung für die Tageszeit *zu elegant* ist. Ein teures Modellkleid trägt man zum Beispiel erst ab dem Nachmittag.

■ Auf jeden Fall sollte man/frau beachten, dass es nicht erlaubt ist, sich *in Gegenwart anderer Gäste* in Bezug auf seine Bekleidung irgendwelche *Erleichterungen* zu verschaffen. Eine feine Gesellschaft ist immer eine *»zugeknöpfte«* Gesellschaft.

■ Der Anstand und der Respekt vor den anderen verbietet es sowohl *Gästen wie Gastgebern*,

– die Krawatte zu lockern
– den obersten Hemdenknopf zu öffnen
– Rock- oder Hosenbund zu öffnen
– enge Schuhe unter dem Tisch auszuziehen
– und Herren, das Jackett abzulegen.

■ Es handelt sich um einen – leider weit verbreiteten – Irrtum, dass im Laufe eines Festes oder einer gesellschaftlichen Veranstaltung der Hausherr das Zeichen für das *Ablegen der Jacketts* geben solle. Wenn es sich nicht gerade um ein sehr familiäres Fest oder um eine recht lockere Veranstaltung handelt, ist das in jedem anderen Fall ein *Verstoß gegen die Etikette!*

■ Falls Herren in Gegenwart fremder Frauen/Damen ihr Jackett ausziehen, wäre das als eine unmissverständliche Verweigerung des Respekts gegenüber den anwesenden Damen zu verstehen.

Bei *Herren* wirken *absolut peinlich*

- ein zu enger Anzug
- der Anblick durchgeschwitzter Hemden
- Smoking am Tag
- der Anblick von Hosenträgern
- braune Schuhe am Abend

- der Anblick von nackten Männerwaden unter einem offiziellen Anzug
- weiße Socken unter Anzugshosen (ätzend!)
- ungeputzte Schuhe oder Schuhe mit »Sorgenfalten«
- abgetretene Absätze

Bei *Damen* wirken *absolut peinlich*

- nackte Beine und – folglich – nackte Füße bei offizieller Kleidung
- Laufmaschen
- schlampiger Rocksaum
- ungepflegte Schuhe

Accessoires

Die *Krawatte* ist – immer noch – für alle offiziellen und viele beruflichen Gelegenheiten ein unerlässliches Accessoire. Gegenwärtig sind es ca. 600 Millionen Männer, die sich weltweit täglich damit plagen müssen.

In unserem Kulturkreis signalisiert die Krawatte, dass ihr Träger über Kompetenz und Macht verfügt. Das gilt natürlich mit den – oben erwähnten – Einschränkungen für bestimmte Branchen und privat nur für bestimmte Gelegenheiten. In anderen Gegenden der Erde bedeutet die Krawatte, dass ihr Träger zur Oberschicht gehört. Das ist insbesondere dort wichtig zu wissen, wo in gepflegten Restaurants, erstklassigen Hotels, ja selbst in manchen Kinos, für Angehörige der Unterschicht der Zutritt verboten ist. Das heißt konsequenterweise oftmals: *entweder Krawatte oder draußen bleiben*.

Nie sollte eine gute (teure) Krawatte unaufgeknotet abgelegt oder gar längere Zeit so hängen gelassen werden.

Das *Stofftaschentuch* ist – als ein *Kulturgegenstand* – nach wie vor ein unerlässliches Accessoire der Bekleidung, das zu jedem korrekten Anzug bzw. in jede Damenhandtasche gehört.

Papiertaschentücher haben dagegen nur einen rein funktionalen Charakter. Sie sind angebracht bei

- Schnupfen – aus hygienischen Gründen
- verschüttetem Kaffee zur schnellen Schadensbegrenzung
- regenbesprenkelten Beinen als Reinigungstuch
- notwendigem Schuhputz im Fahrstuhl
- vielen Gelegenheiten des täglichen Lebens.

Hut und Handschuhe gehören heutzutage eher zu den Accessoires, auf die man meistens verzichten kann.

Einen *Hut* zu tragen war schon immer eine Frage der Mode, und so ist es auch noch heute. Zurzeit leben wir gerade in einer ziemlich »hutfreien« Epoche und das gilt sowohl für Damen als auch für Herren. Jede/r kann – muss aber nicht – einen Hut tragen. Die Hutindustrie unternimmt in regelmäßigen Abständen immer wieder Versuche, uns den Hut schmackhaft zu machen, bisher aber ohne einen durchschlagenden Erfolg.

Es gibt allerdings etliche Situationen, zu denen überhaupt kein Hut passt, wie zum Beispiel ein Theater- oder Kinobesuch.

Und auf der anderen Seite gibt es nach wie vor einige Gelegenheiten, für die – sowohl für Herren als auch für Damen – so eine Art *»Hutzwang«* besteht. Es handelt sich hierbei stets um *offizielle Anlässe*, bei denen es die Etikette verlangt, dass Damen wie Herren einen Hut tragen. Das sind zum Beispiel:

- offizielle Trauerfeiern und Beerdigungen
- für Herren: beim Besuch einer Synagoge

- hochoffizielle Hochzeiten
- vornehme Pferderennen u. Ä.

Und dazu gibt es noch etliche Schickeria-Veranstaltungen.

Falls ein *Herr* einen Hut trägt, sollte er einige traditionelle Vorschriften beachten.

TIPPS ♂

☐ Auf der Straße sollte ein Herr den Hut etwas »lüften«, wenn er jemanden grüßt.
☐ Wenn er ein Gebäude oder einen Raum betritt, muss er den Hut sofort abnehmen (Ausnahme: Synagogen).
☐ Für gläubige Juden besteht allerdings das Gebot, ihre Kopfbedeckung niemals abzulegen.

Für *Damen* mit Hut gelten folgende Regeln:

TIPPS ♀

☐ Im Allgemeinen werden Hüte im Freien getragen, und zwar als

- Kopfputz, weil ein Hut dekorativ aussieht
- Kopfbedeckung gegen Sonne oder Luftfeuchtigkeit
- Bestandteil offizieller Bekleidung *(siehe oben).*

☐ Eine Dame *kann* ihren Hut in geschlossenen Räumen aufbehalten, wenn sie es will (und wenn sie anderen Leuten dadurch nicht die Sicht verbaut).
☐ Pudel- oder sonstige Mützen, Schals, Kopftücher usw. sollten allerdings nur im Freien getragen werden.

Handschuhe werden mehr aus Zweckmäßigkeitsgründen und weniger aus Gründen der Etikette getragen, wie es früher der Fall war. Damals durften die Herren nur mit weißen Zwirnhandschuhen zum Ball, um beim Tanzen nicht mit ihrem Handschweiß die Seide des Ballkleides der Dame zu beschädigen. Mit der Erfindung unempfindlicherer Stoffe ist auch der Herrenhandschuh von den Bällen verschwunden.

Gegenwärtig gibt es nur noch wenige Gelegenheiten, zu denen das Handschuhtragen von der Etikette vorgesehen ist. Das sind:

- Trauerfeiern, zu denen der schwarze Handschuh gehört
- Hochzeiten, bei denen die weißen Handschuhe für die Braut zwar nicht mehr unbedingt notwendig, aber auch nicht völlig out sind.

Ansonsten gibt es noch Regeln für das Ablegen bzw. das Anbehalten der Handschuhe.

TIPPS ♂♀

□ Innerhalb von Räumen wird bei einer Begrüßung der rechte Handschuh abgelegt.
□ Auf der Straße können *im Winter* bei einer Begrüßung beide Handschuhe anbehalten werden.

Schmuck – für Herren und Damen

Auch das Tragen von Schmuck unterliegt natürlich der Mode und den *veränderlichen Maßstäben des »guten« Geschmacks*. Diese Maßstäbe sind jedoch nicht nur abhängig von der jeweiligen Epoche, es kommen noch kulturelle und regionale Unterschiede hinzu. So gibt es in Bezug auf die *Quantität* des anzulegenden Schmucks allein in Europa ein unübersehbares Nord-Süd-Gefälle. Und das wird sogar noch in Deutschland deutlich:

- Je mehr man/frau nach Norden kommt, desto weniger Schmuck ist am Tag »erlaubt«.
- Je mehr frau sich nach Süden begibt, umso mehr kann sie sich auch schon tagsüber »schmücken«.

Unabhängig vom gegenwärtigen Geschmack gilt für *Herren und Damen* in gleicher Weise Folgendes:

TIPPS ♂♀

□ Es wird immer als vornehmer angesehen, weniger Schmuck zu tragen als zu viel; es heißt also immer noch: *weniger ist mehr!*
□ Nach dem guten Geschmack wird Schmuck im Allgemeinen morgens sparsam und ggf. bis zum Abend hin zunehmend angelegt.
□ Im Berufsalltag sollte der Schmuck für die Arbeit nicht hinderlich sein oder gar stören.
□ Größere oder teure Juwelensammlungen werden erst am Abend angelegt.

Selbstverständlich sind auch die Regeln für *Herren* für das Tragen von Schmuck dem ständigen Wandel des Geschmacks unterworfen. Deswegen kann man nur von *gegenwärtigen Leitlinien* des guten Geschmacks für das Tragen von Schmuck sprechen.

TIPPS ♂

□ Als möglicher *Schmuck für Herren* im Berufsalltag gelten
- eine Uhr – entweder Armband- oder Taschenuhr
- maximal zwei Ringe, wenn einer davon ein Ehering ist
- Krawattennadel oder -spange

- Manschettenknöpfe können, müssen aber nicht überall sein
- Armbänder/Armspangen – als ausgesprochene Geschmackssache

□ Armschmuck gilt in traditionalistischen Kreisen noch als problematisch; in jedem Fall sollte er zum Typ des Trägers passen.

□ Halsketten können von Herren zu jeder Gelegenheit, in jeder Ausführung und beliebiger Anzahl umgehängt werden – solange der Kragen geschlossen ist und die Krawatte davorhängt, geht die Kette die Etikette nichts an.

□ Noch *problematisch*, das heißt, in manchen Kreisen *tabu* sind

- Ohrringe oder Ohrstecker
- der Nasenflügelbrillant
- die Schmucknadel in der Augenbraue.

Schmuck für *Damen* unterliegt ebenfalls engen Maßstäben, wenn daraus auf einen »guten« Geschmack der Trägerin geschlossen werden soll. Nach diesen Regeln wird Schmuck von morgens (sparsam) bis zum Abend zunehmend angelegt. Erst bei großen Anlässen, wie Ball oder Bankett, gibt es keine Beschränkungen mehr.

Freizeitkleidung bleibt »Freizeit«-Kleidung

Die Freizeitkleidung ist ein sehr junges Kind der Bekleidungsindustrie. Sie ist nicht nur ursprünglich aus der Sportbekleidung hervorgegangen, sondern es handelt sich sogar in den meisten Fällen um für eine spezielle Sportart gezielt entwickelte Bekleidung, die nur aufgrund der hohen Akzeptanz dieser oder jener Sportart auch im Freizeitbereich gern getragen wird.

Beispiele hierfür sind

- die Von-Kopf-bis-Fuß-Gesamtausstattung für Jogger, bestehend mindestens aus einem Sweatshirt mit Trainingshose oder auch ganzem Trainingsanzug mit den entsprechenden Schuhen
- die Leggings und fußlosen Socks (= Strickstrümpfe), die man für Aerobic (Gymnastik) braucht
- die Bermuda-Shorts der Golfspieler
- die Radlerhose, entwickelt zur Herabsetzung des Luftwiderstands beim Radsport, u. v. a. m.

In der Regel verdanken wir die massenhafte Verbreitung dieser Sportbekleidungsartikel dem enorm erfolgreichen Marketing einiger Sportartikelfirmen, die das Gewinn versprechende Outfit mittels eines enormen Werbeaufwandes auf den Markt bringen können.

Der größte Hit der Freizeitbekleidung kommt allerdings nicht aus der Sportmode, sondern aus der Arbeitswelt. Vor über 100 Jahren konzipierte die Firma Levis & Son eine Arbeitshose für Landarbeiter und Cowboys aus einem blauen, groben Baumwollstoff. Wegen der widerspenstigen Dicke mussten die Nähte genietet werden. Diese »Blue Jeans« – inzwischen von unendlich vielen Firmen produziert und davon wieder kopiert – ist inzwischen in jeden Winkel der Welt verbreitet und schlägt seit einer Reihe von Jahren weltweit alle Verkaufsrekorde.

Selbstverständlich wollten und wollen an so einem beliebten Kleidungsstück viele verdienen. Und da es nichts gibt, was man reichen Leuten nicht verkaufen könnte – vorausgesetzt, es ist recht teuer –, haben sich auch die Modemacher dieser Arbeitshose angenommen. Mit der schlichten Idee, diese Hose als »Edel-Jeans« unter die Geldleute zu bringen, hatten sie ihre Goldgrube entdeckt. Obwohl bei den wirklich eleganten Leuten niemand auf die Idee käme, sich mit blauen Baumwollhosen unter gut angezogene Menschen zu mischen – zum Beispiel darf man mit Jeans auf den meisten europäischen Golfplätzen noch nicht einmal den Platz, geschweige denn das Clubhaus betreten –, versucht die Modebranche nach wie vor, diese einmalige Verdienstspanne möglichst lange am Leben zu erhalten. Deswegen werden Blue Jeans in immer neuen Kombinationsweisen immer wieder propagiert.

Jeans sind für Männer und Frauen, für Kinder und Alte, für Arme und Reiche eine wunderbare *Freizeit- und* sehr praktische, strapazierfähige *Arbeitshose.* Aber weder am Abend noch bei gehobenen Berufen im Büro hat diese Hose etwas zu suchen.

Das eigentliche Problem entsteht erst dort, wo Menschen glauben, Sport- oder Freizeitkleidung könne auch außerhalb der sportlichen Betätigung und sogar im Beruf getragen werden.

Nicht nur in Deutschland, nicht nur im gesamten Europa, sondern selbstverständlich in der gesamten übrigen Welt gilt das gleiche Grundgesetz des guten Geschmacks:

Freizeitkleidung ist Freizeitkleidung und Sportkleidung wird zur Ausübung der entsprechenden Sportart getragen.

Fettnäpfchen und Tabus

Die häufigsten *Missgriffe* in der *Herren*bekleidung

- im Jogginganzug oder in kurzen Hosen zum Stadteinkauf oder in ein Restaurant zu gehen
- als Führungskraft mit Blue Jeans im Büro zu erscheinen

- immer noch: Tennissocken zum Straßenanzug zu tragen
- in ein stilvolles Restaurant in Blue Jeans zu gehen
- kurze Sporthöschen beim Besuch sakraler Stätten zu tragen

Die häufigsten *Missgriffe* in der *Damen*bekleidung

- Radlerhosen oder Leggings im Beruf zu tragen
- mit Blue Jeans ins Büro zu kommen
- kurze Sporthöschen in Stätten, wo sie geschmacklos wirken.

Das gilt selbstverständlich auch im Urlaub, wo sich solche »Proll-Bekleidung« aus Respekt vor der Kultur anderer Länder von selbst verbieten sollte.

6 Empfang von Geschäftsbesuchern

Selbstverständlich sind Besucher nicht überall eine vergleichbare Gruppe von Menschen. So gibt es erhebliche Unterschiede zwischen denjenigen, die ein Bankvorstand empfängt, und denen, die den Chef eines kleineren Unternehmens der Baubranche sprechen wollen. Trotzdem gilt für alle:

Es ist nicht das Niveau der Besucher, dem sich der Stil des Hauses anzupassen hat; der Stil des Hauses wird geprägt durch das Niveau derjenigen, welche das Unternehmen repräsentieren.

Das bedeutet also: Ausschlaggebend für die Art und Weise, in der Besucher empfangen werden, ist die *persönliche Kultur* des- oder derjenigen, dem in diesem Augenblick die »GastgeberInnenrolle« zufällt. In den meisten Fällen der täglichen Geschäftspraxis ist die Büromanagerin bzw. Sekretärin die erste Anlaufstelle für Kunden oder Lieferanten, für Geschäftspartner und fremde Besucher. Sie ist in der Regel nicht nur für das ordnungsgemäße Weiterleiten oder Abwimmeln dieser Menschen zuständig. Zu ihren Aufgaben gehört ebenfalls, den Besuchern einen optimalen Eindruck von der Unternehmenskultur dieses Hauses zu bieten.

Der Stil, in dem sie die Gäste empfängt, ist eine erste Visitenkarte des Unternehmens. Darüber sind sich viele Unternehmen und Unternehmer nicht immer im Klaren. Dabei kommt es natürlich sehr auf den persönlichen Stil der Büromanagerin an, auf ihr Äußeres und ihre Sicherheit im guten Auftreten. Aber das perfekte Auftreten allein würde wohl doch nicht ausreichen, um das für ein Unternehmen so wichtige Image gegenüber Gästen und Besuchern positiv zu gestalten.

Dazu gehören selbstverständlich noch der Raum und das Ambiente, in denen der/die BesucherIn empfangen wird. Das erste Bild, welches sich ihm für eine lange Zeit einprägt, nimmt er zunächst gar nicht einmal bewusst auf, sondern mehr als *»Klima«*, als Atmosphäre, die ihm im positiven Fall ein offenes, freundliches Willkommensein signalisiert und dadurch sofort Wohlbefinden und Vertrauen vermittelt. – Oder auch das Gegenteil: »Hier bin ich nicht willkommen; mal sehen, ob ich nicht auch auf diese Leute/Dienstleistung oder dieses Unternehmen/Produkt ... überhaupt verzichten kann.«

Das besucherfreundliche Vorzimmer

Zur räumlichen Atmosphäre von Vorzimmern zunächst einige

TIPPS

□ Für den ersten Eindruck ist ein ordentlicher Schreibtisch wichtiger, als man im Allgemeinen glaubt. Dazu gehört auch, dass keine internen Unterlagen von Unbefugten eingesehen werden können. Dabei geht es nicht nur um den Eindruck der äußeren Ordnung, sondern auch um die Vertrauenswürdigkeit in die generelle »Ordnung« des Hauses, die durch offen herumliegende Unterlagen sehr in Mitleidenschaft gezogen würde.

□ Die Sitzmöglichkeiten für Besucher bzw. die »Besucherecke« verraten, ob man in diesem Unternehmen Besuchern generell Aufmerksamkeit entgegenbringt oder keinerlei Interesse an ihnen hat. Man sollte deswegen an alles denken, was Besuchern die Wartezeit möglichst angenehm macht.

□ Es ist ratsam, sich einmal mit »fremden Augen« in seiner täglichen Umgebung so umzusehen, wie Besucher das tun. Sodann sollte geprüft werden, was in der »Besucherecke« dringend fehlt.

□ Für einen guten Stil sprechen folgende Aufmerksamkeiten:

- Ordentlich ausgelegte Fachzeitschriften der eigenen Branche und neueste Ausgaben der wichtigsten Wirtschaftszeitschriften.
- Frische Blumen auf dem Besuchertischchen oder auf einer Ecke des Schreibtischs bewirken »wahre Wunder« im Hinblick auf die Atmosphäre – ganz gleich, ob es ein kleiner Strauß oder eine einzelne Blume ist.
- Die Kaffeetassen für Kaffee und die *Teetassen für Tee* sollten etwas geschmackvoller, unbeschädigt und natürlich absolut sauber sein, wenn man solche Getränke anzubieten hat.
- Die Gläser für die anzubietenden kalten Getränke müssen *blank* sein.
- Falls in dem Büro überhaupt geraucht werden darf, muss der Aschenbecher für die Besucher blitzsauber sein – und nicht nur geleert.

□ Ein Schrank für die Besuchermäntel oder ein pfiffiger Garderobenständer machen in der Regel einen besseren Eindruck als eine einfache Garderobe.

□ In einem Haus mit Anspruch auf Unternehmenskultur ist im Sekretariat ein separater Schrank für die Büromanagerin/Sekretärin unerlässlich, damit dort sowohl die Schuhe zum Wechseln, die Haar- und Kleiderbürsten sowie der Einkauf aus der Mittagspause – fremden Blicken entzogen – untergebracht werden können.

□ Nach räumlicher Möglichkeit sollte ein geschmackvoller Wandschmuck die trockene Büroatmosphäre etwas auflockern; das kann durchaus ein gutes Poster sein.

TABUS

Folgende »Äußerlichkeiten« eines Vorzimmers sollten nach Kräften vermieden werden, weil sie auf eine schlechte Unternehmenskultur schließen lassen:

- chaotische Unordnung auf dem Schreibtisch
- die Kaffeetasse auf den Akten
- bis auf einen kurzen Stummel verdrehte Telefonschnüre
- Besucherstühle, die erst von Papierstößen befreit werden müssen
- schmutzige Aschenbecher
- unappetitlich wirkendes oder angeschlagenes Geschirr
- Tee in Kaffeetassen zu servieren – das ist ganz schlechter Stil!
- trübe oder befasste Gläser
- Winterstiefel, die in einer Büroecke stehen
- Straßenschuhe, die unter dem Schreibtisch stehen
- Handtaschen unter dem Schreibtisch
- Einkaufstüten in einer Ecke des Büros
- Kollegenpostkarten als einziger Wandschmuck
- verblühte, schlecht riechende Blumen
- Plastikblumen in Pressglasvasen
- abgestandene, schlechte Luft

Einige Hinweise zum Empfang von Besuchern

Nun sitzt eine Sekretärin/Büromanagerin bekanntlich nicht nur da und »wirkt«, wenn Besucher kommen. Einige ihrer wichtigsten Aufgaben ergeben sich aus ihrer Funktion als *erste Kontaktperson* für fremde Gäste und Besucher. Man muss in jedem Fall davon ausgehen, dass Besucher bereits bestimmte Verhaltenserwartungen gegenüber der Sekretärin mitbringen – in erheblichem Maß abhängig von dem Standard der für diese Branche üblichen Unternehmenskultur. Und hier haben wir dann schon die erste Nagelprobe für die Unternehmenskultur dieses Unternehmens. Denn es werden sowohl ein gewisser Stil als auch souveränes Handeln von ihr erwartet, worüber sie sich manchmal nicht in allen Details ganz sicher ist. Deswegen kann das dann zu eigentlich vermeidbaren Unsicherheiten kommen – ausgerechnet dann, wenn sie beim Empfang von wichtigen Besuchern keine Fehler machen möchte.

In solchen Situationen, in denen ein oder mehrere Besucher eintreffen, befindet sich die Büromanagerin nämlich in einer zweigeteilten Rolle: Sie ist *halb Gastgeberin* und zugleich *halb Mitarbeiterin* ihres Chefs/ihrer Chefin, also zur Hälfte die aus Eigeninitiative handelnde Frau und zur anderen Hälfte die weisungsgebundene Mitarbeiterin. Das heißt für die einzelne Büromanagerin, dass sie sich nicht nur auf eine dieser Rollen konzentrieren kann, sondern beide ausfüllen muss – und das meist sogar gleichzeitig.

Das hört sich komplizierter an, als es sich in der Praxis darstellt. Für unendlich viele Sekretärinnen bedeutet dies das tägliche »Geschäft« – für manche aber auch eine Menge Stress! Zur größeren Sicherheit für alle hier ein paar Hinweise zu ihren Aufgaben als Gastgeberin:

□ Ein/e eintretende/r BesucherIn sollte sofort zur Kenntnis genommen werden und – wenn es irgend möglich ist – sofort begrüßt werden.

□ Im Normalfall steht man/frau zur Begrüßung eines Gastes auf und reicht dem/der Eingetretenen gegebenenfalls die Hand.

- *Vorsicht:* Für das Handgeben gibt es zu beachtende Regeln! *(Siehe Kapitel 2, S. 41 f.)*

□ Beim Eintreten einer Person höheren Ranges – sei es aus den obersten Führungsebenen des eigenen oder eines anderen Unternehmens – wartet die Sekretärin ab, ob bzw. bis ihr die Hand gereicht wird.

□ Selbstverständlich kann man von jedem Besucher erwarten, dass er/sie sich der Sekretärin vorstellt, sobald er das Vorzimmer betreten hat.

□ Sollte ein Besucher »vergessen« haben sich vorzustellen, ist es angebracht, dass die Sekretärin sich dem Besucher mit ihrem Namen vorstellt – selbst dann, wenn ihr Name bereits an der Tür steht; sie kann damit auf eine höfliche Art erreichen, dass der/die andere sich ebenfalls vorstellt.

□ Falls frau gerade ein Telefongespräch führt, das nicht sogleich unterbrochen werden kann, muss dem Eingetretenen mit Augen und Gesten ein Platz angeboten und er aufgefordert werden, sich zu setzen.

- In so einem Fall ist sofort nach der Beendigung des Gesprächs eine Entschuldigung erforderlich!

□ Sodann ist es eine unerlässliche Höflichkeitsvorschrift, den Gast aufzufordern, den Mantel abzulegen.

□ *Achtung*: So selbstverständlich es für einen Mann ist, einem Gast beim Ablegen behilflich zu sein, so peinlich wäre diese Höflichkeitsgeste vonseiten einer Frau.

- Sie kann den Besucher nur auffordern, ihr den Mantel zu geben; das könnte sie etwa so formulieren: »Wenn Sie ablegen möchten, können Sie mir gern Ihren Mantel überlassen.«

Eine Frau – ganz gleich, ob es sich um eine Führungsfrau, Büromanagerin oder Sekretärin handelt – sollte nur Damen und sehr viel älteren Herren beim Mantelablegen behilflich sein. Herren ist es meist unangenehm, sich von einer Dame in den oder aus dem Mantel helfen zu lassen.

□ Es ist völlig korrekt und sachdienlich, einen Besucher freundlich um seine Visitenkarte zu bitten, falls einem der Name nicht schon geläufig ist.
□ Besucher sollten stets mit Namen – ggf. mit ihrem Titel und Namen – angeredet werden.
□ Die routinierte Sekretärin wird die Visitenkarte sodann dem Chef/der Chefin auf den Tisch legen, damit auch er/sie den Gast korrekt mit Namen anreden kann.
□ Beim Besuch mehrerer Personen gleichzeitig ist es für den Chef sehr hilfreich, wenn die Büromanagerin einige diskrete Hinweise darauf gibt, wer wer ist. Dabei kann sie unterschiedliche Besonderheiten mit den Namen auf den Visitenkarten verbinden, zum Beispiel Bart, Krawatte, Krawattennadel, modische Brille u. a. m.
□ Wenn sie den Gast nicht gleich in das Zimmer des Chefs »weiterreichen« kann, sollte die Vorzimmersekretärin in der Rolle der Gastgeberin fortfahren und an folgende Aufmerksamkeiten denken:

- Ein Getränk anbieten
- Leichte Konversation anfangen, indem sie sich zum Beispiel nach der Herfahrt erkundigt oder danach, ob der Besucher diese Stadt schon kennt oder zum ersten

Mal hier sei. Ob er/sie den Weg hierher leicht gefunden habe und Ähnliches.

- Dem Gast etwas zu lesen anbieten, wenn sie selbst oder der Gast in Ruhe gelassen werden möchte.

□ Falls die Sekretärin nicht die Zeit für eine Unterhaltung mit dem Besucher aufbringen kann, sollte sie mit einer kurzen Entschuldigung erklären, dass sie noch zu viel zu tun hat, um sich ausgiebig dem Gast zu widmen.

□ Bei einer *längeren Wartezeit* – die bei angemeldetem Besuch schon *ungemein unhöflich* wäre – sollte sie sich trotzdem bei ihm/ihr in gewissen Abständen erkundigen, ob sie etwas für den Gast tun könne.

TABUS

■ Den eintretenden Besucher/die eintretende Besucherin stehen zu lassen, ohne von ihm/ihr sofort Notiz zu nehmen

■ seinen Besucher erst einmal mürrisch zu begrüßen

■ falls gerade ein Telefongespräch geführt wird, einfach weiter zu telefonieren, ohne dem Eingetretenen mit Augen und Gesten einen Platz anzubieten und ihn aufzufordern, sich zu setzen

■ zu vergessen, sich sofort nach der Beendigung eines unvermeidbaren Telefongesprächs bei einem/einer eingetretenen BesucherIn für die Verzögerung zu entschuldigen

■ bei der Begrüßung des Besuchers sitzen zu bleiben, obwohl es durchaus auch möglich gewesen wäre, respektvoll aufzustehen

■ eine/n BesucherIn in »Hut und Mantel« sitzen zu lassen, obwohl das Gespräch einen längeren Zeitraum in Anspruch zu nehmen droht

■ Besucher wie austauschbare Objekte zu behandeln, indem man es umgeht oder vergisst, den Gast stets mit seinem Namen oder ggf. mit seinem Titel und Namen anzureden.

Das Abholen an der Pforte

Sofern der Weg nicht offen zugänglich und eindeutig ist, sollte man Besucher an der Pforte abholen oder abholen lassen.

Für manch eine junge Sekretärin ist das eine unangenehme Situation, wenn sie fremde Besucher an der Pforte abholen und sie – manches Mal über nicht enden wollende Gänge, Lifte und Treppen – zum Chef oder ihrer Chefin geleiten muss. Was, so fragt sie sich, soll sie nun mit so einem wildfremden Menschen während des minutenlangen Weges reden? Soll sie überhaupt etwas sagen? Soll sie freundlich lächeln – oder könnte das womöglich missverstanden werden und sie riskierte im nächsten Augenblick ein plump-vertrauliches Augenzwinkern? Soll sie deswegen vorsichtshalber ein unnahbares Gesicht machen und schweigend den Weg weisen? Und überhaupt: Soll sie vorgehen, weil sie den Weg kennt, oder muss sie dem Gast den Vortritt lassen?

Es ist völlig normal, dass die eben beschriebene Situation Unsicherheit hervorruft, weil es sich hier um berufsspezifische Gegebenheiten handelt, die im gewöhnlichen Leben so nicht vorkommen. Daher haben wir auch keine Verhaltensmuster gelernt, die wir in diesen Fällen abrufen könnten.

Verschärft wird die Unsicherheit bei einer solchen Gelegenheit noch dadurch, dass in diesem Fall die Verhaltensnormen der berufstätigen Frau und die einer Dame in privater Gesellschaft sich eindeutig widersprechen. So ist einer Frau nicht nur das unmittelbare Alleinsein mit einem Wildfremden oft schon peinlich, dazu kommt dann noch die Unsicherheit, ob sie nun die Rolle der Dame annehmen und vorgehen soll, oder ob sie hier als Mitarbeiterin des Chefs dessen Besucher den Vortritt zu lassen hat.

Es liegt an der Tatsache, dass einige *wichtige Faktoren* immer *variieren*, weshalb es für Abholsituationen keine allgemein gültigen Regeln geben kann. Deswegen muss frau sich darauf einstellen, mit den Besuchern nach ihrem persönlichen Urteil zu verfahren. Dabei wird sich ihr Verhalten danach richten,

- ob es sich um einen gut oder einen schlecht erzogenen Besucher handelt
- ob der Besucher älter oder jünger ist
- was in dieser Situation am praktikabelsten ist.

Nachdem die Sekretärin sich über diese Faktoren im Klaren ist, kann sie aus einer ganzen Palette von Möglichkeiten auswählen.

TIPPS

□ Sie kann den Besucher/die Besucherin an der Pforte begrüßen, sich selbst vorstellen und dem Gast die Hand reichen; oder

- den Besucher begrüßen, sich selbst vorstellen und *abwarten*, ob ihr die Hand gereicht wird.

□ Sie kann eine höfliche Konversation beginnen, indem sie danach fragt, ob er/sie eine gute Fahrt hatte, ob der Weg gut zu finden war usw.; oder

- warten, ob der Gast eine Konversation beginnt, und dann freundlich antworten.

□ Sie sollte grundsätzlich dem Besucher den Vortritt lassen, sofern der nicht darauf besteht, sie vorgehen zu lassen.

□ Wenn der Besucher ihr den Vortritt lassen möchte, sollte sie das akzeptieren und vorgehen, sofern es im Hinblick auf den Weg vernünftig ist.
□ Sie sollte aber in jedem Fall selbst vorgehen, wenn es sich um *komplizierte Wege* handelt. Dieses Vorausgehen sollte sie aber kurz begründen, zum Beispiel: »Ich gehe hier besser mal vor«; oder – sehr förmlich: »Erlauben Sie bitte, dass ich hier vorgehe.«

Die Abholerin sollte *nicht*
- Besuchern höheren Ranges von sich aus die Hand reichen
- sich weigern vorzugehen, obwohl ihr der Vortritt angeboten wird und der Weg klar ist
- bei jeder Tür vor den Besucher preschen und versuchen, ihm die Tür aufzuhalten
- vor dem Gast herlaufen, ohne zu erwähnen, *warum* sie ihm nicht den Vortritt lässt
- von sich aus eine längere Unterhaltung beginnen.

TABUS

■ Besuchern von einem mürrischen Pförtner komplizierte Wege beschreiben zu lassen und sie dann wie Pfadfinder allein loszuschicken.
■ Dass der Pförtner den/die Besucher/in telefonisch anmeldet und dabei den Namen in mehrfachen Variationen verballhornt. In diesem Fall würde der Besucher sofort feststellen, wie wenig man in diesem Unternehmen an seinem Besuch interessiert ist (sonst hätte man den Pförtner kurz vorher über den Namen informiert).
■ Einen erwarteten Besucher länger warten zu lassen als unausweichlich notwendig, ist eine grobe Unhöflichkeit.

(Die Zeit, die der Weg bis zur Pforte beansprucht, kann der Besucher bei seinem Weg zum Ziel dann nämlich selbst nachvollziehen.)

Bewirtung von Geschäftsbesuchern im Hause

Was bei einer Bewirtung von Geschäftsbesuch in einem Restaurant zu beachten ist, wird in *Kapitel 8 (siehe S. 240 ff.)* erörtert, ebenso das Arbeitsessen *(siehe S. 184 ff.)*. An dieser Stelle geht es nun um die kleinen Aufmerksamkeiten während laufender Besprechungen oder Konferenzen. Das heißt, es handelt sich hier um die unauffällige, aber notwendige Bewirtung von Besuchern, Geschäfts- und Gesprächspartnern usw. *im Hause*.

TIPPS

□ Für Besprechungen und Konferenzen sollten stets genügend *nicht-alkoholische Getränke* vorrätig gehalten werden. Gegenwärtig werden im Wesentlichen Unmengen von Mineralwasser gebraucht – mit und ohne Kohlensäure. Limonaden aller Art und auch Säfte werden eigentlich kaum noch erwartet – es sei denn Cola.

□ Die kalten Getränke sollte man in reichlicher Anzahl auf dem Konferenztisch in kleinen Gruppen arrangieren, zusammen mit den dazu *passenden Gläsern*.

□ Es empfiehlt sich dringend, den Zustand der Gläser sicherheitshalber immer nochmals zu überprüfen, damit darauf weder Fingerabdrücke noch Flecken von der Spülmaschine sind!

Für die *Bewirtung mit Kaffee* bei Besprechungen und Konferenzen im kleineren Kreis gibt es grundsätzlich *drei Servierarten*, zwischen denen man/frau sich entscheiden kann:

① Der Kaffee wird *frisch zubereitet* und von der Sekretärin serviert.
Vorteil: Es ist die konventionellste Art, seine Gäste zu bedienen, wie es zum Beispiel für Vorstände und Geschäftsführer gebräuchlich ist.
Nachteil: Das Kaffeeservieren führt oft zu Gesprächsunterbrechungen und kann außerdem von manchen Gästen als störend empfunden werden.

② Der Kaffee wird vorher zubereitet und in *Thermoskannen* auf dem Konferenztisch – oder einem Beistelltisch – bereitgestellt.
Vorteil: Die Besprechungsteilnehmer können sich nach Herzenslust selbst bedienen, ohne den Ablauf der Gespräche zu stören oder gar zu unterbrechen.
Nachteil: Der Kaffee ist nach mehr als 2–3 Stunden nicht mehr frisch.

③ Es werden *Kaffeepausen* vorgesehen; der Kaffee wird in einem anderen Raum oder auf dem Flur bereitgestellt bzw. kann dort serviert werden. Letzteres ist die gängigste Praxis bei Seminaren und Konferenzen.
Vorteil: Diese Kaffeepausen haben den Vorteil, dass sie bei langen Konferenzen oder Seminaren dazu genutzt werden können, den Rauchern Gelegenheit zum Rauchen zu geben. Außerdem kann es nicht schaden, wenn man sich mal die Beine vertreten, Sauerstoff tanken und den Konferenzraum lüften kann.
Nachteil: Eine Kaffeepause bedeutet eine starke Zäsur und wäre für ein fortlaufendes Gespräch ungeeignet.

Unterschiedliche Formen der Geschäftsessen

Ebenso wie auch im privaten Bereich wird die Notwendigkeit der Nahrungsaufnahme gern mit *nützlichen* Begleitumständen verbunden, die dazu dienen sollen, die Zeit des Essens optimal zu nutzen. Darüber hinaus bedeutet gemeinsames Essen in allen Kulturkreisen sowohl das Zelebrieren als auch die Weiterentwicklung uralter Kulturtraditionen. Man täusche sich nicht: Genau diese kulturellen Vorgaben reichen auch in das »nützliche« Arbeitsessen unserer Tage hinein – und zwar wesentlich gewichtiger als manche Businessleute es glauben möchten.

Da gilt es nicht nur die gravierenden Unterschiede zwischen den einzelnen Kulturkreisen – und feiner dann noch zwischen den einzelnen nationalen Kulturen – zu beachten. So würde es beispielsweise einem Unternehmer unseres Landes nicht zur Zierde gereichen, wenn er seine Geschäftspartner zu einem Schnellimbiss einlüde. Wobei es sich dann nur um Marginalien handelte, ob er ihnen Currywurst oder Fleischklopse servierte.

Die Entscheidung über die Form eines Arbeitsessens ist in modernen Unternehmen Teil der inneren Führungsaufgaben, da es unternehmenspolitischem Interesse – als ein Aspekt des Marketings und von Verkaufsstrategien – dienen kann. Der Stil von Arbeitsessen ist unabdingbar ein wesentliches Kriterium der Unternehmenskultur eines Hauses. Über welche Palette von Möglichkeiten die Einladenden dabei verfügen können und welches die Kriterien sind, die zu Entscheidungen zugunsten dieser oder jener Art des Essens führen, wird in diesem Kapitel beschrieben.

Die hier angeführten Beispiele beschreiben den *Rahmen*, in dem sich dann die Vielfalt der Stile entfalten kann. Bevor aber diese Vielfalt der persönlichen Kultur und der persönlichen Vorlieben der für dieses Unternehmen verantwortlichen Personen zum Tragen kommen können, sind noch einige Vorgaben zu beachten. Diese Vorgaben resultieren aus den Gepflogenheiten der einzelnen Branchen, vor allem aber aus den Usancen der einzelnen Führungsebenen.

Nun zu den einzelnen Formen möglicher Geschäftsessen.

Arbeitsessen

Teilnehmerzahl: je nach betrieblichen Erfordernissen
Beginn: ab 11.45 Uhr
Dauer: ca. 1½ Stunden

TeilnehmerInnen eines Arbeitsessens sind in der Regel Führungskräfte aus dem eigenen Hause oder auch Lieferanten – evtl. auch Kunden.

Arbeitsessen ergeben sich oftmals ungeplant aus rein zeitlichen Gründen oder sie werden mit in die Tagesordnung eines Konferenztages eingeplant. Sie finden in der Regel zur Mittagszeit statt und werden oft mit dem englischen *»Lunch«* bezeichnet – was einen Hinweis auf ein eher karges Mittagessen bedeutet. Zu einem Arbeitsessen kann man sich im hauseigenen Mitarbeiterkasino bzw. in der Kantine zusammensetzen oder auch in ein nahe gelegenes Restaurant gehen.

Ganz gleich, wo man sich zu einem Arbeitsessen zusammensetzt; es ist streng genommen immer ein offizielles Essen, weil man ja nicht privat daran teilnimmt, sondern als RepräsentantIn des Unternehmens. Trotzdem spielt hier die offizielle *Etikette keine Rolle*. Und zwar deswegen nicht, weil der Zweck dieses gemeinsamen Essens nicht die Pflege gesellschaftlicher Kontakte und privater Freundschaften ist.

Ein Arbeitsessen dient in der Regel noch nicht einmal Werbezwecken oder der Verbesserung geschäftlicher Kontakte nach außen. Oftmals dient es – neben der Zeitersparnis durch die Gleichzeitigkeit von Essen und Arbeit – der internen Klimapflege.

Arbeitsessen unterliegen nicht dem offiziellen Protokoll.

Es sind weder eine Tischordnung zu bedenken noch sonstige Vorgaben der offiziellen Etikette. Aus diesem Grund sind die Vorbereitungen für solche Arbeitsessen minimal.

TIPPS

□ Der/die GastgeberIn überlässt es normalerweise den Gästen/MitarbeiterInnen, das *Menü* selbst auszuwählen.
□ Auf jeden Fall sollte er/sie unternehmensfremden Gästen einen Wink geben, in welcher *Preiskategorie* sie sich bewegen sollten *(siehe Geschäftsessen, S. 186 ff.)*.
□ Die *Getränke* sollten dagegen von dem/der GastgeberIn selbst ausgewählt werden.
□ Während des Tages ist man heute mit alkoholischen Getränken äußerst zurückhaltend.

Für *Frauen* bedeutet die Teilnahme an Arbeitsessen wie auch an Geschäftsessen, dass sich *zwei Verhaltensstandards* wieder einmal in die Quere kommen. Für sie ergibt sich hier wieder die Frage, wie frau sich in dieser Situation bei Tisch zu verhalten habe: wie die *Dame* bei Tisch oder wie die *Mitarbeiterin* inmitten von Höherrangigen.

Relativ einfach wird sich diese Situation nur für eine Führungsfrau lösen: Sie übernimmt ganz selbstverständlich die gleiche Rolle bei Tisch, die sie auch aus ihrem Privatleben gewöhnt ist.

□ Sie wird das *Zeichen zum Essensbeginn* geben, indem sie zum Löffel oder zur Gabel greift – und das bei jedem Gang. Das ist alles.

Die Regeln der offiziellen Etikette sind bei dieser Art Essen aufgehoben und damit auch die sonstigen Vorschriften für die ranghöhere Dame.

Schwieriger wird es für junge Mitarbeiterinnen, die sich in diese Situation erst hineinzufinden haben. Und viel Unsicherheit besteht oft auch bei langjährigen Chefsekretärinnen, obwohl es gar keinen Grund gibt, weshalb nicht sie das Zeichen zum Essensbeginn geben sollten.

Bei aller informellen Art des Arbeitsessens steht jedoch eines außer Frage:

Die guten Tischmanieren und die Essenskultur jedes oder jeder Einzelnen stehen auch bei einem Arbeitsessen auf dem Prüfstand.

Geschäftsessen

Teilnehmerzahl: je nach betrieblichen Erfordernissen
Beginn: zwischen 12.00 und 13.00 Uhr
Dauer: ca. 1½–3 Stunden

Ein Geschäftsessen dient im Allgemeinen dazu, in entspannterer Atmosphäre geschäftliche Angelegenheiten zu besprechen, wobei es sich in der Regel um ein Treffen zwischen leitenden Mitarbeitern mit Gästen oder Geschäftspartnern des Unternehmens handelt. Man kann also davon ausgehen, dass es Geschäftsessen mit unterschiedlicher Gewichtung gibt, und diese Unterschiede werden sich bereits in der *Auswahl des Restaurants* niederschlagen.

Im Falle eines wichtigen Geschäftsessens – wenn man zum Beispiel den endgültigen Abschluss von Verkaufsverhandlungen vor Augen hat – sollte man sorgfältige Vorbereitungen treffen und nichts dem Zufall überlassen.

TIPPS

□ Gleich mit der Tischreservierung sollte man mit dem Restaurant einige Details vorbesprechen:

- Die Menüauswahl, evtl. Spezialitäten des Hauses vorstellen lassen
- Die Weinkarte einsehen, wenn nötig, noch Sonderbestellungen veranlassen
- Anordnung der Tische festlegen
- Genauen Zeitplan verabreden.

□ Wird bei einem Geschäftsessen à la carte gegessen, so sollte der/die GastgeberIn den Gästen die Menüauswahl überlassen. Allerdings sollte man auf jeden Fall den Gästen einen Wink geben, in welchem *Preisrahmen* sie sich bewegen können.

□ Selbstverständlich wird man das nicht direkt aussprechen, sondern zum Beispiel dadurch, dass

- man das eine oder andere Gericht empfiehlt, das man dann vielleicht zur »Spezialität des Hauses« erhebt
- man eine hörbare Bemerkung macht, was man für sich selbst, nach den Gästen natürlich, zu bestellen gedenkt. Das ist keine Unhöflichkeit, sondern wird in der Regel von den Gästen als taktvoller Wink verstanden und dankbar zur Kenntnis genommen.

□ Gibt man keinen solchen Hinweis, werden die Gäste die Speisekarte von oben nach unten lesen und genau studieren, bis einer der Anwesenden den Mut aufbringt, mit der Bestellung den Anfang zu machen.

□ Falls man als Gastgeber besondere Gründe hat, sich etwas Bescheideneres zum Essen zu bestellen, so sollte man das als Ausnahme ansprechen, nach der sich die Gäste nicht richten sollten.

□ Die *Getränke* sollten dagegen die Gastgeber selbst auswählen – natürlich nach Verständigung mit den Gästen.

□ Während des Tages ist man mit alkoholischen Getränken sehr vorsichtig. Es sei denn, jeder der Gäste wird von seinem Chauffeur erwartet.

□ Es ist keinesfalls unhöflich oder gar ein Verstoß gegen die guten Manieren, wenn man für sich selbst ein *alkoholfreies Getränk* bestellt.

Die alte Faustregel: »Weißer Wein zu weißem Fleisch und roter Wein zu rotem Fleisch« ist praktisch aufgehoben und gilt keineswegs mehr automatisch.

□ Für das *Probieren des Weins* hat sich eine ganz pragmatische Regel gefunden: W*er bestellt*, bekommt auch den Probierschluck eingeschenkt.

□ Beim Probierschluck geht es um die Beantwortung zweier Fragen:

- »Korkt« der Wein?
- Hat der Wein die richtige Temperatur? *(Näheres dazu in Kapitel 8, S. 273 f.)*

□ Sollten Gastgeber das Menü für ein Geschäftsessen bereits im Voraus auswählen wollen, sollte man auf einige *kritische Punkte* bei der Menüauswahl achten und sie rechtzeitig bedenken:

- Menschen mit *Lebensmittelallergien* vertragen etliche Speisen nicht – man sollte sich also nach möglichen Besonderheiten vorher erkundigen.

- Strenge *Vegetarier* werden weder Fleisch noch Fisch essen und viele essen auch keine Eier.
- *Muslime, Juden* und Mitglieder einiger christlicher Religionsgemeinschaften, wie die Siebenten-Tags-Adventisten, dürfen kein Schweinefleisch, Juden zudem nur »koscheres« Fleisch essen.
- Es gibt Religionen, deren Angehörige keine Innereien essen dürfen.

□ Bei der Bewirtung von *ausländischen Besuchern* sollte man auf deren nationale Besonderheiten und religiöse Tabus achten, über die man sich vorher erkundigt.

□ Bei *Arbeits- und Geschäftsessen* fallen in aller Regel die Rolle des Gastgebers und die der Gastgeberin in einer Person zusammen. Das bedeutet, dass der/die Einladende sowohl zuerst das Glas erheben als auch das Zeichen zum Essensbeginn geben muss.

□ Zu den besonderen Etikette-Regeln für an Geschäftsessen teilnehmenden oder dazu einladenden *Frauen (siehe Abschnitt »Arbeitsessen«, S. 184).*

□ Mit besonderer Aufmerksamkeit sollte der/die Gastgeber/in darauf achten, dass die Gäste zu ihrer vollen Zufriedenheit bewirtet werden. Eventuell notwendige *Reklamationen* gegenüber dem Wirt sollten Gastgeber nie dem betroffenen Gast überlassen, sondern selbst erledigen.

□ Höflicherweise sollten die geschäftlichen Dinge nicht während des Essens selbst besprochen werden, sondern davor und danach, dann am besten zu einer Tasse Espresso oder Kaffee.

Die Kultur von Küche und Ambiente spielt bei einem Geschäftsessen kaum eine Rolle, die persönliche Kultur jedes/jeder Einzelnen am Tisch umso mehr.

Zu • *Brunch/Dejeuner*
• *Lunch*
• *Vormittagsempfang*
• *Dinner*
• *Bankett*

siehe Kapitel 7, S. 213 ff.

After-Business-Cocktail und Happy Hour

Teilnehmerzahl: prinzipiell unbegrenzt
Beginn: zwischen 17.30 Uhr und 18.00 Uhr
Dauer: ca. 2 Stunden

TeilnehmerInnen sind in der Regel Führungskräfte aus unterschiedlichen – häufig auch benachbarten – Unternehmen. In einer ganzen Reihe von Städten haben sich diese After-Business-Drinks bereits als regelmäßige Treffen einmal pro Woche institutionalisiert und erfreuen sich wachsender Beliebtheit. Oft sind der Anlass zu einer Happy Hour auch ausländische Geschäftspartner, die man auf diese unkonventionelle Art mit weiteren Führungskräften des Unternehmens bekannt machen kann. Gleichzeitig hilft man ihnen damit natürlich, die Zeit bis zur Abendveranstaltung auf angenehme Art und Weise zu vertreiben.

Durch seinen grundsätzlich unkonventionellen Stil ist das After-Business-Treffen ein außerordentlich beliebtes Intermezzo zwischen Arbeitstag und Abendverpflichtungen. Dieses ist eine reine *Stehparty*, Stühle gibt es nur für stehbehinderte und betagte TeilnehmerInnen. Der große Vorteil dieser Veranstaltung liegt in ihrer uneuropäischen Unkonventionalität, denn es gibt weder eine Tischordnung noch Tischreden. Die Getränke werden auf Tabletts gereicht oder selbst an der Theke abgeholt.

Einladung beim Chef

Solche Einladungen finden normalerweise in kultiviertem Rahmen, manchmal auch im Privathaus des Chefs statt. Gelegenheiten dieser Art sind für die meisten zunächst ein Anlass zur Freude – je näher jedoch der Termin rückt, umso größer wird bei den Eingeladenen der Stress. Und das meist zu Recht. Denn selten dienen solche Einladungen ausschließlich dem Smalltalk und noch weniger dem Stillen eines mitgebrachten Hungers. In aller Regel wird bei solchen Einladungen in privater Atmosphäre der persönliche und kulturelle Hintergrund der jüngeren Führungskraft etwas ausgeleuchtet und natürlich die Partnerin bzw. der Partner mit in die nähere Betrachtung einbezogen. Es geht dann nicht nur um eine anregende Konversation, sondern mit Sicherheit stehen auch die Tischmanieren der Gäste auf dem Prüfstand.

TIPPS

□ Vor einer Einladung beim Chef sollten sich die Eingeladenen um die angemessene Garderobe kümmern *(siehe Kapitel 5, S. 143 ff.)* und sich auf jeden Fall vergewissern, ob ihre Tischmanieren noch up to date sind *(siehe Kapitel 8, S. 280 ff.)*.

7 Organisation von Konferenzen und größeren Veranstaltungen

Die Veranstaltungsplanung

Jeder, der eine größere Veranstaltung plant, sollte sich zuerst darüber im Klaren sein, dass man nichts dem Zufall überlassen darf. Vor allem sollte man sich nicht darauf verlassen, dass andere Leute mit initiativ werden könnten. Eine gelungene Veranstaltung und ein schönes Fest müssen generalstabsmäßig geplant werden, wobei die Fallstricke der traditionellen Etikette in jedem Detail versteckt sein können. Aus diesem Grund gilt das Hauptaugenmerk zuerst der *Veranstaltungsorganisation*.

Die Terminplanung

Ehe man sich irgendwelchen anderen Dingen zuwendet, sollte geklärt sein, wer aus dem eigenen Unternehmen als *Hauptgastgeber* auftritt; mit ihm oder – noch selten – mit ihr sind zuerst mehrere mögliche Termine vorzuklären, sofern es sich bei der geplanten Veranstaltung nicht um einen unveränderbaren Termin handelt, dessen Datum von vornherein feststeht. Bei einem variablen Termin kann das Datum der Veranstaltung durchaus von der Terminplanung eines sehr wichtigen Gastes oder einiger Gäste, auf die man besonderen Wert legt, abhängen. In jedem Fall ist es bei einer größeren Veranstaltung angebracht, mit deren Vorbereitung mindestens *ein Jahr im Voraus* zu beginnen und

– die wichtigsten Gäste auf die vorgesehene Einladung zu diesem Termin hinzuweisen, damit sie ihn einplanen können
– die wichtigsten Punkte der Checkliste (Phase 1) zu erledigen *(siehe weiter unten)*.

Die Terminplanung für die Veranstaltung muss realisierbar sein.

Die Gästeliste

Alsdann ist die Gästeliste etwa in folgender Reihenfolge zu entwerfen:

- der wichtigste Gast …
- weitere sehr wichtige Leute …
- wen müssen wir ebenfalls einladen … (etwa aufgrund gleichartiger Geschäftsbeziehungen oder Ähnlichem)
- wer muss eingeladen werden, weil er/sie sonst beleidigt reagieren würde …
- wer aus unserem Unternehmen ist noch dazu zu bitten …
- wer passt noch gut in diesen Kreis …
- ergibt sich ein Damenüberschuss? In diesem Falle nach Möglichkeit entsprechende Anzahl einzelner Herren vorsehen …

Die Gästeliste muss »stehen« und mit den wichtigsten Gästen terminlich abgestimmt worden sein, ehe man weiterplant.

Die Veranstaltungsart

Bei der Planung sollte darauf geachtet werden, dass der Rahmen der Veranstaltung *dem Anlass angemessen* ist. Überzieht man den Rahmen, indem man die Veranstaltung für den Anlass zu aufwendig ansetzt, so könnte das peinlich werden, weil es möglicherweise den Geruch von Angeberei und Protz an sich hätte. Aber auch das Gegenteil kann ausgesprochen unliebsame Wirkungen haben, wenn die Gastgeber nämlich als knauserig dastehen, weil das Fest im Verhältnis zum Anlass zu bescheiden ausgefallen ist.

Die Veranstaltung sollte dem Anlass entsprechen.

Aus der Fülle denkbarer Anlässe einige Beispiele möglicher Veranstaltungsformen *(Näheres dazu S. 212 ff.)*:

Offizieller (»runder«) Geburtstag
- Vormittagsempfang
- Abendeinladung – Dinner/Bankett mit oder ohne anschließendem Ball bzw. Programm

Firmenjubiläum
- Akademische Feier
- Beiprogramm: Besichtigungen/Ausstellungseröffnung/Kulturakzent
- Lunch
- Presseempfang
- Dinner/Bankett

Wichtige ausländische Gäste
- Dejeuner/Brunch/Lunch
- Cocktailparty
- Dinner/Bankett

Vorstellung neuer Produktionszweige/eines neuen Produktes/neuer Gebäude, Niederlassungen usw.
- Presseempfang
- Tag der offenen Tür
- evtl. Abendeinladung

Gesellschaftliche Öffentlichkeitsarbeit

- Ausstellungseröffnung für einen Künstler/eine Künstlerin/Stiftung eines Kunstpreises/eines Sportpreises u. a. m.
- jeweils Presseempfang
- evtl. Vormittagsempfang oder Lunch
- evtl. Dinner/Bankett

Die Checkliste

Gleich, nachdem die Entscheidung über Art und Umfang der Veranstaltung gefallen ist, sollte man eine detaillierte Checkliste erstellen, anhand derer die Veranstaltung organisiert und später nochmals kontrolliert werden kann. Diese Checkliste sollte am besten in *zwei Zeitphasen* unterteilt werden und mindestens folgende Punkte enthalten:

Checkliste zur Veranstaltungsplanung

1. Phase

- Gästeliste abklären
- Veranstaltungsort aussuchen und überprüfen
- Musik/Band/Orchester usw. vorbestellen
- ggf. Beiprogramm vorbestellen
- Hotelzimmer in ungefährer Zahl der erwarteten Gäste reservieren lassen
- Vorkalkulation der Kosten erstellen
- Einladungen entwerfen
- Einladungskarten fertigstellen und versenden lassen

2. Phase

- Anhand der Antworten endgültige Teilnehmerzahl feststellen
- Veranstaltungsort festmachen

- Menü/Getränke auswählen und bestellen
- Dekoration bestellen
- Konferenztechnik vorbereiten lassen
- Orchester oder Band fest buchen und Programm festlegen
- Hotelzimmer für die Gäste buchen
- Hotelprospekte, Lageplan/Stadtplanauszug besorgen
- Anschreiben für Übernachtungsgäste anfertigen lassen
- Tischkarten schreiben und evtl. Namensschilder herstellen lassen
- Tischordnung anhand der Gästeliste und der protokollarischen Vorgaben im Zusammenhang mit den räumlichen Gegebenheiten festlegen
- nochmals mit dem verantwortlichen Gastronom in Verbindung setzen, die endgültige Teilnehmerzahl festlegen und sicherstellen, dass *genügend Personal* für die Gästebewirtung zur Verfügung gestellt wird
- Besucherbetreuung organisieren
- Fahrdienst organisieren bzw. Taxis vorbestellen

Die *Unterbringung auswärtiger Gäste* erfordert nicht nur zusätzliche Arbeit, sondern auch besondere Sorgfalt. Man muss nämlich damit rechnen, dass die Einladenden bzw. der Veranstalter auch für Pannen verantwortlich gemacht wird, die gar nicht in ihrem unmittelbaren Zuständigkeitsbereich liegen. Klassische Beispiele dafür sind: das zu laute Hotelzimmer, die überfüllte Hotelgarage, fehlender Parkraum u. a. m. Deshalb sollte man auf jeden Fall die Hotelzimmer in Augenschein nehmen, sofern es hier Anlass zu Zweifeln geben sollte, und für eine Parkplatzgarantie Sorge tragen. Generell sollte man alle nur *möglichen Ärgernisse* im Voraus auszuschalten versuchen.

Ein oft auftretendes Ärgernis verbirgt sich auch hinter der Hotelrechnung, falls sie *nicht vom Gast* selbst übernommen werden soll. Es ist ratsam, die Form der Bezahlung sofort *bei der Buchung* festzulegen und sich vom Hotel bestätigen zu lassen. Leider macht man oft die peinliche Erfahrung, dass die Rechnung vom Hotel aus dann doch dem Gast übergeben oder sogar noch hinterhergeschickt wird, obwohl der Gastgeber das Hotelzimmer auf jeden Fall selbst bezahlen wollte.

Falls möglich, sollte man sich in genügender Zahl *Prospekte des Hotels* besorgen, in denen man seine Gäste unterzubringen plant. Jeder Gast wird es als eine besondere Aufmerksamkeit empfinden, wenn er/sie rechtzeitig vom Gastgeber einen Hotelprospekt – der gewöhnlich auch einen Lageplan enthält – mit einer Wegbeschreibung zum Veranstaltungsort zugeschickt erhält. Dazu kann man eine *Karte beilegen*, mit etwa folgendem Text:

»Wir freuen uns über Ihre Zusage zum ... und haben im Hotel ... für Sie ein Zimmer reservieren lassen. Wir glauben, dass Sie sich dort wohlfühlen werden. Wir werden uns erlauben, Sie um ... Uhr von dort abzuholen ...« (und was sonst noch für eine erste Information des Gastes notwendig sein mag).

Sofern sich die Angelegenheit der Wegbeschreibung nicht mithilfe eines gut gemachten Hotelprospekts erledigen lässt, ist es in heutiger Zeit unerlässlich, einen *Lageplan mit Fahrtroutenbeschreibung und Parkmöglichkeiten der Anmeldebestätigung* beizulegen.

Die Kostenkalkulation

Eine Veranstaltung braucht nicht nur Leute mit Ideen und Organisationstalent, sondern leider auch Leute mit Geld. Das heißt, vor allem braucht man einen Etat. Wenn man Glück hat, stehen für eine Veranstaltung unbeschränkte Mittel zur Verfügung, aber das ist wohl ein eher seltener

Glücksfall. In der Regel muss man sich innerhalb eines kalkulierten Rahmens bewegen. Dazu ist eine Vorkalkulation der zu erwartenden Kosten notwendig. Den Zeitpunkt einer solchen Kostenkalkulation würde ich zum Ende der 1. Planungsphase ansetzen *(siehe Checkliste oben)*.

Diese Kostenkalkulation sollte folgende Faktoren berücksichtigen:

- ☐ Mietkosten für
  - Veranstaltungsräume bzw. ein Festzelt
  - Bestuhlung oder Tische und Bänke
  - Rednerpult
  - Flügel/Klavier
  - Technik, z. B.
    - Verstärkeranlage, Podiums- und Saalmikrophone
    - Stative, evtl. Dolmetscheranlage
    - Scheinwerfer, Projektoren, Leinwand
- ☐ Gagen für Musiker, Kleinkünstler, Tänzer etc.
- ☐ Honorare für Festredner, Künstler
- ☐ Personalkosten für
  - Bedienungspersonal
  - Garderobenpersonal
  - Fahrer
  - Küchenpersonal
  - Technisches Personal
  - Platzanweiser
  - Personenschutz/Sicherheitskräfte
- ☐ Kosten für
  - Blumen und Pflanzendekoration
  - Bankett Ausstattung, z. B.
    - Tischwäsche, Geschirr, Gläser, Besteck
- ☐ Herstellungskosten für
  - Einladungen
  - Programm und Info-Material

- Menükarten und Tischkarten
- Namensschilder jeglicher Art
- Sonderbroschüre oder Festschrift
- Wegweiser-Tafeln

☐ Hotelkosten für Gäste und evtl. für Künstler
☐ Bewirtungskosten für alle geplanten Mahlzeiten
☐ Transportkosten für Taxis, Reisekostenübernahme etc.
☐ Aufwendungen für Geschenke, z. B. für
- Jubiläumsgeschenke
- Blumen für Ehrengäste/Festredner/Künstler

Nun wäre es sicherlich ganz falsch, angesichts dieser Kostenaufzählung einen solchen Schreck zu bekommen, dass man auf die ganze Veranstaltung am liebsten völlig verzichten möchte. Das wäre dann doch eine zu voreilige Schlussfolgerung; denn einerseits werden einige der aufgeführten Kosten nur alternativ anfallen, so zum Beispiel entweder Fahrer oder Taxis. Andererseits liegt ja der eigentliche Zweck dieser Kostenkalkulation darin, sich anhand dieser Aufstellung ein genaueres Bild über die ganze Palette möglicher Ausgaben machen zu können. So kann man sich bereits auf der *Basis realistischer Daten* für einen repräsentativen oder einen etwas bescheideneren Stil der Veranstaltung entscheiden.

Einsparmöglichkeiten ergeben sich allein dadurch, dass man entweder den Umfang (das heißt auch die Teilnehmerzahl) oder den Anspruch der gesamten Veranstaltung reduziert.

Niemand hat heute etwas dagegen, ein Firmenjubiläum »zünftig« in einem Festzelt mit deftigen Speisen und Bier zu begehen. Aber die Gäste in ein erstklassiges Restaurant zu bitten, um ihnen dann – mit einem Glas Sekt als Aperitif –

Suppe, Wiener Schnitzel und eine Mousse au chocolat kredenzen zu lassen, das machte dann einen eher unangemessen schofeligen Eindruck. Unangenehm kann es auch werden, wenn man in der Kalkulation den Posten für die Technik vergessen hat. Wenn die sich dann später als unverzichtbar erweist, kann das in das Budget ein ganz schönes Loch reißen.

Kosten sparen ist völlig in Ordnung – wenn der Stil stimmt.

Die Einladung

Während man eine Einladung zu einer »Lust-Veranstaltung« auch auf irgendeinem Weg bekanntgeben kann – zum Beispiel per Telefon, Telefax, brieflich oder mit einem reitenden Boten –, folgen formelle Einladungen stets gewissen Regeln. Zweifellos hat eine schriftliche Einladung mehr Gewicht als eine mündliche. Nichts aus dem Gesamtfeld offizieller Veranstaltungen ist einfach und so, wie man es sich eben denkt.

Auch die Einladung steckt voller Fußangeln der offiziellen Etikette.

TIPPS

□ Eine formgerechte Einladung sollte folgende 10 Punkte enthalten:

1. Name/n des/der Einladenden
2. Anrede (ggf. Titel) und Namen der/des Eingeladenen
3. Anlass der Einladung bzw. Art der Veranstaltung
4. Datum und Zeitpunkt der Veranstaltung
5. Veranstaltungsort

6. Bekleidungsvermerk
7. »Um Antwort wird gebeten bis ...«
8. Lageplan oder Fahrtroutenbeschreibung
9. Parkmöglichkeiten
10. Info über öffentliche Verkehrsmittel

Es ist nun einmal so, dass bei einer Einladung nicht nur deren Inhalt von Bedeutung ist, sondern auch der *Stil ihrer äußeren Form*, der den Gesamteindruck prägt. Bei der äußeren Gestaltung der Einladung können nun der individuelle Geschmack und die Fantasie doch noch zur Geltung kommen, ohne von der Etikette allzu sehr eingeschränkt zu werden. Man sollte sich jedoch darüber im Klaren sein, dass eine schriftliche Einladung mehr Gewicht hat als die sprichwörtliche persönliche Visitenkarte. Darüber hinaus sollte die äußere Aufmachung der Einladung bereits einen ungefähren Hinweis auf das Niveau der Veranstaltung geben.

Bei dem hier angeführten Beispiel wird von einer *offiziellen Einladung auf gehobenem Niveau* ausgegangen. Anhand dieses Musters kann man selbstverständlich auch viele Veranstaltungen anderer, auch bescheidenerer Art organisieren – Möglichkeiten zu Einsparungen ergeben sich dann an jedem der kostenintensiven Punkte. Also: wenn es nicht so teuer werden soll, dann kann man alles »eine Nummer kleiner« vorbereiten.

Bereits die *Auswahl des Papiers* ist für den Stil der Einladung bestimmend. Das Papiergewicht hat in diesem Zusammenhang nur eine ästhetische Bedeutung. In Bezug auf die Portokosten spielt die Papierstärke normalerweise überhaupt keine Rolle, da man Einladungen in der Regel weder als Postwurfsendung noch in Sammelkuverts, sondern individuell als Brief verschickt.

Für die *Vervielfältigung* der Einladung sollte der ästhetische Eindruck Maßstab für die Entscheidung sein. Es muss nicht immer ein Druck sein und es muss nicht immer Stahlstichdruck sein – aber das hätte noch einen Hauch von Exklusivität.

Das *Schriftbild* sollte dem gesamten Stil der Einladung entsprechen und gut lesbar sein. Es gibt Einladungen, die allein deswegen gleich im Papierkorb landen, weil sie ohne Brille von einem Reklamebrief nicht zu unterscheiden sind. Die Schriftart ist nun wieder Sache des persönlichen Geschmacks.

Bei offiziellen Veranstaltungen jeglicher Art werden heutzutage meist *vorgedruckte Antwortkarten* der Einladung beigefügt. Hierbei ist auf mehrere Klippen zu achten:

TIPPS

□ Man sollte nicht übersehen, dass der einzuladende *Gast eine Dame* sein kann und die entsprechende sprachliche Form als anzukreuzende Alternative vorsehen.

Es wirkt nämlich auf Geschäftsfrauen, Managerinnen oder Politikerinnen nicht gerade »einladend«, wenn sie auf einer Antwortkarte nur ankreuzen können, ob sie »allein« oder »mit Partnerin« kommen möchten. Es wird heutzutage auch immer schwieriger, Männer dazu zu bringen, als begleitende »Gattin« aufzutreten.

□ Eine aussagekräftige Rückantwort kann z. B. lauten:

- ❑ »Ich komme allein«
- ❑ »Ich komme in Begleitung von … Person/en/« oder
- ❑ »Ich komme in Begleitung von …«
- ❑ »Ich komme nicht«

□ Andere *Zusätze* können für Gast und Gastgeber eine zusätzliche, hilfreiche Information sein, zum Beispiel:

- ❑ »Ich werde vertreten von ...«
- ❑ »Ich komme mit Fahrer«
- ❑ »Ich komme mit eigenem PKW«

□ Die Möglichkeit, an nur einer von mehreren angebotenen Veranstaltungen teilzunehmen, sollte ebenfalls gleich auf der Antwortkarte vermerkt werden können, zum Beispiel:

- ❑ »Ich nehme am Empfang teil/nicht teil«
- ❑ »Ich nehme am Vortrag teil/nicht teil«
- ❑ »Ich nehme am Brunch teil/nicht teil«
- ❑ »Ich nehme am Bankett teil/nicht teil« usw.

Wenn diese Alternativen von vornherein angeboten werden, enthebt es den Gast der Peinlichkeit, ggf. selbst formulieren zu müssen, dass er/sie nur zum Essen kommen möchte.

TABU

■ Die der Einladung beigelegte Antwortkarte sollte für die anzukreuzende Antwort *missverständliche Formulierungen* vermeiden, wie zum Beispiel:

❑ »Ich komme mit ... Personen«

Ganz gleich, welche Zahl man da hineinsetzte, keiner weiß letzten Endes mit Sicherheit zu sagen, wie viele Leute tatsächlich zugesagt haben.

❑ »Ich kann *leider* nicht kommen«

Diese Formulierung wirkt ausgesprochen taktlos, weil sie von einer solchen Anziehungskraft der Einladung ausgeht, die das Bedauern eines/r Eingeladenen absagen zu müssen, bereits als selbstverständlich unterstellt.

Wenn jemand es wirklich bedauert, nicht kommen zu können, kann er/sie das jederzeit handschriftlich hinzufügen. Das wirkt nicht nur wesentlich persönlicher, sondern auch ehrlicher. *(Zur offiziellen Anrede siehe Kapitel 2, S. 51 ff.)*

Beispiele zu Punkt 1 der Einladung
Name/n des/der Einladenden

- Gerd Müller und Marion Müller freuen sich, …
- Ursula und Peter Kaufmann geben sich die Ehre, …
- Klaus Kramer und Beate Klinge laden …

Beispiele zu Punkt 2 der Einladung
Anrede (ggf. Titel) und Namen der/des Eingeladenen
Dabei gibt es mehrere Möglichkeiten, »Paare« einzuladen.

□ Anrede für *Ehe*paare:
  - Herrn Peter Meyer und Frau Ursula Meyer
  - Herrn Doktor Hans Krüger und Frau Ingeborg Krüger
  - Herrn Paul Hase und Frau Gemahlin (für den Fall, dass man ihren Vornamen nicht kennt)
  - Herrn Sven Pfeiffer und Frau Lea Schmidt-Pfeiffer
  - Herrn Franz Kaufmann und Frau Renate Glück (nach neuem Recht ist auch das möglich und richtig).

□ Korrekte Anrede für Lebensgefährten bzw. *»eheähnliche« Paare*:
  - Herrn Bernd Schmidt und Frau Mechthild Ostertag
  - Herrn Bernd Schmidt und Partnerin (für den Fall, dass man ihren Namen nicht kennt).

□ Korrekte Anrede für Einzelgäste, die *»jemanden« mitbringen* können:
  - Herrn Karl Wesel und Begleitung
  - Frau Doktor Ute Schröder und Begleitung.

TABUS

- Unmöglich bis peinlich:
  - Herrn Gustav Kleider und Frau
  - Frau Therese Müller und Mann
  - Herrn Philipp Hirsch und Gattin.

  Die Formulierung »mit Gattin«, als unpersönliche, allgemeine Bezeichnung, ist durch die veränderten Lebensformen ohnehin *nicht mehr aktuell* und wirkt ab einer gewissen Altersgruppe eher unpassend als höflich.
- Unpassend bis peinlich:
  - Herrn Bernd Schmidt und Freundin
  - Frau Mechthild Ostertag und Freund
  - Herrn Bernd Schmidt und Frau.

TIPPS

□ Bei offiziellen Einladungen schreibt man heute den Namen des- oder derjenigen zuerst, für den die Einladung in erster Linie gedacht ist.

□ Bei alten Freunden oder älteren Paaren wird normalerweise der Mann als Erster genannt. *(Zur offiziellen Anrede siehe Kapitel 2, S. 51 ff.)*

Beispiele zu Punkt 3 der Einladung

Anlass der Einladung

Aus der Fülle der Möglichkeiten einige willkürliche Beispiele:

- Verbandskongress
- Fachkonferenz
- Firmenjubiläum
- Runder Geburtstag des Seniorchefs/der Seniorchefin

- Ordensverleihung
- Präsentation eines neuen Produkts
- Geschäftseröffnung oder -erweiterung
- Verabschiedung einer leitenden Persönlichkeit, u. v. a. m.

Beispiele zu Punkt 4 der Einladung
Datum und Zeitpunkt der Veranstaltung
Normalerweise ist es Brauch, Wochentag und Datum anzugeben, z. B.:
- am Dienstag, dem 22. November 1994, um 19.30 Uhr

Es ist ratsam, bei langfristigen Einladungen besonders darauf zu achten, dass der angegebene *Wochentag* auch tatsächlich *zu dem Datum* gehört. Es kommt nämlich wirklich vor, dass sich dabei ein Flüchtigkeitsfehler einschleicht und der Wochentag nicht mit dem Datum übereinstimmt. Dann wäre der ganze Aufwand umsonst. Um solch einen Fehler auszuschließen, kann man den Wochentag auch ganz weglassen, also nur schreiben:
- am 22. November 1994, um 19.30 Uhr

Sollte es sich um eine Festveranstaltung handeln, die zu einer bestimmten Zeit *pünktlich* anfangen soll, dann muss man das besonders vermerken.

Früher bediente man sich der lateinischen Abkürzungen, wie *c. t. (= cum tempore)*, das heißt: mit ca. einer Viertelstunde Zeitpuffer, den man für sich in Anspruch nehmen kann. Oder es hieß *s. t. (= sine tempore)*, das heißt: ohne jegliche Zeitverzögerung – also *auf die Minute* pünktlich. Heute kann man nicht mehr voraussetzen, dass alle Leute *c. t.* und *s. t.* richtig interpretieren können. Also muss man den gleichen Hinweis etwas anders ausdrücken.

TIPPS

□ Bei Veranstaltungen oder Einladungen, zu denen die Gäste nicht auf die Minute pünktlich zu erscheinen brauchen, schreibt man nur die Uhrzeit ohne Zusatz:

- am 22. November 1994, um 19.30 Uhr
- 23. November, 18.30 Uhr
- am Freitag, dem 26. November, Beginn 20.00 Uhr
- Samstag, den 26. November, 11.00 Uhr

□ Will man bei offiziellen Veranstaltungen, zum Beispiel bei einem Festakt oder einer akademischen Feier, für einen pünktlichen Anfang sorgen, dann muss man bereits mit der Einladung deutlich darauf hinweisen, dass die Gäste nicht nur pünktlich erscheinen, sondern bereits Platz genommen haben müssen.

- Beginn des Festaktes: 11.00 Uhr (s. t.)
- Beginn der Veranstaltung: pünktlich um 11.00 Uhr
- Beginn 11.30 Uhr – wir bitten um pünktliches Erscheinen

□ Das Ende einer offiziellen Veranstaltung sollte man nur dann angeben, wenn *besondere Gründe* dafür sprechen.

TABU

■ Das Ende einer Feier oder eines privaten Empfangs schon in der Einladung anzugeben, wäre sehr schlechter Stil. Das müssen Gäste so verstehen, dass man voraussetzt, sie wüssten nicht, wann sie zu gehen haben.

Beispiele zu Punkt 5 der Einladung

Veranstaltungsort

□ Je nachdem, um welche Größe der Veranstaltung es sich handelt, wird der Veranstaltungsort als Anschrift mit

– Ort und Straße mit Hausnummer angegeben.

□ Bei großen Veranstaltungen wird außer dem
- Namen des Hotels oder Veranstaltungsorts stets
- Straße und Hausnummer

mit angegeben.

Beispiele zu Punkt 6 der Einladung

Bekleidungsvermerk

Eine offizielle Einladung zu jedweder gesellschaftlicher Veranstaltung sollte einen Bekleidungsvermerk enthalten. Hierin ist keineswegs eine unbillige Einschränkung der Individualität der Gäste zu sehen, sondern eine wichtige Voraussetzung dafür, dass jede/r sich wohlfühlen kann. Die Gäste erhalten auf diese Weise einen wichtigen Hinweis darauf, in welchem Rahmen die Veranstaltung stattfinden wird und welchen Stil die Gastgeber dafür gewählt haben. Denn einerseits ist es Obliegenheit der Gastgeber, für den entsprechenden Stil Sorge zu tragen, andererseits ist es ein Anliegen höflicher Gäste, nicht »aus dem Rahmen zu fallen«, das heißt, dem vorgesehenen Stil auch zu entsprechen. Und da eine »eiserne« Regel der guten Manieren fordert, nicht aufzufallen, muss man/frau eben auch vermeiden, im eigentlichen Sinn des Wortes »Aufsehen zu erregen«. Deswegen sieht man in dem Bekleidungsvermerk eher eine höfliche Geste den Gästen gegenüber als eine Einschränkung.
Der Bekleidungsvermerk nimmt immer nur Bezug auf die *Bekleidung der Herren*; man geht und ging dabei immer davon aus, dass die Damen dann schon das »Entsprechende« anzuziehen wissen.
(Die Frage, was eine Dame nun tatsächlich zu diesen Veranstaltungen tragen soll, wurde bereits in Kapitel 5, S. 154 ff. näher ausgeführt.)

Einige Vorschläge zu Bekleidungsvorschriften der »gängigsten« gesellschaftlichen Veranstaltungen:

	Bekleidungsvermerk:
□ **Akademische Feier**	dunkler Anzug (normal) Stresemann oder Cut (für hochoffizielle Anlässe)
□ **Ball**	Abendanzug (= Smoking)
□ **Bankett**	Abendanzug/Dinnerjacket
□ **Brunch/Dejeuner**	Business suit
□ **Cocktailparty**	dunkler Anzug oder Business suit (je nach Anlass)
□ **Dinner/Diner**	Dinnerjacket
□ **Lunch**	Business suit
□ **Vormittagsempfang**	Business suit oder dunkler Anzug (normal) Stresemann (hochoffiziell)

Bei *privaten Einladungen* kann der Bekleidungsvermerk zum Beispiel lauten:

• festlich • sommerlich-festlich • leger

(Näheres dazu im Kapitel 5, S. 154 ff.)

Beispiele zu Punkt 7 der Einladung
»Um Antwort wird gebeten bis ...«
Die Abkürzung »U. A. w. g.« für »Um Antwort wird gebeten« ist ein äußerst wichtiger Bestandteil der Veranstaltungsorganisation und sollte deshalb nie vergessen werden, denn sie erfüllt mehrere Zwecke.

TIPPS

□ Erst das angegebene *End-Datum* für die Antwort ermöglicht eine sinnvolle Planung. Das Datum sollte erfahrungsgemäß möglichst so festgesetzt werden, dass man noch ca. eine Woche Zeit für Nachzügler hat.
□ Nach dem Datum folgt die *Anschrift*, an die die Antwort geschickt werden soll.

Die Form, in der die Anschrift angegeben wird, bestimmt auch die *Form, in der die Antworten eingesandt* werden sollen.

- *Post-, E-Mail-Anschrift und Fax-Nummer* heißt, dass nur schriftliche Antworten erbeten werden.
- *Telefonnummer und/oder Faxnummer* heißt, in diesem Fall sind auch mündliche Antworten erwünscht.
- *Telefonnummer* bedeutet, dass die Gastgeber nur angerufen werden möchten.

TABU

■ Es ist ein ungeschriebenes Gesetz, dass man in den Fällen, in denen ausschließlich eine Anschrift und/oder Fax-Nummer für die Rückantwort angegeben wurden, keinesfalls dort anruft.

Beispiele zu Punkt 8 der Einladung

Lageplan oder Fahrtroutenbeschreibung

Das betrifft natürlich hauptsächlich nur die auswärtigen Gäste.

□ Man kopiert für diesen Zweck den entsprechenden Ausschnitt aus einer guten Generalkarte und/oder dem Stadtplan und markiert evtl. noch den besten Weg zum Veranstaltungsort mit einem Highlighter.

Beispiele zu Punkt 9 der Einladung

Parkmöglichkeiten

Dazu sind genaue – und möglichst realistische – Angaben sehr willkommen.

Beispiele zu Punkt 10 der Einladung

Günstigste Verbindung und Information über öffentliche Verkehrsmittel

Das ist eine fortschrittliche Einladung, die mehr und mehr geschätzt wird. Denn die bekannten Gründe

- Alkoholgenuss
- unberechenbare Fahrtzeiten auf bestimmten Autobahnen
- Parkprobleme
- Umweltschädigung

– sprechen immer mehr dafür, nicht mit eigenem Wagen zu einer Einladung zu fahren.

TIPPS

Bevor man die Einladung zur Vervielfältigung freigibt, sollte man folgende Punkte überprüfen:

□ Stimmen Wochentag und Datum überein? (Hierzu gibt es einschlägige Erfahrungen über unglaubliche Konfusionen.)

□ Ist der Veranstaltungsort korrekt angegeben?

□ Sind Irrtümer beim Adressaten auszuschließen?

□ Sind die Namen nebst eventuell vorhandener Titel korrekt geschrieben? – Nichts ist weniger einladend als seinen Namen falsch geschrieben zu sehen. Das wäre ein Fauxpas, den niemand übersehen kann.

□ Bei *langfristig ergangenen Einladungen* – oder aber in den Fällen, in denen Einladung und Zusage bereits mündlich vorausgegangen sind – ist es üblich, noch einmal kurzfristig eine schriftliche Einladung mit dem Vermerk

- *»p.m.«* (das heißt: »pour mémoire« = »zur Erinnerung«) den Gästen zu schicken. Das soll noch einmal daran erinnern, dass die Einladung – oder die Firma – trotz der langen Zeit noch besteht.

□ Es gibt durchaus auch Fälle, in denen man eine *Einladung erst sehr kurzfristig* aussprechen kann, weil dieser Termin nicht vorhersehbar oder planbar war. Diesen Umstand sollte man jedenfalls in der Einladung zum Ausdruck bringen.

Außerdem gehört dahin natürlich eine kleine Entschuldigung dafür, dass die Einladung erst so kurzfristig ergeht. Das ist deswegen wichtig, damit diejenigen, die erst sehr spät eingeladen werden, nicht das Gefühl zu haben brauchen, sie wären als »Lückenbüßer« eingeladen worden. Denn falls das zuträfe, würde man so eine Einladung eigentlich nicht annehmen.

- Selbstverständlich wird in dem Fall einer späten Einladung auf eine schriftliche Antwort verzichtet und hinter dem »U. A. w. g.« wird nur die Telefon- und Fax-Nummer sowie die E-Mail-Adresse angegeben.

Die unterschiedlichen Veranstaltungen

Bei jeder Veranstaltung ist selbstverständlich vorher zu bedenken, welcher Rahmen am besten zu dieser Art Veranstaltung passt. Soll es sich um ein lustiges, informelles Fest handeln, bei dem es keine Tischordnung gibt und keine sonstigen Regeln der Etikette zu beachten sind? Bei dieser Veranstaltungsform braucht sich dann wirklich niemand über das offizielle Protokoll oder sonstige Etikettefragen den Kopf zu zerbrechen.

Ganz anders ist jedenfalls mit den offiziellen Einladungen zu verfahren, also bei all denen, die aus geschäftlichen, beruflichen oder repräsentativen Gründen zu veranstalten sind.

Die hier nachfolgend aufgeführten Beispiele einiger *Veranstaltungsarten* sollen dabei helfen, für einen gegebenen offiziellen Anlass die passende Veranstaltung zu finden. Außerdem gibt diese Aufstellung einen Überblick über den *Organisationsbedarf* einer Veranstaltung.

Akademische Feier
Teilnehmerzahl: ab 100 Personen
Beginn: 11.00 Uhr (auch 10.30 Uhr möglich)
Dauer: ca. 1–2 Stunden

Diese Art von Veranstaltung ist zum Beispiel bei einem großen Firmenjubiläum angebracht, wenn ein von dem Unternehmen gestifteter Preis verliehen werden soll u. Ä. Die Akademische Feier hat den Vorzug eines besonders feierlichen Rahmens – wie man auch der Bekleidungsvorschrift entnehmen kann. Gewöhnlich wird die Festansprache von Orchestervorträgen umrahmt.

Die Anordnung der Stühle soll auf das Podium ausgerichtet sein, sofern man sich nicht für einen Theatersaal oder Ähnliches entscheidet.

Bei dieser Veranstaltung wird weder Essen noch Trinken gereicht.
(Arbeitsessen *und* Geschäftsessen *siehe Kapitel 6, S. 184 ff.*)

Ausstellungseröffnung/Vernissage
Teilnehmerzahl: je nach Zweck und Größe der Räume
Beginn: 11.00 Uhr oder 17.00 Uhr oder 20.00 Uhr
Dauer: 1 Stunde (offiziell)

Diese Art von Veranstaltung eignet sich vorzüglich als ein etwas unkonventionelles Medium für Öffentlichkeitsarbeit, für Ausstellungen im Zusammenhang mit einem Firmenjubiläum, aber auch für Sponsoring von Nachwuchskünstlern etc. Wichtig ist hierbei, dass für das Vorstellungsreferat ein/e kompetente/r Fachmann/Fachfrau zur Verfügung steht.

Ball
Teilnehmerzahl: ab 100 Personen
Beginn: 20.00 Uhr
Dauer: mindestens 5 Stunden

Zur Organisation eines Balles kann die oben skizzierte *Checkliste (siehe S. 195 ff.)* sehr dienlich sein. Es ist nicht nur – rechtzeitig – für angemessene Räume zu sorgen. Eine oder zwei Bands und gegebenenfalls das Beiprogramm müssen ebenfalls rechtzeitig gebucht werden. Man sollte dabei auf jeden Fall bedenken, dass (deutsche) Musiker mehrere Pausen einzulegen pflegen – aus diesem Grund ist es ratsam, entweder zwei Bands zu engagieren, oder aber man plant gleich, die Pausen durch ein Programm zu füllen, zum Beispiel mit Artisten, Zauberern, Varieté-Künstlern, Tanzpaaren u. a. m.

Üblicherweise versammeln sich die Ballgäste in einem *Foyer* des Ballsaals, wo sie mit einem Glas Sekt begrüßt werden; und dies hat mehrere Gründe. Zum einen wirkt die Atmosphäre eines leeren oder auch nur halb leeren Ballsaales »tödlich« auf die Stimmung der Gäste, zum anderen kann und soll man sich anhand eines entsprechenden Aushangs darüber informieren, an welchem Tisch und mit wem man zusammensitzen wird.

Dieser Aushang *(Näheres dazu weiter unten)* muss also anhand der Gästeliste vorbereitet werden, wobei bei einem

Ball die Tischordnung insofern großzügiger gehandhabt werden kann, als man Ehepaare und die Paare, die zusammen eingeladen worden sind, auch zusammen – das heißt: nebeneinander (Ausnahme!) – sitzen lassen darf.

Die Tische sollten nach Möglichkeit nicht in parallelen Linien in Richtung auf das Podium oder die Tanzfläche ausgerichtet sein, weil das sehr steril wirken kann. Es versteht sich von selbst, dass man als Tisch 1 nicht ausgerechnet den Tisch vor der Band bestimmt. Man sollte nicht mehr als *8 bis 10 Personen pro Tisch* vorsehen, da sonst eine Unterhaltung unmöglich wird und die Herren zu viele Pflichttänze zu absolvieren haben. – Zur Erinnerung: Nach der Etikette hat jeder Herr mit jeder Dame seines Tisches einen »Pflichttanz« zu absolvieren.

Besonders viel Aufmerksamkeit sollte man der *Raumdekoration* und *Beleuchtung* widmen, da sie entscheidenden Einfluss auf die gesamte Ballatmosphäre haben. Nichts wirkt auf die Stimmung niederdrückender als ein mit weißem Neonlicht bis in die letzte Ecke ausgeleuchteter Ballsaal.

Nun wird während eines Balles nicht ausschließlich getanzt, sondern auch gern etwas gegessen. Grundsätzlich kann man das Essen für die Ballgäste in *zwei Bewirtungsarten* servieren lassen, ausschlaggebend für diese Entscheidung ist der Stil des Balles.

Bei einem Ball, bei dem die Unterhaltung und eine fröhliche Atmosphäre im Vordergrund stehen, wird man es vorziehen, die Gäste am Tisch *à la carte* essen zu lassen, wann immer *sie* es wünschen. Das hat den Vorteil, dass das Fest keinerlei Unterbrechung durch das Essen erfährt.

Die Alternative dazu ist das *Souper* *(siehe »Souper«, S. 223)*, die klassisch-festliche Bewirtung eines »gesetzten«

Essens. Ein solches Ball-Souper setzt eine lange Nacht voraus, aus diesem Grund wird es meist im Zusammenhang mit einem Silvesterball ausgerichtet. Eine Variante davon ist dann noch das *Büfett* *(siehe »Büfett«, S. 218)*, das ebenfalls recht festlich sein kann, sofern ihm eine exzellente Organisation zugrunde liegt und reichlich Fachpersonal zur Bedienung zur Verfügung steht. Ein reines Selbstbedienungsbüfett wäre für solche Anlässe fehl am Platz und kann in langer Abendgarderobe zum unvergesslichen Horrortrip werden.

Als ein wichtiger Punkt der Organisationsplanung erscheint immer wieder die Heimfahrt der Gäste. Die eleganteste Lösung ist die Bereitstellung eines eigenen *Fahrdienstes.*

- Erfahrungsgemäß lassen es sich große Automobilunternehmen oftmals nicht nehmen, eine entsprechende Zahl von Vorführwagen mitsamt Aushilfsfahrern zur Verfügung zu stellen, wenn sie in etwa die vermutliche Kaufkraft der erwarteten Gäste einschätzen können.
- Wenn das nicht klappt, wären, als die zweitbeste Lösung, Aushilfsfahrer für diese Nacht beim studentischen Service anzufordern (anzufragen beim ASTA der Universitäten, mancherorts auch beim Arbeitsamt). Die Gastgeber entlohnen in der Regel diese »Chauffeure« selbst, während die Fahrgäste ein Trinkgeld geben.
- Die drittbeste Lösung wäre dann, dem örtlichen Taxiunternehmen im Voraus Bescheid zu sagen, dass in der Nacht überdurchschnittlich viele Taxis gebraucht werden.

Es entspricht nämlich einer alten, leidvollen Erfahrung, dass die Erinnerung der Gäste an das äußerst gelungene Fest durch den Umstand völlig überschattet werden kann, dass sie »stundenlang« auf ein Taxi warten mussten – und genau dieses wird es sein, was sie dann als Erstes anderen Leuten zu berichten haben.

Bankett
Teilnehmerzahl: ab 40 Personen
Beginn: 19.00 Uhr oder 20.00 Uhr (s. t.)
Dauer: 4–5 Stunden

Unter Bankett versteht man ein hochoffizielles Essen – »mit Damen«, das heißt paarweise geladen, oder auch nur mit einzeln geladenen Gästen –, bei dem die *Regeln des Protokolls* uneingeschränkt zum Tragen kommen. Das bezieht sich sowohl auf die *Tischordnung* als auch auf die *Tischreden.* Bei der Tischordnung ist die protokollarische Reihenfolge konsequent einzuhalten, sei es nach Paaren oder auch in der Reihenfolge der einzelnen geladenen Gäste. Das besondere Augenmerk gilt hier den Tischreden, die nicht nur inhaltlich, sondern auch in ihrer zeitlichen Abfolge sorgfältiger Vorbereitung und Planung bedürfen. In der Regel veranstaltet man ein Bankett zu Ehren eines ausländischen oder besonders hochgestellten Gastes.
(Zur weiteren Organisation: siehe »Dinner/Diner«, S. 219 f.)

Brunch/Dejeuner
Teilnehmerzahl: 20-50 Personen
Beginn: 11.00/11.30/12.00 Uhr c. t. oder s. t.
Dauer: 2 Stunden

Brunch ist sowohl sprachlich als auch inhaltlich eine Kombination von Breakfast und Lunch, die französische Bezeichnung dafür ist Dejeuner. Es besteht aus einem leichten Mittagessen oder auch einem kalten Büfett, oder aus einer Mischung von beidem. Zum Brunch kann man beispielsweise einladen, wenn man in einer etwas ungezwungeneren Atmosphäre Geschäftspartner oder ausländische Gäste mit den Führungskräften des Unternehmens bekannt machen will. Da der organisatorische Aufwand für die Vorbereitung eines Brunchs relativ gering ist, kann man auch kurzfristig dazu einladen.

Büfett
Teilnehmerzahl: ab 30 Personen
Beginn: ab 11.30 Uhr zu jedem beliebigen Zeitpunkt (c. t.)
Dauer: ca. 2–2 ½ Stunden

Unter Büfett versteht man quasi alle Formen eines *Essens mit Selbstbedienung*. Und so gibt es auch im Hinblick auf den Stil und das kulinarische Niveau unendlich große Unterschiede. Das bedeutet auch, dass der Fantasie der Gastgeber keine Grenzen gesetzt sind.

Gegenwärtig nimmt die Beliebtheit der Büfetts wieder zu; allerdings sollte es sich um ein warmes Büfett handeln, bei dem genügend Personal für das Auflegen der Speisen vorzusehen ist. Das *kalte Büfett* hat heutzutage sehr an Attraktivität eingebüßt.

Aus Sicht der Gastgeber bzw. Veranstalter hat ein Büfett natürlich einen nicht zu übersehenden Vorteil: es kommt mit einem minimalen Aufwand an Fachpersonal aus. Das erforderliche aufmerksame Abräumen benutzter Teller und benutzten Bestecks – der entscheidende Unterschied zwischen einem stilvollen Büfett und einem Mensa-Essen – kann auch von angelernten Aushilfen vorgenommen werden.

Das Büfett muss stets *»eröffnet«* werden; in der Regel übernehmen das der Gastgeber und/oder die Gastgeberin.

Cocktailparty/Stehempfang
Teilnehmerzahl: prinzipiell unbegrenzt
Beginn: 17.30 Uhr oder 18.00 Uhr
Dauer: 2 Stunden

Die Cocktailparty ist mitsamt ihrer Bezeichnung aus dem Amerikanischen übernommen und verläuft daher weitgehend nach amerikanischem Vorbild. Sie war – und ist heute noch – eine *Stehparty*, und so gibt es bei weitem nicht so viele Stühle wie Gäste. Dass sie sich trotzdem als gesellschaftliche Veranstaltung halten konnte, hat einen anderen, praktischen Grund.

Der große Vorteil der Cocktailparty liegt in ihrer uneuropäischen Unkonventionalität. Es gibt weder eine Tischordnung, weil es auch nur wenige Sitzgelegenheiten gibt – kleine Tischchen mit ein paar Stühlen oder Sesseln an den Wänden oder in Nischen genügen –, noch gibt es offizielle Tischreden. Die Getränke werden auf Tabletts gereicht, dazu gibt es in der Regel Canapés (das sind kleine, delikat belegte Schnittchen), die man ohne die Zuhilfenahme von Besteck gut essen kann, da sie eine mundgerechte Größe haben.

Eine Cocktailparty kann in ihrem Stil durchaus unterschiedlich ausgerichtet werden: sie kann ein kurzfristig eingeladenes Treffen mit Kollegen und Freunden sein, aber auch offizielleren Charakter haben. Während man zu der informellen Party durchaus telefonisch einladen kann, sollte die Einladung zu einer offiziellen Cocktailparty generell schriftlich erfolgen.

Dinner/Diner

Teilnehmerzahl: ab 30 Personen
Beginn: 19.00 oder 20.00 Uhr
Dauer: 4–5 Stunden

Ob man es nun als »Dinner« oder »Diner« bezeichnet, bleibt dem persönlichen Geschmack überlassen; der einzige Unterschied besteht darin, dass die französische Schreibweise ein »n« weniger hat als die englische. Welche Bezeichnung man für diese gesellschaftliche Veranstaltung auch wählt, beiden gemeinsam ist, dass sich die fremdsprachlichen Wörter zweifellos besser anhören als das entsprechende deutsche Wort »Abendessen«.

Zur Organisation eines Dinners empfiehlt es sich, die oben aufgeführte *Checkliste (siehe S. 195 f.)* zu erstellen und danach vorzugehen, denn es sind sehr viele Dinge zu beachten. Hier soll insbesondere darauf hingewiesen werden, dass sowohl die *Tischordnung* als auch die *Tischkarten* und das *Placement* (= der Sitzplan) besonderer Aufmerksamkeit hinsichtlich der Fragen der Etikette bedürfen, sodass es sicherlich anzuraten ist, die Vorschläge im Abschnitt »Tischordnung« *(siehe S. 232 f.)* zu beachten.

Es ist selbstverständlich nicht nur für Essen und Trinken Sorge zu tragen, in gleicher Weise wichtig für das Dinner ist das Ambiente.

Ein Dinner hat nicht notwendigerweise in der klassischen Form des »gesetzten Essens« stattzufinden, bei der man am Tisch bedient wird; man kann auch zu einem *Dinnerbüfett* einladen. *(Siehe Büfett, S. 218)*

Empfänge *(siehe Vormittagsempfang, S. 223 f.)*

Festvortrag

Im Allgemeinen entspricht der Rahmen für einen Festvortrag dem der Akademischen Feier, nur alles »eine Nummer kleiner«.

Es entfällt zum Beispiel eine protokollgerechte Begrüßung der Gäste, man wird sich hier auf eine kurze, allgemein gehaltene Begrüßung beschränken.

Auch das Ambiente und der Stil der Veranstaltung können etwas bescheidener ausfallen, ebenso die Art der Bekleidung.

Kongress
Sicherlich sind die wichtigsten Voraussetzungen für den Erfolg eines Kongresses die inhaltliche Programmgestaltung und die Kompetenz der Referenten. Aber fast ebenso wichtig sind die TeilnehmerInnen, und zwar nicht nur hinsichtlich ihrer Anzahl, sondern insbesondere wegen des »Namens«, den sie in der Fachwelt haben. Es gehört deshalb zu einer Erfolg versprechenden Veranstaltungsplanung, diejenigen Persönlichkeiten, auf deren Teilnahme man besonderen Wert legt, einige Zeit nach dem Verschicken der schriftlichen Einladung auch noch persönlich anzusprechen, um sich ihrer zu vergewissern. Als besonders aufmerksam empfinden es KongressteilnehmerInnen, wenn sie einen Willkommensgruss mit der genauen Zeitplanung und mit letzten Einzelheiten über den Kongressverlauf bereits in ihrem Hotelzimmer vorfinden. Sollte die Einladung nicht schon das vollständige Programm und die Wegbeschreibung zum Kongressort enthalten haben, so ist das am besten auf diesem Weg nachzuholen. Der Hotelportier wird diese Dinge besonders gewissenhaft erledigen lassen, wenn man sich bei ihm im Voraus mit einem netten Trinkgeld für seine Mühe bedankt.

Ansonsten ist auch diese Veranstaltung nach der *Checkliste (siehe S. 195 f.)* gut durchzuplanen.

Lunch
Teilnehmerzahl: eher klein
Beginn: 11.30 Uhr/12.00 Uhr oder 12.30 Uhr
Dauer: ca. 1½ Stunden

Unter Lunch versteht man bei uns ein kleines Mittagessen, das aus zwei, maximal drei Gängen besteht. Als Lunch kann man auch ein warmes oder kaltes Büfett vorsehen. Eine Einladung zum Lunch passt in fast jeden typischen Arbeitstag, bei dem man nicht allzu viel Zeit für das Mittagessen abzweigen will.

Pressekonferenz/Presseempfang
Pressekonferenzen sind ein wichtiger Bestandteil der Öffentlichkeitsarbeit und bedürfen daher besonders sorgfältiger Vorbereitung. Für das Interesse der Medien an solchen Pressekonferenzen ist es unabdingbare Voraussetzung, dass man sehr sparsam damit umgeht und auf keinen Fall allzu häufig dazu einlädt. Angebracht sind Pressekonferenzen zum Beispiel bei Firmenfusionen, beim Abschluss von Kooperationsverträgen oder auch zur Vorstellung eines innovativen Produkts. Unentbehrlich ist eine Pressekonferenz bei Unternehmensentscheidungen, die Auswirkungen auf die Zahl der Arbeitsplätze haben werden – seien es positive oder negative.

Sollte man noch nicht über Erfahrungen mit Pressekonferenzen verfügen, kann man zur Vorbereitung einen Profi hinzuziehen, entweder eine/n Journalistin/Journalisten oder eine/n PR-Fachfrau/Fachmann.

Bei Beteiligung von ausländischer Presse und anderer Medien aus dem Ausland ist es ratsam, SimultanübersetzerInnen zu engagieren (die Installierung einer Simultanübersetzungsanlage nicht vergessen), falls die Firmensprecher nicht selbst die Pressekonferenz mehrsprachig führen können.

Unerlässlich ist es, den Text des Hauptreferats und der wichtigsten Beiträge in schriftlicher Form für jeden Pressevertreter auszulegen, dazu noch *Informationsmappen (»Pressemappe«)* des Unternehmens.

Zur Pressekonferenz selbst werden nur Getränke auf den Tischen bereitgestellt. Im Anschluss an die Pressekonferenz werden die Medienvertreter zu einem Imbiss oder kalten Büfett gebeten, zu dem auch genügend Firmenangehörige anwesend sein sollten, um für die anschließenden Gespräche zur Verfügung zu stehen. Bei diesen *informellen Gesprächen* geht es um die nicht für die Veröffentlichung bestimmten »Hintergrundinformationen«, die in ihrer Bedeutung nicht unterschätzt werden sollten. Diese Informationen sind für die Presse *und* für das Unternehmen gleichermaßen wichtig und bei der Vorbereitung der Pressekonferenz mit zu bedenken.

Souper/Supper
Teilnehmerzahl: 2–12 Personen
Beginn: spätabends
Dauer: nicht festgelegt

Im eigentlichen Sinn sind das eine der französische und das andere der englische Ausdruck für Abendessen. Unstrittig ist auch, dass es sich in unserem Verständnis bei beiden Begriffen um ein *sehr spätes Abendessen* handelt, das ein erlesenes Essen erwarten lässt.

Das ist dann aber auch schon das Ende der allgemeinen Definition. Ansonsten kann jede/r GastgeberIn ein Souper nach seinem persönlichen Geschmack gestalten.

Vormittagsempfang
Teilnehmerzahl: 50–100 Personen
Beginn: 11.00 Uhr (im Sommer auch 10.30 Uhr möglich)
Dauer: ca. 2 Stunden

Der Anlass zu diesem Empfang ist entscheidend dafür, in welchem Stil und Umfang diese Veranstaltung durchgeführt werden soll. Besonders zu beachten ist hierbei die Rednerliste (etwa bei einem Geburtstagsempfang), die man, in Absprache mit denjenigen Gästen, die das Wort zu ergreifen gedenken – oder von denen man es wünscht –, bereits im

Voraus erstellen sollte. Dabei ist es vorteilhaft, wenn man sich mit diesen Gästen einige Tage vor dem Empfang in Verbindung setzen kann. Sollte das nicht möglich sein, kann man sich mit ihnen auch noch kurz vor Beginn der Veranstaltung absprechen. Der Grund dafür liegt darin, dass auch die *Reihenfolge der Redner* nach der *Rangfolge des Protokolls* festzulegen ist. Sollte es sich um einen Empfang aus Anlass eines Geburtstags oder Jubiläums handeln, sollte man nicht vergessen, einen Tisch für das Aufstellen der Geschenke vorzusehen.

Auf einem Empfang werden Getränke gereicht – auf jeden Fall auch an ausreichend nichtalkoholische Getränke denken – und kleine Häppchen oder Canapés. Sitzgelegenheiten braucht man nur für wenige Gäste vorzusehen, man sollte aber nicht gänzlich darauf verzichten. Erfahrungsgemäß gibt es unter den Gästen immer jemanden, der sich zu setzen wünscht.

Zusammenkunft im kleinen Kreis/Kleines Abendessen

Bei Gelegenheiten dieser Art fallen die eigentlichen und wirklich wichtigen Entscheidungen eines Unternehmens oder werden zumindest vorbereitet. Dabei kann es sich um ein Treffen der Führungskräfte eines Unternehmens handeln oder auch um vertrauliche Gespräche mit Vertretern der Politik oder der Wirtschaft. Wegen der kleinen Zahl der Beteiligten ist es nahe liegend, dass man sich auch im Hinblick auf deren Bewirtung an den etwas exklusiveren Genüssen orientiert. Hierbei sind der Fantasie der Gastgeber eigentlich keine Grenzen gesetzt, es seien denn die des guten Geschmacks.

Solche Zusammenkünfte werden – nicht zuletzt wegen der vorauszusetzenden kultivierten Atmosphäre – gern im Privathaus der Gastgeber abgehalten.

Geburtstage

Die Auffassungen darüber, ob und wie man Geburtstage feiern sollte, gehen sicherlich auseinander. Es gibt Menschen, denen jede Art von Gratulation peinlich und Geburtstagsfeiern eine eher lästige Pflichtübung zu sein scheinen. Anderen sind Geburtstage ein schöner Anlass, jemanden wenigstens einmal im Jahr in den Mittelpunkt zu stellen.

Aber darum geht es hier nicht. Es geht auch nicht darum, wie man Geburtstagsfeiern unter KollegInnen am zünftigsten ausrichtet.

Dieser Abschnitt handelt davon, wie offizielle Geburtstage und Jubiläen »firmenseitig« zu organisieren sind.

TIPPS

□ Für den firmeninternen Geburtstags- und Jubiläumskalender sollte in jedem Sekretariat ein geeignetes Computerprogramm vorhanden sein.

□ Die runden Geburtstage von Geschäftspartnern und Persönlichkeiten des öffentlichen Lebens sollten ebenfalls festgehalten sein und ständig aktualisiert werden.

TABU

■ Bei allem Verständnis für Zeitersparnis – Gratulationsschreiben sollten nicht aus dem Computer kommen.

In welcher Weise Geburtstage von der Unternehmensführung offiziell zur Kenntnis genommen werden sollen, unterliegt einer großen Vielfalt der Möglichkeiten. Selbstverständlich kommt es zunächst darauf an, *wer* Geburtstag hat, denn die Stellung des »Geburtstagskindes« im Unternehmen ist ein wesentlicher Faktor. Die Palette der Möglichkeiten kann von der persönlichen Gratulation durch die Unternehmensleitung mit Geschenk und/oder Blumen bis zum Ausflug der gesamten Belegschaft auf einem gecharterten Schiff reichen.

Bei sehr erfolgreichen Unternehmerpersönlichkeiten wird gegenwärtig oftmals noch etwas aufwendiger gefeiert. Es gibt nämlich auch Geburtstage, die zu begehen im ureigensten Interesse der Geschäftsleitung liegt, weil eine Feier zu diesem Anlass eine willkommene Gelegenheit bietet, das Unternehmen in der Öffentlichkeit positiv darzustellen. Dies gilt vor allem für den Fall, wenn das Geburtstagskind eine Persönlichkeit des öffentlichen Lebens ist und man mit breitem Medieninteresse an einer entsprechenden Geburtstagsfeier rechnen kann. Das heißt, das Unternehmen oder die Institution darf mit kostenloser – ja manchmal »unbezahlbarer« – Werbung in den Medien rechnen. Und für so einen Geburtstag wird man das Budget schon etwas üppiger ausstatten.

Die am häufigsten geübte Praxis von großen Unternehmen und Behörden in der Handhabung von Geburtstagen »normaler« MitarbeiterInnen besteht in Deutschland allerdings darin, nur »runde« Geburtstage ab 50 Jahre offiziell zur Kenntnis zu nehmen.

So unterschiedlich die Gepflogenheiten, so unterschiedlich sind die Möglichkeiten der Form, in der Geburtstage offiziell begangen werden können.

Hierzu einige Beispiele für herausragende Geburtstagsfeiern:

- Vormittagsempfang
- Akademische Feier bzw. Festakt
- Brunch, verbunden mit einer Ausstellung oder Darbietungen von Kleinkünstlern
- Festliches Abendessen mit anschließendem Ball – zwischendurch einige Auftritte von Kleinkünstlern

- Festbankett
- Schiffsausflug, evtl. mit der ganzen Belegschaft
- Theatervorstellung, ausschließlich für die Freunde des Hauses
- kulturelle Veranstaltung, wie z. B. Opern- oder Konzertabend
- Konzertmatinee oder Ausstellungseröffnung mit anschließendem Büfett
- als Variante: Brunch, verbunden mit einer Ausstellung von Bildern eines Künstlers oder einer Künstlerin, dessen/deren Förderung dem Geburtstagskind besonders am Herzen liegt. Die Geburtstagsgäste werden schon auf der Einladung gebeten, anstelle persönlicher Geschenke Bilder des Künstlers bzw. der Künstlerin zu kaufen.

Gegenwärtig hat es sich eingebürgert, dass die Geburtstagsgäste schon mit der Einladung gebeten werden, anstelle persönlicher Geschenke eine *Spende* zugunsten von Künstlern oder Wohltätigkeitsorganisationen in einem Kuvert mitzubringen oder zu überweisen. Vom Stil her zweifelhaft, ist es zweifelsohne wenigstens »praktisch«. *(Zu Geschenken siehe S. 261 ff.)*

Jubiläen

Bei *Mitarbeiterjubiläen* wird generell die 25-jährige Firmenzugehörigkeit offiziell gefeiert. Bei einem 40-jährigen Betriebsjubiläum wird dann auch die Presse eingeladen und der/die JubilarIn kommt mit Bild in die Zeitung.

Auch hier ist die Art und die Form der Jubiläumsfeier abhängig von der Person, die es zu feiern gilt.

Bei einem *Firmenjubiläum* spielt es schon eine Rolle, wie alt das Unternehmen geworden ist. Je älter, desto aufwendiger kann die Feier gestaltet werden. Für die Form, in der ein

Jubiläum begangen werden kann, steht grundsätzlich die ganze Auswahl von Möglichkeiten zur Verfügung, wie sie auch für die Geburtstagsfeier vorgeschlagen wurde.

Man kann darüber hinaus aus Anlass eines Firmenjubiläums auch ein *Symposium* veranstalten. Das kann sich zum Beispiel folgenden Themen widmen:

- einem innovativen Thema aus dem Produktions- oder Forschungsbereich des Unternehmens
- einem auf Umwelt oder Ressourcen bezogenen Thema
- einem futuristischen Thema oder
- auch einem gesellschaftspolitisch relevanten Thema

Die Organisation eines Symposiums erfolgt nach den Regeln eines Kongresses.

Darüber hinaus und zusätzlich zu dem Ablauf eines Symposiums ist es ratsam, einen *Festakt* *(siehe »Akademische Feier«, S. 213)* einzuplanen, bei dem einige Gäste bzw. Festredner ihre Grußworte anbringen können.
Die Rednerliste für die Grußworte sollte nach dem Protokoll aufgestellt werden, das heißt, nach der Rangfolge der Persönlichkeiten, die sich zu Wort zu melden gedenken. Für die Organisatoren empfiehlt sich dazu, das gleiche Verfahren anzuwenden, wie im Abschnitt »Tischreden« *(siehe S. 244 f.)* beschrieben.

Das offizielle Protokoll

An der Bedeutung der protokollarischen Rangfolge hat sich seit den Zeiten der höfischen Tradition früherer Adelsgesellschaften bis heute nicht viel geändert.

Es wäre ein ganz fataler Irrtum anzunehmen, dass es bei uns bei offiziellen Essen völlig gleichgültig wäre, wo jemand seinen Platz an einer Tafel hat. Die Platzierung eines Gastes bei Tisch muss auch heutzutage seinen gesellschaftlichen Rang, das heißt seine *gesellschaftliche Stellung widerspiegeln.*

Im allgemeinen Verständnis verbinden wir den Begriff »Protokoll« mit dem diplomatischen Zeremoniell, wie es auf internationalem Parkett gepflegt wird. Dieses ist für den Normal-Sterblichen eine »Wissenschaft für sich«, bei der nur die Protokollchefs auf internationalem Parkett den eigentlichen Durchblick haben. Das diplomatische Protokoll ist eine minutiöse Generalstabsarbeit.

Aber nun ist das leider nicht ein Problem, dessen Augenmerk sich nur auf die hohen Ränge internationaler Diplomatie oder des internationalen Geschäftsverkehrs beschränken würde. Dem ist nicht so! – Auch bei jeder Art Veranstaltungen mit *offiziellem Charakter* ist die Einhaltung der protokollarischen Rangfolge von außerordentlicher Bedeutung. Sie bestimmt

- die *Reihenfolge der Begrüßung* der Gäste als auch
- die *Tischordnung* und
- die *Reihenfolge der Tischreden.*

Diese Rangfolge ist das – allgemein auch so interpretierte – sichtbare Zeichen für die gesellschaftliche Bedeutung einer Person, ihres Status also.

Es ist einleuchtend, dass deswegen diese Rangfolge sehr genau zu beachten ist. Sollte einem damit ein Fehler unterlaufen und man ordnete jemanden nicht seinem Status gemäß der Reihenfolge mit den anderen Gästen zu, so könnte das peinliche Folgen haben. Denn jemanden zu niedrig einzuordnen, würde für ihn/sie – in der eigentlichen Bedeutung des Wortes – eine *»Herabsetzung«* darstellen, und damit versteht eigentlich niemand Spaß. Was ist also zu tun?

Es gibt zwei Möglichkeiten, um bei einer offiziellen Veranstaltung der Gefahr zu entgehen, jemanden zu beleidigen oder zumindest nachhaltig zu verstimmen:

□ Man kann vor der Mühe und dem abzusehenden Arbeitsaufwand kapitulieren und gleich bei der Begrüßung den Gästen mitteilen: »Setzen Sie sich einfach irgendwohin, wo Platz ist.«
In diesem Fall hätte der/die GastgeberIn zwar die eigene Ahnungslosigkeit eingestanden – was etwas blamabel wäre –, aber niemand anderes wäre beleidigt.
□ Die Alternative dazu ist: Die Gastgeber müssen sich eingehend damit beschäftigen, die Liste der Gäste in eine vertretbare Hierarchie einzuordnen und dafür alle verfügbaren Hilfen in Anspruch nehmen.

Eine solche Hilfe bietet sicherlich das protokollarische Ordnungsprinzip, wie es vom *offiziellen Protokoll der Bundesrepublik Deutschland* festgelegt wird. Damit wird dann so verfahren, dass man alle Gäste *in Relation zu der Rangliste* setzt und deren Reihenfolge entsprechend festlegt. Diese »TOP 70«-Liste kann man direkt vom Bundespräsidialamt in Berlin bekommen oder über die zuständige Industrie- und Handelskammer – oder auch im Buch *»Manieren und Karriere«* derselben Autorin *(siehe Literaturverzeichnis)* nachlesen.

Dieser Rangliste liegt ein Ordnungsprinzip zugrunde, das auf allen Ebenen – sei es die Landesebene oder die einer Stadt oder Gemeinde – in gleicher Weise Gültigkeit besitzt, also bis in die kleinste Einheit übertragbar ist.

Das *allgemeine Ordnungsprinzip der protokollarischen Rangfolge* lautet:
- Ausländer gleichen Ranges vor Inländern
- Mandatsträger (gewählte Abgeordnete) vor Amtsträgern

- Richter vor Kirchenvertretern
- Damen vor Herren gleichen beruflichen Ranges (*nicht* bezogen auf *Ehefrauen/Partnerinnen* der zunächst Eingeladenen, diese werden in ihrer Rangfolge dem Rang des Ehemannes/Partners zugeordnet)
- Ältere Gäste vor jüngeren Gästen (bezogen sowohl auf Lebensalter als auch auf Anciennität (= Dienstalter)
- Angehörige eines fremden Unternehmens bzw. einer fremden Institution vor denen gleichen Ranges aus dem eigenen Haus.

Hat man seine Gäste nun in eine *Reihenfolge analog zu der offiziellen protokollarischen Rangfolge* der Bundesrepublik geordnet, bleiben trotzdem noch einige Zweifelsfragen offen. Man kann nicht ohne weiteres entscheiden, ob nun dieser oder jener Vorstand eines großen Unternehmens Vorrang vor dem anderen hat, oder ob der bekannte Schriftsteller oder die Bundestagsabgeordnete höherrangig einzustufen ist. Und wo platziert man die prominente Sportlerin oder den anerkannten Wissenschaftler? Jedenfalls haben Wissenschaftler und Intellektuelle Vorrang vor Geldleuten und »Promis«.

In jedem einzelnen Fall sollte man eine wohl überlegte Entscheidung treffen, die das gesellschaftliche Ansehen der Betroffenen widerspiegelt – nicht eine aktuelle Prominenz.

Wie bereits erwähnt, ist die protokollarische Rangfolge maßgebend für die Reihenfolge, in der die *(Ehren-)Gäste zu begrüßen* sind. Allerdings gibt es hier eine *Zumutbarkeitsgrenze* für die Länge der Begrüßungsliste, die man tunlichst beachten sollte. In solchen Fällen, in denen die Begrüßungsarie zu lang zu werden droht, ist es eher angebracht, einige Gruppen zu bilden und diese kollektiv zu begrüßen, als der Versuchung zu erliegen, alle wichtigen Gäste

öffentlich zu begrüßen – die Schmerzgrenze liegt bei etwa fünf Personen (bei sehr großen Veranstaltungen können es auch ein paar mehr sein). Ein Beispiel:
»Ich begrüße den Herrn Oberbürgermeister,
die Damen und Herren Abgeordneten des Deutschen Bundestages, des Landtages, des Kreistages und der Stadtverordnetenversammlung,
den Herrn Landgerichtspräsidenten,
die (verehrten) Damen und Herren Stadträtinnen und Stadträte,
die (geehrten) Vertreter der Kirchen und der Jüdischen Gemeinde,
die (sehr geehrten) Damen und Herren Vertreter der Industrie und des Handwerks,
die (sehr geschätzten) Damen und Herren Vertreter von Verbänden und Vereinen
und *(nie vergessen!)* die Damen und Herren Vertreter der Medien.«

Die Tischordnung

Aus den oben genannten Gründen gibt es eigentlich keinen anständigen Weg für Gastgeber mit Stil, sich bei einem offiziellen Essen aus der Verantwortung für eine protokollgerechte Tischordnung zu stehlen. So mühevoll es manches Mal auch sein mag, es lohnt sich immer, der Tischordnung größte Aufmerksamkeit zu schenken. Selbst wenn man es heute nicht mehr ganz einsehen will, dass ausgerechnet bei Tisch eine Rangordnung der Gäste zu beachten ist – es wäre ein zu großes Risiko, diese Rangordnung völlig zu ignorieren. Denn falls sich auch nur ein einziger Gast falsch platziert (franz. »déplacer«), sich also herabgesetzt fühlte, könnte dies recht unangenehme Folgen haben. Das günstigste, was den Gastgebern in so einem Fall passieren könnte, wäre die Feststellung, sie wüssten eben nicht, »was sich gehört«.

Es ist also schon der Mühe wert, eine Tischordnung im Einklang mit den Vorschriften der Etikette zu erstellen. Also fertigt man anhand der Gästeliste eine *Rangliste* an, in der man jeden Gast in einen hierarchischen Zusammenhang zu den übrigen Gästen bringt. Dazu ist es hilfreich, wenn man analog zu der protokollarischen Rangfolge *(siehe S. 230 ff.)* verfährt. Und diese Rangfolge bestimmt dann die Nähe zu den Gastgebern bzw. zum Ehrengast. *(Als Ausweg siehe »Zauberformel runde Tische«, S. 238 f.)*

Darüber hinaus sind für die offizielle Tischordnung noch weitere *Regeln* zu beachten.

TIPPS

□ Der »amtierende« *Tischherr* sitzt stets links von seiner Tischdame.
□ Der *Ehrenplatz* ist – nach *deutschem Protokoll* – für den ranghöchsten Herrn stets links von der Gastgeberin, das heißt der Ehrengast oder der ranghöchste Herr ist der Tischherr der Gastgeberin.
□ Nach *internationalem Protokoll* sitzt der ranghöchste Herr rechts von der Gastgeberin.
□ Der Ehrenplatz für einen *weiblichen Ehrengast* ist stets an der rechten Seite des Gastgebers, das heißt der Gastgeber ist ihr Tischherr.
□ *Ehefrauen und Lebensgefährtinnen/Partnerinnen* nehmen generell den Rang ihres Mannes ein, wenn sie als seine Begleitung miteingeladen worden sind.
□ Das Gleiche gilt für die *Ehemänner* und *Lebensgefährten/Partner* derjenigen weiblichen Gäste, denen *eigentlich*

die Einladung gilt. Zum Beispiel wird der Ehemann einer Rechtsanwältin, der – als Vertreterin der örtlichen Exekutive – die Einladung zunächst gegolten hat, in *ihren Rang* eingeordnet, selbst wenn er Vorstand einer Bank sein sollte.

□ An einer Tafel ist in Europa die *»bunte Reihe« absolut obligatorisch*; das heißt eine Dame sitzt stets zwischen zwei Herren und ein Herr stets zwischen zwei Damen.

□ *Alle Paare*, die gemeinsam eingeladen wurden – ganz gleich, ob miteinander verheiratet oder nur gut bekannt –, sind an der Tafel *stets getrennt* zu setzen (das gilt auch für private Einladungen). Jedoch sollte man sie nicht allzu weit voneinander entfernen, sodass sie noch miteinander kommunizieren können.

□ An einem langen Tisch sitzen sie sich meist schräg gegenüber; bei runden Tischen werden Paare an denselben Tisch platziert, aber *nicht nebeneinander*.

TABUS

■ Damen sollten nicht ohne Tischherrn zusammensitzen. Daher müssen in Fällen von *»Damenüberschuss«* zusätzlich einzelne Herren in entsprechender Anzahl eingeladen werden (dies ist wirklich ein »alter Zopf«, aber offiziell gilt er noch immer).

Herren ohne Tischdamen dürfen in unbegrenzter Zahl nebeneinander sitzen.

■ Zusammengehörige Paare sollten bei Tisch wirklich nicht nebeneinander gesetzt werden (damit sie sich nicht noch als Gäste anderer Menschen und auf deren Kosten über die häuslichen Probleme unterhalten oder auch streiten können).

■ Es passiert viel zu oft, dass ältere Familienmitglieder oder Firmenangehörige herabgestuft werden, indem man sie zu weit nach »unten« platziert.

Tischkarten und Placement

Schon bei kleineren Gesellschaften sind *Tischkarten* sehr nützlich, bei größeren sind sie schlicht unentbehrlich. Auf die einzelne Tischkarte wird heute nur Vor- und Zuname des Gastes – höchstens mit Doktortitel – geschrieben. Voraussetzung für diese feine Tischkarte ist allerdings, dass auf dem Aushang der Tischordnung, dem Placement, der korrekte Titel bereits mitgenannt worden ist. Sollte es kein Placement geben, sollten akademische Titel auf der Tischkarte erscheinen (das ist dann aber ein bisschen unfeiner). Anstelle der gesonderten Tischkarten kann man auch die Menü-Karten dazu verwenden, sie mit den Namen der Gäste bedrucken zu lassen.

Ein ebenfalls unentbehrliches Mittel zur Orientierung der Gäste ist das *Placement*, der bereits erwähnte Aushang mit der Tischordnung. Diese nach althergebrachter Etikette mit dem französischen Wort »Placement« bezeichnete Gästeliste ist für größere Gesellschaften ebenso *notwendig* wie die Tischkarten. Denn nur mithilfe dieses »Sitzplanes« kann man vermeiden, dass die Gäste – mit ihrer Lesehilfe in der Hand – von Tisch zu Tisch gehen müssen, um sich ihren Platz zu suchen. Mithilfe der Computertechnik ist es kein Problem, dieses Placement heute noch gästefreundlicher herzustellen:

TIPPS

□ Eine Version des Tischplans sollte man nach den *Nummern der Tische* sortiert erstellen, damit daraus zunächst ersichtlich wird, wer an welchem Tisch mit wem zusammensitzen wird. Dieses Placement enthält Titel und Namen der Gäste, nach Tischen geordnet, zusammen mit der entsprechenden Nummer des Tisches.

□ Eine weitere Liste enthält dann alle Namen der Gäste – mit Titeln – in *alphabetischer Reihenfolge* zusammen mit der Nummer des jeweils zugeordneten Tisches.

Dieser Aushang wird im Foyer des Speiseraums gut sichtbar angebracht. Am besten befestigt man dieses Placement neben der Tür zum Speiseraum. Man kann es aber auch in der Nähe der Tür auf einem Tisch auslegen.

Das Placement dient nicht nur dem Zweck, dass man sich orientieren kann, wo man sitzen wird und *mit wem* man den Abend verbringen soll. Vor allen Dingen ersehen die Herren daraus, wer ihre *Tischdame* ist, die sie – nach der Etikette – zu Tisch führen sollen.

In der Praxis wird diese Etiketteregel allerdings kaum mehr so streng gehandhabt. Heute wird die Dame meist von ihrem eigenen Partner zunächst zu ihrem Tisch begleitet, ehe er sich dann zu seinem Platz begibt.

Bei ganz großen, offiziellen Essen kann das Placement noch durch so genannte *Führungskarten* ergänzt werden. Das sind Klappkärtchen, die neben dem Placement aufgestellt werden. Jedes dieser Kärtchen enthält auf der Vorderseite den Namen eines der männlichen Gäste. Und auf der Innenseite steht: »... wird gebeten, Frau ... zu Tisch zu führen.« Dabei wird vorausgesetzt, dass die Gastgeber Tischherrn und Tischdame bereits vorher miteinander bekannt gemacht haben. Das ist heute bei größeren Gesellschaften kaum mehr durchzuhalten.

Die Anordnung der Tische

Einen wichtigen Bestandteil der Tischordnung bildet die *Anordnung von Tischen und Stühlen.* Dazu gibt es eine ganze Palette von Möglichkeiten, unter denen man sich für die geplante Veranstaltung die passendste aussuchen kann. Allerdings sollten die Gastgeber auch hierbei einige Gesichtspunkte beachten, ehe sie sich für diese oder jene Form entscheiden.

□ Zuerst sollte man sich die vorgesehenen *Räumlichkeiten genau ansehen*, ehe man zu planen beginnt. Es wäre ärgerlich, nach fertiggestellter Planung feststellen zu müssen, dass die vorgesehene Anordnung der Tische in dem zur Verfügung stehenden Raum sehr ungeschickt aussehen würde. Zum Beispiel kann eine nicht bedachte Fensterreihe die mühevoll ausgetüftelte Anordnung zunichte machen, das Gleiche gilt für Säulen, Nebenraumtüren etc.
□ Gleichzeitig ist natürlich die nächste Frage von Bedeutung: Um welche *Art von Veranstaltung* handelt es sich, bzw. was ist ihr Anlass oder Zweck? Denn mit dem Arrangement der Tische nimmt man ganz entscheidenden Einfluss auf die *Kommunikationsbedingungen*. Es ist daher zu beachten, ob es sich um ein reines Geschäftsessen oder um ein Essen handelt, das als gesellschaftliche Veranstaltung geplant ist. Ebenso ist zu beachten, ob es einen Ehrengast gibt, sodass das allgemeine Interesse der Tischgesellschaft »zentriert« werden muss.

TIPPS

□ Die *große Tafel in Hufeisenform* eignet sich am besten für Veranstaltungen mit einem Ehrengast oder einem Gastgeber, dem das allgemeine Interesse gelten wird, wie zum Beispiel dem Unternehmenschef.
□ Bei größerem Platzbedarf kann man in der Mitte der Stirnseite noch eine Tischreihe ansetzen, sodass eine *E-Form* entsteht. Der Ehrengast bzw. Gastgeber sitzt dann in der Mitte der Längsseite.

□ Ebenfalls auf den Ehrengast bzw. den Gastgeber zentriert ist auch noch die *Kamm-Form* der Tafel, wobei man an die Stirnseite mehrere Tischreihen ansetzt.
■ Eine einzige *lange Tafel* sollte man nach Möglichkeit vermeiden, denn sie ist kommunikationsfeindlich und deshalb höchstens für kleine Gesellschaften zu empfehlen.

Für solche Veranstaltungen, die primär der allgemeinen Kommunikation oder geselligen Unterhaltung dienen sollen – also auch alle Essen mit »Damen« –, gibt es heute eine *Zauberformel*, und die heißt: *kleine runde Tische*. Diese Tische setzen sich bei allen jenen Abendgesellschaften, die nicht auf einen Mittelpunkt ausgerichtet sein müssen, immer häufiger gegenüber den herkömmlichen Tafeln durch. Nach und nach wird diese Anordnung aber auch für Bankette mit Vortrag gewählt, wie es in den USA schon lange Zeit üblich ist.

Die Vorteile von runden Tischen liegen in drei entscheidenden Punkten:
□ Runde Tische sind äußerst *kommunikationsfreundlich*. Man/frau ist bei der Konversation nicht allein auf sein Gegenüber und zwei NachbarInnen angewiesen, sondern kann sich mit allen Gästen am Tisch unterhalten. Am geeignetsten sind Tische für acht bis höchstens zehn Personen. Bereits bei zwölf Personen hat der runde Tisch seine kommunikativen Vorzüge weitgehend eingebüßt.
□ Runde Tische haben *kein Oben und kein Unten*, was für die Klippen der protokollarischen Rangordnung von unschätzbarem Vorteil ist: Die Hierarchie lässt sich nicht mehr von oben nach unten durchdeklinieren und so kann sich niemand »herabgesetzt« fühlen. Man muss hier also nicht so streng wie bei anderen Tischformen auf die Rangordnung achten und kann eher nach anderen Gesichtspunkten plat-

zieren – zum Beispiel nach Interessengruppen oder danach, welche Zusammensetzung den Gästen am besten einen unterhaltsamen Abend garantieren könnte.

□ Ein weiterer Vorteil eines solchen Arrangements von runden Tischen ist, dass man auf diese Weise je einer Führungskraft des Unternehmens an jedem der Tische eine Art *Gastgeberrolle* übertragen kann, indem man diese Damen und Herren (mit ihren PartnerInnen) an die einzelnen Tische verteilt.

Die *Tische* selbst sind auf jeden Fall *in eine Rangfolge* zu setzen und entsprechend *durchzunummerieren*. Das bedeutet, dass in der Rangfolge der Gäste eine Abstufung dadurch erfolgt, dass man die Höherrangigen an die Tische mit den niedrigeren Nummern platziert und die unteren Ränge an die Tische mit den höheren Nummern. Die Gastgeber und die Ehrengäste sitzen stets an Tisch Nummer 1. Ob man die einzelnen Tische wie an einer Kette aneinander reiht und durchzählt, oder ob man sie um Tisch Nummer 1 in einem Kreis arrangiert, ist eher eine Frage des Raumes als der Etikette. Entscheidend für die korrekte Rangfolge ist nur die Nähe bzw. Ferne zu Tisch 1.

Will man jegliche Rangfolgen vermeiden, kann man die einzelnen Tische neutral kennzeichnen, zum Beispiel mit unterschiedlichen Farben oder mit Städtenamen. *(Näheres zu den GastgeberInnenpflichten und zu weiteren Regeln der Etikette bzw. des Protokolls in Kapitel 8, S. 240 ff.)*

8 Klippen und Fettnäpfchen für Gastgeber und Gäste

An dieser Tatsache kommt nun einmal niemand vorbei, ganz gleich ob er sie begrüßt oder zum Teufel wünscht:

Alle offiziellen Einladungen unterliegen den Regeln der Etikette bzw. denen des Protokolls.

Es sind internationale Spielregeln, die auf einer langen, mitteleuropäischen Kulturtradition beruhen, und die sich in internationalen Begegnungen – früher durch den Adel, heute durch Business und Politik – täglich als wichtiges Instrumentarium der Kommunikation unter Fremden bewähren.

Wer in diesem Spiel mitspielen will, muss sich eben auf diese Spielregeln einlassen. Andere Regeln gibt es nicht, es sei denn die ganz privaten. In Bezug auf die Etikettevorschriften gilt jedenfalls der gleiche Grundsatz wie für die Gesetzestexte: »Unkenntnis schützt nicht vor Strafe.« Nur sieht die »Strafe« im internationalen Geschäftsverkehr etwas anders aus: sie kann von einem verpatzten Großauftrag bis zur Blamage bei den Anwesenden gehen. Und das reicht ja manchmal schon.

Wer also eine offizielle Einladung plant – sei es als Unternehmen, als Privatperson oder als Persönlichkeit des öffentlichen Lebens –, sollte sich nochmals im Voraus vergewissern, ob auch alles bedacht worden ist, und wo eventuell noch Fußangeln der Etikette verborgen sein könnten. Aus diesem Grund sollen hier die wichtigsten Gastgeberpflichten aufgefrischt werden. *(Näheres zur formgerechten Einladung und zur Organisation offizieller Veranstaltungen in Kapitel 7, S. 192 ff.)*

Die Aufgaben des Gastgebers und der Gastgeberin

Die Gastgeberrolle ist bei uns im offiziellen gesellschaftlichen Umgang im Normalfall an zwei Personen gebunden: an den Gastgeber und die Gastgeberin. Von dieser Regel kann in *Ausnahmefällen* abgewichen werden; das sind zum Beispiel alle Arbeitsessen oder ausgesprochene Herrenessen.

Bei allen Veranstaltungen gesellschaftlicher Art – die hier und da immer noch als *Veranstaltungen »mit Damen«* bezeichnet werden – tritt die Frau des Unternehmers, des Geschäftsinhabers oder des Niederlassungsleiters stets als Gastgeberin auf. Das gilt selbstverständlich auch für die Veranstaltungen gesellschaftlicher Art, die außerhalb des eigenen Hauses in einer Gaststätte stattfinden und ausschließlich geschäftlichen Interessen dienen.

Heutzutage bezieht sich die Rollenaufteilung ganz selbstverständlich auch auf die umgekehrte Rollenbesetzung, bei der der Ehemann/Partner einer Unternehmerin oder einer Vorsitzenden die Rolle des Gastgebers zu übernehmen hat.

Die offizielle Etikette besteht jedoch nach wie vor auf folgender Regel:

Ein festliches Essen erfordert stets Gastgeber und Gastgeberin.

Zu den Pflichten beider Gastgeber

TIPPS

☐ Beide Gastgeber sollten gemeinsam die *Gäste begrüßen*; dabei sollten sie sich so aufstellen, dass jeder Gast *zuerst von der Gastgeberin* und dann vom Gastgeber die Hand gereicht bekommen kann.
☐ Es ist wichtig, dass die Gastgeber sich *nahe dem Eingang* aufstellen, da die Gäste ihrerseits verpflichtet sind, zunächst und vor allen anderen die Gastgeber zu begrüßen.
☐ Sie sollen die *Gäste untereinander bekannt machen* und Anknüpfungspunkte für eine Konversation der Gäste miteinander finden. Zumindest sollten sie aber kurze, unaufdringliche Hinweise auf deren Beruf oder Stellung im öffentlichen Leben geben.
☐ Sie sollen sich *mit allen Gästen* – zumindest kurz – *unterhalten*; es wäre ein Verstoß gegen die Etikette, wenn Gäste nicht Gelegenheit bekommen hätten, sich mit wenigstens einem der Gastgeber zu unterhalten.
☐ Sie müssen beide dafür Sorge tragen, dass der *gute Stil gewahrt* bleibt, auch noch zu vorgerückter Stunde. Das kann gelegentlich bedeuten, darauf achten zu müssen, dass auch die guten Freunde nicht allzu tief ins Glas schauen. Denn andere Gäste verlassen sich darauf, dass sie sich bis zum Schluss in jener kultivierten Umgebung aufhalten können, in der die Veranstaltung geplant war.
☐ Beide Gastgeber sind ebenfalls verantwortlich dafür, dass Gäste nicht allzu heftig in kontroverse Diskussionen geraten. Auch hierbei geht es wieder um das Interesse der Gäste an dem harmonischen Verlauf eines festlichen Abends.

Das Wohlbefinden der Gäste ist nicht allein vom Essen abhängig, dazu gehört auch die nette oder interessante Unterhaltung untereinander.

Nun zu den getrennten Verantwortungsbereichen nach der *traditionellen Rollenaufteilung*.

Zu den Pflichten des Gastgebers

TIPPS

□ Der Gastgeber ist nach alter Tradition verantwortlich für
- die gesamte Organisation der Veranstaltung
- die Tischordnung
- die offizielle Begrüßungsrede
- die Rednerliste
- die Getränke

□ Er erhebt als Erster sein Glas zum Begrüßungsschluck auf die Gäste.

Zu den Pflichten der Gastgeberin

TIPPS

□ Traditionell ist die Gastgeberin verantwortlich für
- den Stil der Veranstaltung, das Ambiente, die Dekoration
- die Zusammenstellung des Menüs
- den reibungslosen Ablauf des gesamten Essens

□ Sie gibt das Zeichen zum Essensbeginn, indem sie als Erste ihr Besteck ergreift.

□ Sie hebt die Tafel auf, das heißt: *sie steht als Erste auf* und verlässt – begleitet von ihrem Tischherrn – als Erste den Tisch.

TABUS

■ Gäste müssen händeschüttelnd durch die Reihen ihrer Freunde und Bekannten gehen, bis sie endlich zu den Gastgebern vordringen – nur weil die sich in der hintersten Ecke des Raumes aufgebaut haben.

- Ein Gast erhebt als Erster sein Glas, weil der Gastgeber das zu tun verschlafen hat.
- Die Gastgeberin sitzt gemütlich noch »stundenlang« an der Tafel, obwohl alle Gäste bereits fertig gespeist haben und gern aufstehen würden – zum Beispiel, um draußen zu rauchen.

Die Tischreden

Der Anlass zu einer offiziellen Einladung oder zu einem großen Fest ist immer auch Anlass für eine Tischrede. So unendlich unterschiedlich die Anlässe für ein Fest sind, so unterschiedlich kann der Stil der Rede sein, der zu diesem oder jenem Anlass passt. Der gleiche Stil wird sich im Idealfall in allen Facetten der gesellschaftlichen Veranstaltung wiederfinden: im Ambiente, der Garderobe der Gäste, in der Dekoration, den Speisen und Getränken bis hin zu den Tischreden. Je offizieller eine Veranstaltung, umso wichtiger ist der gewählte Zeitpunkt der Tischreden. Und der Tenor der Reden ändert sich ebenfalls gegen Ende der Beiträge.

Je offizieller eine Veranstaltung, umso wichtiger sind der gewählte Zeitpunkt und die Reihenfolge der Tischreden.

Zur Form der Tischreden

TIPPS

□ Die erste, kurze Begrüßungsrede durch den Gastgeber oder die Gastgeberin sollte schon beim Aperitif erfolgen, bevor man zur Tafel geht.

□ Kurze Begrüßungsworte können jedoch auch noch nach der Suppe an die Gäste oder an den Ehrengast gerichtet werden.

□ Wenn mehrere Redner vorgesehen sind, kann man jeweils eine Tischrede zwischen die einzelnen Gänge platzieren.

□ Der Hauptredner sollte seine Tischrede immer erst nach dem Dessert halten. Dazu sollte man für einen entsprechenden Dessertwein oder Champagner bzw. Sekt gesorgt haben, damit die Gäste dann das Glas zum Toast erheben können.

□ Bei mehreren Rednern ist es notwendig, eine *Rednerliste* in der Reihenfolge der protokollarischen Rangordnung zu erstellen. *(Näheres dazu in Kapitel 7, S. 228 ff.)*

□ Es ist notwendig, jedem/jeder RednerIn vor dem Essen bereits mitzuteilen, *nach wem* er/sie sprechen soll. Um Verwechslungen zu vermeiden, kann man die Redner durchaus vorher persönlich miteinander bekannt machen; im Notfall kann man aber auch taktvoll auf den/die VorrednerIn deuten.

□ Auf jeden Fall sollte man die einzelnen Redner – mit dem Hinweis darauf, dass man sich mit der gleichen Bitte an alle Redner wendet *(wichtig!)* – darum bitten, so und so viel Minuten Redezeit nach Möglichkeit einzuhalten. Das gehört zu einer verantwortlichen Veranstaltungsplanung und wird von niemandem übel genommen.

TABU

■ Die so genannten »Damenreden« wirken heutzutage meist nur noch peinlich.

Diese Art der Courtoisie gegenüber Damen stammt noch aus der Zeit, wo die »Frau an seiner Seite« bescheiden im

Hintergrund zu arbeiten und in der Öffentlichkeit den Mund zu halten hatte. Grundsätzlich reden Frauen heute lieber selbst.

Sollte ein begnadeter Redner eine solche Damenrede zum Anlass nehmen, um daraus eine witzige Unterhaltung zu machen, so ist dagegen natürlich nichts einzuwenden. Aber die traditionellen Lobeshymnen auf die duldsame, im Hintergrund unermüdlich wirkende Gattin sind wirklich *out*!

Smalltalk

Die Frage, worüber man/frau sich denn mit einem völlig fremden Tischnachbarn oder der Tischnachbarin unterhalten solle, ist vielleicht ein Problem der fehlenden Fantasie der Menschen. Mit Sicherheit ist es aber ein Problem mangelnder Übung im Umgang mit Menschen. Denn zweifellos ist jeder Mensch, der sich für andere Menschen interessiert, potenziell ein vollendeter Unterhalter. Wer also in einer solchen gesellschaftlichen Situation auch nur ein wenig Interesse dafür aufbringt, wer denn da neben ihm sitzt, kann mit taktvollen Fragen unheimlich viel Interessantes erfahren.

TIPPS

□ Die wichtigste Grundlage für ein gutes Gespräch ist: *zuhören* können.

□ Folgende Themen können ein anregendes Gespräch in Gang bringen:

- Hobbys
- Kino/Theater/Konzerte
- Sport
- Beruf
- Reisen
- aktuelle Themen

■ Folgende Themen sollte man gegenüber Fremden *nicht* anschneiden:

- Betriebsinterna
- Politik
- Religion
- Krankheiten
- sehr persönliche Probleme
- gesellschaftspolitische »Reiz«-Themen

■ Es sollte eigentlich jedem peinlich sein, bei solchen Gelegenheiten andere Gäste zu »konsultieren«, weil es dann nichts kostet.

Gegenwärtig hat es sich fast schon zur Gesellschaftsplage entwickelt, dass Ärzte, Anwälte, Banker, Steuerberater und andere Experten auf Veranstaltungen, bei denen sie selbst Gast sind, von anderen Gästen um fachlichen Rat angegangen werden. Das Peinliche daran ist, dass diese Leute die Gelegenheit einer Einladung ganz offensichtlich ausnutzen, um Honorare zu sparen. Das hat dann mit Smalltalk nichts mehr zu tun.

Korrektes Verhalten als Gast

Es gab einmal Zeiten in unserem Kulturkreis, da war allenthalben vom Gastrecht die Rede und von Gastfreundschaft. Diese Zeiten haben mit dem Ende des Zweiten Weltkriegs bei uns ebenfalls ein abruptes Ende gefunden. Heute bedeutet die Rolle des Gastes ein *Bündel an Pflichten und Tabus.* Das lässt gar nicht erst die Mutmaßung aufkommen, man könne als geladener Gast irgendwohin gehen und einfach alles das tun, was einem Spaß macht. Ebenso wie an die Rolle der Gastgeber haben sich an die des Gastes im Laufe der Zeit immer mehr Pflichten und Vorschriften geheftet. Die Kenntnis oder Unkenntnis dieser Ge- und Verbote hat schon über manche Karriere entschieden. Hier nun die wichtigsten Hinweise zur Verhaltenserwartung gegenüber dem Gast.

Zusagen/Absagen

Von dem Augenblick an, in dem man von jemandem eine *offizielle und persönliche Einladung* erhalten hat, ist der Status der Unschuld bereits verloren gegangen. Ganz gleich, was man mit dieser Einladung macht, man begeht – als potenzieller Gast – bereits eine Handlung mit Folgen. Denn schon allein die Tatsache, dass diese Einladung schriftlich ergeht, bedeutet unmissverständlich, dass die Gastgeber die Veranstaltung nach der Etikette, das heißt nach den derzeit geltenden Regeln korrekter Umgangsformen wünschen. – Und das alles fängt eben schon mit der Einladung an.

TIPPS

□ Persönliche Einladungen müssen *stets beantwortet* werden – es sei denn, man möchte von dieser Person bzw. Institution nie mehr eingeladen werden.

□ Man sollte die Antwort zu einem möglichst frühen Zeitpunkt an die Gastgeber schicken, damit sie frühzeitig einen Überblick über ihre Gästeliste erhalten. Der mit »U. A. w. g. (= Um Antwort wird gebeten) bis zum …« angegebene Tag ist der *letzte Termin* und sollte *nicht überschritten* werden.

□ Eine Einladung sollte stets in der gleichen Form beantwortet werden, in der man sie erhalten hat. Das heißt,

- eine telefonische Einladung kann man ruhig telefonisch beantworten
- eine schriftliche Einladung sollte jedoch ebenfalls schriftlich beantwortet werden – es sei denn, auf der

schriftlichen Einladung ist ausdrücklich (etwa durch die Angabe einer Telefonnummer) eine telefonische Antwort erbeten.

□ Eine Antwort per Fax oder per E-Mail gilt ebenfalls als schriftlich.

□ Persönliche Einladungen müssen *persönlich beantwortet* werden.

□ Wenn man einer Einladung nicht nachkommen will oder kann, ist es ein *Erfordernis der Höflichkeit, rechtzeitig abzusagen*, und diese Absage plausibel zu *begründen*.

□ Sobald man eine Einladung angenommen hat, ist es günstig, diesen Termin sofort im Terminkalender festzuhalten.

□ Es ist ratsam, auch gleich sicherzustellen, dass man die *Einladungskarte* zum Zeitpunkt der Veranstaltung griffbereit hat, um

- Ort und Zeit der Veranstaltung nochmals überprüfen zu können
- sich zu vergewissern, was man/frau zu diesem Anlass anziehen sollte.

TABUS

■ Eine Einladung nicht zu beantworten, ist ein unmissverständlicher Ausdruck der *Missachtung*.

■ Die Antwort auf eine persönliche Einladung von seiner Sekretärin »im Auftrag« erledigen zu lassen gilt als *ganz schlechter Stil.*

Pünktlichkeit – die Nagelprobe auf den guten Stil

Für manche Leute ist Pünktlichkeit ein Begriff von hoher Wertigkeit, oft auch Selbstzweck. Dabei ist Pünktlichkeit ein sehr relativer Begriff. Richtig ist aber, dass sowohl die

Pünktlichkeit als auch die Unpünktlichkeit eines Menschen eine Signalfunktion erfüllen.

Wie bereits im beruflichen Zusammenhang in Kapitel 2 beschrieben, hat auch die Pünktlichkeit im gesellschaftlichen Zusammenhang eine hohe Aussagekraft im Hinblick auf den Respekt vor anderen Menschen. Ganz entschieden gilt es als *dokumentierte Respektlosigkeit* – wenn nicht gar als arroganter Ausdruck von Missachtung –, zu einer Esseneinladung zu spät zu kommen. Das Gleiche gilt auch für den Fall, wenn Leute zu einer Trauerfeier erst nach deren Beginn eintreffen.

Was aber bedeutet »pünktlich« überhaupt? Heißt das, dass Gäste exakt zu dem auf einer Einladung angegebenen Zeitpunkt bei den Gastgebern auf der Matte zu stehen haben? Oder heißt das etwa, dass bei einem Festakt ca. 280 Leute zur gleichen Minute durch die Türen drängen müssen? Beileibe nicht, denn *Pünktlichkeit ist ein relativer Begriff* – aber darüber herrscht verständlicherweise Aufklärungsbedarf.

Da gibt es zunächst die traditionellen Bezeichnungen »s. t.« und »c. t.« als Zusatz hinter der angegebenen Uhrzeit *(siehe auch S. 206 f.)*. Damit gibt ein Veranstalter vor, wie »pünktlich« er seine Gäste erwartet.

Das Kürzel »s. t.« (= lateinisch: sine tempore) bedeutet: ohne Zeitspanne, das heißt: auf die Minute pünktlich.

Mit »s. t.« versieht man gewöhnlich Einladungen, bei denen die Gäste nicht persönlich begrüßt werden, sondern bereits von sich aus *Platz nehmen* sollen, wie zum Beispiel bei Festakten – auch Trauerfeiern – oder Veranstaltungen mit Festreden. Weil man nicht mehr überall die Kenntnis dieser Abkürzungen aus dem Lateinischen voraussetzen kann, wird heutzutage der gleiche Wunsch auch vollständig ausgeschrieben. Das heißt dann:

- »Um pünktliches Erscheinen wird gebeten«; oder
- »Wir bitten unsere Gäste, zum angegebenen Zeitpunkt bereits Platz genommen zu haben«

Mit »c. t.« (= lateinisch: cum tempore) ist das so genannte »Akademische Viertel« gemeint: es kann in der Regel ca. 15 Minuten bedeuten, in manchen Zusammenhängen aber auch bis zu einer Stunde.

Als Maßgabe gilt hier die erwartete Anzahl der Gäste. Wegen der persönlichen Begrüßung der Gäste durch die Gastgeber, die für eine Reihe von Veranstaltungen unerlässlich ist, gelten folgende *Faustregeln*:

TIPPS

□ Je kleiner der Kreis der erwarteten Gäste, desto kleiner ist die Zeitspanne, die man zwischen der angegebenen Uhrzeit und dem eigenen Eintreffen verstreichen lassen darf.
□ Je größer der Kreis der Eingeladenen, desto größer ist die Zeitspanne, die man noch zur Verfügung hat.
□ Wenn weder »s. t.« noch »c. t.« hinter der Uhrzeit steht, sollten die Gäste ebenfalls von letzterer Faustregel ausgehen. Hierzu einige Beispiele:

□ **Vormittagsempfang** Beginn: 11.00 Uhr *s. t.*
Bei dieser Veranstaltung möchte man, dass die Gäste um 11.00 Uhr bereits alle versammelt sind. Man sollte also eher etwas früher da sein als auch nur eine Minute zu spät (da könnte man zum Beispiel mitten in eine Begrüßungsrede hineinplatzen).

□ **Akademische Feier** Beginn: 11.00 Uhr *c. t.*
Hier kann man davon ausgehen, dass die Veranstaltung präzise eine Viertelstunde nach der angegebenen Zeit anfängt. Auch in diesem Fall sollte man lieber etwas früher als zu spät eintreffen.

Im Allgemeinen beginnen jedoch auch Akademische Feiern *s*ine *t*empore (deshalb anhand der Einladung nochmals vergewissern!).

□ **Brunch oder Lunch** Beginn: 11.30 Uhr
Da gibt es meist nur einen kleineren Kreis von Eingeladenen, deshalb sollte man sein Eintreffen möglichst eng an den angegebenen Zeitpunkt legen.

□ **Abendeinladungen** Beginn: 20.00 Uhr
werden – je nach ihrer geplanten Form – unterschiedlich gehandhabt.

□ Einladungen zu einem **Bankett** oder **Dinner** bedeuten ein *»gesetztes Essen«*, das heißt es gibt eine Tischordnung und der Essensbeginn erfolgt offiziell, nachdem alle Gäste Platz genommen haben. Dieses Platznehmen erfolgt meist pünktlich eine Stunde nach dem angegebenen Zeitpunkt. Ein Bankett sieht zudem im Allgemeinen zuerst die persönliche Begrüßung durch die Gastgeber vor, deswegen ist auf der Einladung meistens genau beschrieben, zu welchem Zeitpunkt man erwartet wird.

□ Ein festliches **Büfett** ist zwar kein gesetztes Essen, es muss aber ebenfalls von den Gastgebern offiziell »eröffnet« werden. Das pünktliche Erscheinen kann hier trotzdem etwas flexibler gehandhabt werden, weil keine protokollarische Verpflichtung besteht, dass alle Gäste zu diesem Zeitpunkt bereits anwesend sein müssen.

□ Zu einem **Ball** Beginn: zwischen 19.30 und 21.00 Uhr kann man eigentlich kommen, wann man möchte. Im Allgemeinen wird ein Ball ca. 1 Stunde nach Beginn durch einen Begrüßungsredner »eröffnet«. Zu diesem Zeitpunkt sollte man im Normalfall anwesend sein.

TABUS

■ *Vermeidbare Unpünktlichkeit* wird eindeutig und unnachsichtig der Kategorie »schlechtes Benehmen« zugeordnet.
■ Bei Einladungen zu einem »gesetzten Essen« – das gilt selbstverständlich *auch für Privateinladungen* – zu spät zu kommen, wird als rücksichtslos und flegelhaft angesehen.
■ Bei Privateinladungen auch nur eine Minute vor dem angegebenen Zeitpunkt einzutreffen, ist gleichfalls schlechter Stil; das kann außerdem auch noch peinlich werden.

Die korrekte Bekleidung

Wenn man eine Einladung zu einer gesellschaftlichen Veranstaltung erhält, auf der ein *Bekleidungsvorschlag* vermerkt ist, so ist dieser »Vorschlag« als *bindend* zu betrachten. Und zwar unabhängig davon, ob er sich als Bekleidungsvermerk schriftlich auf der Einladung befindet oder ob er mündlich geäußert wurde. Sollte man/frau wirklich nicht das Entsprechende anzuziehen haben, so sagt man höflich ab.

An dieser Stelle soll nur nochmals darauf hingewiesen werden, dass die Bekleidung der Gäste der wichtigste Bestandteil des Stils ist, den die Gastgeber für eine Veranstaltung planen. Und den zu bestimmen haben sie selbstverständlich traditionell auch das Recht. Verletzt nun jemand diesen Stil – sei es, dass sie oder er »overdressed« oder aber

»underdressed« erscheint –, so gilt dies als grobe Unhöflichkeit gegenüber den Gastgebern, weil es deren Wünsche gering schätzt. Und deswegen wird die Missachtung einer Bekleidungsempfehlung als schlechtes Benehmen gewertet.

(Ausführliches zu den Bekleidungsvorschriften in Kapitel 5, S. 154 ff.)

Man sollte auf jeden Fall beachten, dass die gewählte Bekleidung für den ganzen Abend gilt. Das bedeutet, dass *keinerlei Erleichterungen* erlaubt sind. Das ist für Damen normalerweise kein Problem (bis auf die Abendschuhe, die von Stunde zu Stunde enger werden). Aber auch den Herren ist es nicht erlaubt, ein Kragenknöpfchen zu öffnen oder gar in Gegenwart von Damen ihr Jackett auszuziehen. Die oft gehörte Volksregel: »Der Hausherr gibt das Zeichen für das Ablegen der Jacketts« verstößt ohne Zweifel gegen die Etikette und sollte *nie in offizieller Gegenwart von Damen* Anwendung finden!

Für den Fall, dass an dem Abend der Veranstaltung plötzlich viel höhere Temperaturen herrschen als zum Zeitpunkt der Einladung, können die Gastgeber sofort beim Eintreffen die männlichen Gäste auffordern, ihre Jacketts in die Garderobe zu hängen. Dadurch würde ein frisches Aussehen der Oberhemden und damit der erfreuliche Anblick der Herren noch gerettet.

Was darf man/frau als Gast – und was nicht?

Jeder Gast jedes Kulturkreises war stets und zu allen Zeiten an ein ganzes Bündel von Vorgaben gebunden, die ihm die Etikette auferlegte. So ist es nach wie vor auch bei uns. Der bemerkenswerteste Unterschied zu früher liegt augenscheinlich nur darin, dass es heute eine unübersehbare Vielfalt von Umgangsformen gibt, die je nach Generation und gesellschaftlicher Gruppenzugehörigkeit variieren. Ob eine Clique von Punks oder eine mit Yuppies, ob es sich um einen Kreis von Mallorca-Rentnern oder Schicki-Micki-Leutchen handelt – wehe dem, der die Formen des Umgangs dieser spezifischen Gruppe nicht respektiert. Der- oder diejenige wird nicht lange gern gesehener Gast dieser Clique bleiben.

An dieser Stelle dieses Buches geht es jetzt »nur« um die Umgangsformen, die *in beruflichen wie offiziellen Situationen* Gültigkeit haben und Geltung besitzen.

Zur Begrüßung und zur Verabschiedung

TIPPS

☐ Ein Gast begrüßt stets *zuerst die Gastgeberin*, dann den Gastgeber – und dann erst anwesende Freunde und Bekannte.

☐ Fremde Gäste werden bei kleineren Einladungen normalerweise erst *nach Vorstellung durch die Gastgeber* begrüßt.

☐ Bei größeren Gesellschaften sollte man sich *selbst vorstellen*, wenn man mit anderen Gästen ins Gespräch kommt oder kommen möchte. Dies gilt auch für Damen!

☐ Bei Paaren stellt der Herr seinen Gesprächspartnern erst sich und dann seine Frau/Partnerin vor. *(Näheres zu »Vorstellen« in Kapitel 2, S. 46 ff.)*

☐ Ein Gast verabschiedet sich von den Gastgebern in der gleichen Reihenfolge wie die Begrüßung erfolgt – vorausgesetzt, es wird überhaupt noch auf eine offizielle Verabschiedung Wert gelegt – also:

- zuerst bei der Gastgeberin, dann beim Gastgeber.

☐ Dabei bedankt man sich kurz für den anregenden – oder den gelungenen oder den wunderschönen – Abend und die Mühe, die die Gastgeber sich ihren Gästen zuliebe gemacht haben.

□ Von Freunden und Bekannten kann man sich entweder vor der Tür verabschieden, wenn man gemeinsam geht, oder bereits vorher auf eine *unauffällige* Art und Weise.

□ Es ist allein das *Privileg eines Ehrengastes*, sich von den Gastgebern »bemerkbar« zu verabschieden. Das geschieht oftmals auch mit einigem Aufsehen und unter Beteiligung aller Gäste.

□ Wenn ein ganz normaler Gast sich vorzeitig verabschiedet, sollte er so wenig Aufsehen erregen wie irgend möglich, um andere nicht dazu zu veranlassen, ebenfalls zu gehen.

□ Sollte jemand aus *besonderen* Gründen früher aufbrechen müssen, so ist es seine Höflichkeitspflicht, die Gastgeber *vor* Beginn der Veranstaltung davon zu informieren.

□ Sonst muss man schon sehr gute, *akut eingetretene* Gründe haben, die es entschuldigen würden, dass man eine Veranstaltung vorzeitig verlässt, ohne vorher Bescheid gesagt zu haben (zum Beispiel Übelkeit vom Essen, Einsetzen von Wehen o. Ä.).

□ Der beste Zeitpunkt, an dem man zu gehen hat, lässt sich nur für *hochoffizielle* Banketts festlegen:

- Man bleibt mindestens drei, höchstens vier Stunden.

□ Für alle anderen Abendessen, für Bälle und Feste gibt es keine offizielle Verweildauer – außer der, die unsere Eltern uns schon früher mit auf den Weg gegeben haben: Man bleibt nicht bis zuletzt.

Bei rein gesellschaftlichen Veranstaltungen wie auf privaten Festen ist es bei uns üblich, dass stets ein Kreis von Freunden übrig bleibt – der so genannte »harte Kern«. Man sitzt noch ein wenig »gemütlich« zusammen und in diesen späten Runden hat die Etikette sich auch schon zur Ruhe begeben.

TIPP

☐ Als Neuling muss man zuerst einmal zu dem »harten Kern« hinzu gebeten werden. Das geht dann etwa so:

- »Ach, müssen Sie unbedingt schon nach Hause? Bleiben Sie doch noch einen Moment und setzen Sie sich zu uns«, oder so ähnlich.

Achtung: Ohne diesen zweiten Satz ist das weiter nichts als eine freundliche *Verabschiedung*.

TABUS

■ Es wäre eine grobe Unhöflichkeit gegenüber den Gastgebern, andere Gäste dadurch zum Gehen zu veranlassen, dass man zum Aufbruch »bläst«.
■ Eine Gesellschaft frühzeitig zu verlassen, wird als grobe Unhöflichkeit verstanden. (Gründe wie: Hund/Oma kann nicht länger allein bleiben, werden als Ausrede identifiziert und wirken frustrierend.)

Zur weiteren Etikette des Gastes

TIPPS

☐ Ein Gast mit Lebensstil wird

- dem *Bekleidungsvermerk* auf der Einladung stets folgen, denn er/sie weiß, dass er das Gewicht einer absolut bindenden Vorschrift hat
- in der oben beschriebenen Weise *pünktlich* erscheinen
- es dem Gastgeber vorher mitteilen, falls man die Absicht hat, eine – wenn auch nur eine kurze – *Tischrede* zu halten
- sich *leise* und unaufdringlich verhalten

- taktvolle *Zurückhaltung* gegenüber anderen Gästen üben – selbst bei umwerfend schönen Frauen/Männern oder auch Promis, die man/frau gern einmal näher kennen lernen würde
- höflich *zuhören* – selbst bei den uninteressantesten und obendrein schlecht erzählten Geschichten
- ein *Trinkgeld* hinterlassen, wenn die Veranstaltung unter *Mithilfe von Personal* durchgeführt worden ist
- sich am nächsten Tag für die Einladung *bedanken* *(Näheres hierzu siehe unten).*

TABUS

■ Ein wohlerzogener Gast wird *nicht*

- in *»unpassender«* oder gar *provozierender Kleidung* zu einer Veranstaltung erscheinen
- von sich aus einen weiteren *Gast mitbringen, ohne* von den Gastgebern ausdrücklich dazu *aufgefordert* worden zu sein
- unaufgefordert *Platz nehmen* oder gar an der Tafel sich als Erster setzen – *ausgenommen* man/frau ist der *Ehrengast*
- als Erster *trinken*; denn diese Ehre hat der Gastgeber
- als Erster anfangen zu *essen*; das ist das Privileg der Gastgeberin
- als Erster das *Wort an die Gäste richten*; auch das ist dem Gastgeber vorbehalten
- als Erster *rauchen* – es sei denn, es ist extra dazu aufgefordert worden *(Näheres über Rauchen siehe S. 286 f.)*
- einen der Gastgeber so »mit Beschlag belegen«, dass der sich nicht in genügender Weise um die anderen Anwesenden kümmern kann
- *laut* werden, selbst nicht zu etwas vorgerückter Stunde

- so *viel trinken*, dass die erforderliche Selbstkontrolle nachzulassen droht
- die Gelegenheit dazu ausnutzen, anwesende *Fachleute* zu *konsultieren*, um dadurch Geld zu sparen.

■ Es gilt heute als *absolut tabu*, Rechtsanwälte, Ärzte, Bankiers, Steuerberater und andere Fachleute auf einer Party um fachlichen Rat anzugehen, für den man normalerweise Honorar bezahlen müsste.

Wie man sich nach einer Einladung bedankt

Als wenn es nicht schon genug rücksichtslose Gewohnheiten in unserem Land gäbe, ist nun auch der gute alte Brauch aller Kulturgesellschaften, dass sich ein Gast am nächsten Tag für die Mühe der genossenen Gastfreundschaft zu bedanken habe, in Gefahr, völlig verlorenzugehen. Da haben offenbar ein paar ungebildete Leute zu viel ein altes Sprichwort etwas falsch verstanden, das da heißt: »Der Kavalier genießt und schweigt.« Denn allenthalben gehen Leute zu Einladungen, Partys und aufwendig gezauberten Abendessen und schweigen sich hinterher nachhaltig gegenüber den Gastgebern aus, ob es ihnen gefallen habe – geschweige denn, dass sie sich an einen Anlass erinnerten, weswegen sie sich vielleicht bedanken sollten.

Und weil es sich bei diesem schlechten Benehmen bereits um ein deutsches Massenphänomen handelt, das auch Menschen mit guten Manieren zu verunsichern beginnt, ob dieser Dank heute eigentlich noch üblich sei, soll es hier mit unmissverständlicher Deutlichkeit ausgesprochen werden:

Der gute Stil verlangt von jedem Gast, sich nach einer Einladung bei der Gastgeberin für die genossenen Speisen und für die aufmerksame Gastfreundschaft zu bedanken.

Falls der Hausherr zu der neuen Riege der kochenden Männer gehört, wird der Dank selbstverständlich an ihn entrichtet.

In seiner Form richtet sich dieser Dank nach der Form und dem Stil der vorangegangenen Einladung. Während in den angelsächsischen Ländern und in Skandinavien ein kurzes Schreiben – man nennt es auf englisch *»Bread and Butter Letter«* – die obligatorische Voraussetzung dafür ist, jemals wieder in diesem Kreis eingeladen zu werden, kann bei uns unter Umständen ein Anruf am nächsten Tag den gleichen Zweck erfüllen.

Wie entrichtet man bei uns diesen Dank?

TIPPS

☐ Nach einem *kleinen Abendessen* unter Freunden genügt ein kurzer *Anruf am nächsten Tag*, mit dem man sich für das ausgezeichnete Essen und den netten Abend bedankt.

☐ Man sollte dazu einen höflichen Mittelweg finden zwischen »kurz angebunden« und langatmigem Gespräch, denn die Hausfrau/der Hausherr wird wahrscheinlich noch eine ganze Reihe solcher Anrufe zu erwarten haben. Dabei nicht vergessen, die korrekten Anrufzeiten zu beachten! *(Siehe dazu Kapitel 3, S. 88)*

☐ Man kann natürlich in diesen Fällen auch eine *Briefkarte* schicken; erforderlich ist ein solches Briefchen dann, wenn man die Gastgeber telefonisch nicht erreichen konnte.

☐ Nach einer *größeren Einladung* muss man sich *auf jeden Fall schriftlich* bedanken. Dazu schreibt man einige kurze Zeilen des Dankes auf eine Briefkarte oder auf seine Visitenkarte, die man dann in einem Kuvert an die Gastgeberin schickt. Eine Postkarte sollte man dafür nicht verwenden.

□ Sollte man keine Möglichkeit gefunden haben, für die Dame des Hauses Blumen mitzubringen, kann man sie durchaus auch mit dem Dankeschön auf der Visitenkarte oder einer Briefkarte der Gastgeberin *am nächsten Tag* zustellen lassen. *(Näheres zu Blumen siehe S. 267 f.)*
□ Nicht vergessen, sich auch im Namen seiner Frau/Partnerin bzw. seines Mannes/Partners zu bedanken!

Geschenke

Schon wieder so ein schwieriges Thema: Was schenkt man wem zu diesem oder jenem Anlass? Wo hört ein Mitbringsel auf und wo fängt das verpflichtende Geschenk an? Wir alle kennen diese schwierigen Probleme mit dem Schenken, die manchmal die Vorfreude auf ein schönes Fest trüben können.

Es ist eine blanke Tatsache, dass das Überbringen von Gastgeschenken zu den ältesten Gepflogenheiten auf der ganzen Welt gehört, und doch gibt es jede Menge Einschränkungen gegenüber der ungezügelten Fantasie und den spontanen Ideen. Andererseits sind Fantasie und Fingerspitzengefühl die wichtigsten Voraussetzungen dafür, dass das Geschenk ein Erfolg wird. Das einzig Feststehende dabei ist, dass es keineswegs immer der materielle Wert ist, der den Wert eines Geschenkes ausmacht.

Nun sind Geschenke weder überall angebracht, noch kann man sie beliebig auswählen.

Drei Faktoren sollten bei der Auswahl eines Geschenks stets gut bedacht werden: das sind der Anlass, die Persönlichkeit und die Beziehung zum Beschenkten.

Es gibt in der Reihe der *Anlässe*, jemandem etwas zu schenken, eine ganz bestimmte Rangfolge; die sieht – auszugsweise – etwa so aus:

- ☐ Privat-Einladungen
  - zum Nachmittagskaffee oder zum Tee
  - zum Abendessen bei Freunden
  - zum Dinner bzw. zu einem festlichen Abendessen
  - zu einer ganz gewöhnlichen Geburtstagsparty
  - zu einer Haus- oder Wohnungseinweihung
  - zu einem »runden« Geburtstag (wird oft auch schon »halbrund« groß gefeiert)
  - zu einer Hochzeit u. a. m.
- ☐ Im beruflichen Zusammenhang bringt man Präsente beispielsweise zu
  - Dienst- oder Berufsjubiläen
  - Verabschiedungen
  - Geschäftseröffnungen
  - Firmen- bzw. Geschäftsjubiläen
  - Gebäudeeinweihungen
  - Einweihung neuer Geschäftsräume u. v. a. m.

Die Bandbreite möglicher Anlässe für Gastgeschenke ist fast unendlich. Sie reicht von einer ganz gewöhnlichen Einladung zum Essen bis zu großen Anlässen, wie runden Geburtstagen, Hochzeiten, Geschäftsjubiläen.

Bei allen Leuten mit sicherem Geschmack besteht zweifelsfrei Einigkeit darüber, dass *zu üppige Geschenke peinlich* wirken, weil sie den Beschenkten zu sehr »verpflichten«. Das heißt, dass sich jemand durch ein zu großzügiges Geschenk verpflichtet fühlen könnte, beim nächsten Anlass dem Schenkenden ein mindestens gleich großes Präsent zu machen oder – aufs Geschäftsleben bezogen – ihm einen unüblichen Gefallen zu tun. Aus diesem Grund kann ein *bescheideneres Geschenk eher feiner* wirken als ein zu aufwendiges. – Diese Empfehlung sollte selbstredend nicht als eine Empfehlung für knickerige oder allzu billige Geschenke verstanden werden.

Nun zu der Maxime, dass ein Präsent *der Persönlichkeit der/des Beschenkten entsprechen* soll. Dieses ist gewiss der schwierigste Punkt, da er voraussetzt, dass man über die Interessen und Vorlieben, sicher auch über die Lebensweise des- oder derjenigen Bescheid weiß, der beschenkt werden soll.

TIPPS

□ Alter und Geschlecht spielen zunächst eine entscheidende Rolle, sodann

□ Ausbildung und besondere Interessen, wie zum Beispiel:

- Bildende Kunst
- Literatur
- Musik (welche Art?)
- alte Geschichte
- alte bzw. andere Völker
- fremde Religionen

□ Am einfachsten ist es, wenn man auf ein ausgeprägtes Hobby stößt, wie zum Beispiel:

- Modelleisenbahn
- Golf
- Angeln

□ Es wäre kein guter Stil, den Empfänger des Geschenks selbst nach seinen Wünschen zu fragen; man muss sich also immer »hintenherum« erkundigen.

Die Forderung, dass das Präsent der *persönlichen Beziehung* zu der/dem Beschenkten *angemessen* sein soll, verursacht oftmals die sensibelsten Probleme. Denn es ist leicht zu konstatieren, dass in der Regel die Größe eines Geschenks mit der Nähe einer Freundschaft oder Bekanntschaft zunimmt. Das Problem liegt jedoch in der Möglichkeit unterschiedlicher Sehweisen auf eine Beziehung: Der eine kann sich mit jemandem für »gut befreundet« halten – oftmals ist dabei auch nur der Wunsch der Vater des Gedankens –, während der andere die Beziehung zu dieser Person als eher beiläufig ansieht. Das ist gar nicht selten so der Fall.

Wenn man sich nicht absolut sicher ist, dass der-/diejenige, für den/die ein Geschenk gedacht ist, die Nähe der freundschaftlichen oder kollegialen Beziehung in gleicher Weise sieht, sollte man sein Präsent vorsichtigerweise eine Nummer kleiner *wählen.*

Allzu oft scheint im Geschäftsleben die Idee verloren zu gehen, dass der Sinn und eigentliche Zweck allen Schenkens ist, den *Beschenkten eine Freude* zu machen – und nicht nur eine gelungene Werbung für das eigene Haus anzubringen, ganz gleich ob sie Spaß macht oder nicht. Also soll hier die Rede von den Geschenken sein, deren Zweck es ist, *persönliche Freude* zu machen. Damit das auch gelingt, müssen oftmals eine Reihe von Erkundigungen eingeholt werden. In den meisten Unternehmen werden solche Aufgaben von den Chefs gern an ihre Sekretärin delegiert, denn dieses scheint offenbar ein Gebiet zu sein, auf dem Frauen unschlagbar sind. Hier muss mit viel Fingerspitzengefühl, manches Mal auch bis in den Privatbereich hinein, agiert werden – nicht nur, wenn zum Beispiel für die Ehefrau des Chefs in letzter Minute ein Geburtstagsgeschenk zu besorgen ist.

Weil sich bei uns die geschäftsmäßige Schenkerei stark verbreitet hat – hierin sind wir auf dem besten Weg zu orientalischen Verhältnissen –, hat sich auch die Handhabung der Geschenke in vielen Unternehmen nahezu professionalisiert. So verfügt manch ein Chefsekretariat über eine richtige *Geschenkkartei* oder gar -datei. Da sind zum Beispiel folgende Informationen – natürlich unter den Bedingungen des Datenschutzes! – festgehalten:

- Namen der Geschenkempfänger
- Geburtsdatum
- Beruf und Position
- gesellschaftliche Stellung/Ehrenämter

- verheiratet?/Single mit oder ohne Partner? Hetero oder nicht?
- Verbindung des- oder derjenigen zum/zur Chef/in, zum Beispiel durch
  - Geschäftsbeziehung
  - bestimmten Freundeskreis
  - Herrenclub bzw. Damenclub
  - Sportclub oder -verein
- persönliche und/oder rein geschäftliche Beziehung?
- Hobbys
- Kunstliebhaber – wenn ja, welche Richtung?
- praktizierte Religionszugehörigkeit?
- Parteienzugehörigkeit? – offiziell …/insgeheim …?
- persönliche Vorlieben/stadtbekannte Macken?
- In welchem Kostenrahmen bewegte sich das letztjährige Geschenk?
- Welche Geschenke hat er/sie bereits erhalten?

Nicht nur der gesetzlichen Datenschutzbestimmungen wegen sollte man so eine Liste auf jeden Fall *stets unter Verschluss* halten.

TABUS

■ Ein Geschenk *sollte nie*
- *zu üppig* sein – es könnte als Anbiederung verstanden werden
- *zu persönlich* sein – es könnte peinlich wirken
- *zu intime* Kenntnisse der Vorlieben und Schwächen des Beschenkten verraten – das würde für den Beschenkten noch peinlicher werden
- *zu verpflichtend* sein – jedermann würde sich sofort fragen, was es den Beschenkten »kosten« wird

– ein *Werbegeschenk* sein – womöglich noch mit Firmenaufdruck.

■ Vorsicht bei »ernsthaften« Sammlern! Man sollte ihnen nie etwas für ihre Sammlung schenken:
- entweder er/sie hat es schon
- oder es ist gerade das falsche Stück bzw. Detail

■ Es wäre eine pure Entgleisung, ein Präsent aus einem bestimmten Anlass zu einer eigenen Werbeveranstaltung verkommen zu lassen.

Über die Art und Weise, wie man *Geschenke verpacken* soll, stehen sich gegenwärtig zwei unterschiedliche Auffassungen unversöhnlich gegenüber: Während die konservative Meinung davon überzeugt ist, dass eine stilvolle Verpackung den Wert eines Geschenkes erhöht, ist eine umweltorientierte Meinung absolut gegenteiliger Ansicht. Hier wird in aufwendiger Verpackung die Vergeudung von Rohstoffen (Holz) einerseits und die Belastung der Umwelt durch Müll anderseits angeprangert.

Unbestreitbar sieht ein aufwendig verpacktes Geschenk ästhetisch schöner aus als eines in schlichter Verpackung. Andererseits ist die Menge des angefallenen Mülls nach der Auspackaktion eines großen Geburtstags durchaus erschreckend.

TIPPS

□ Bei *offiziellen Geschenken*, mit denen man gleichzeitig einen repräsentativen Zweck zu erfüllen hat – zum Beispiel bei Geschenken im Auftrag eines Unternehmens oder einer Institution –, sollte man die *Verpackung* ebenfalls *repräsentativ* gestalten.

□ Bei Geschenken, die *rein privat* zu überreichen sind, kann man

- entweder auf die konventionelle Verpackung zurückgreifen oder
- die Verpackung fantasievoll mit verwertbaren – quasi kleinen Sekundärgeschenken – verpacken, wie Taschentüchern, Geschirrtüchern, (Stoff-)Servietten, Tischdeckchen usw. Diese Art von Verpackungen ist beispielsweise bei Hochzeitsgeschenken und bei jungen Leuten sehr beliebt.

Für alle Gastgeschenke gilt, sie nach Möglichkeit *in Gegenwart der Gäste auszupacken*, denn der Schenkende möchte am liebsten mit eigenen Augen sehen, ob sein Geschenk Freude gemacht hat. Eine Möglichkeit dazu ergibt sich meist nach dem Essen. Gleichfalls kann man sich bei dieser Gelegenheit spontan für das Geschenk bedanken, bei großen Geschenken enthebt es einen jedoch nicht der Verpflichtung, dies auch noch einmal schriftlich zu tun.

Wann schenkt man Blumen?

Das schönste und unproblematischste aller Gastgeschenke sind grundsätzlich frische *Schnittblumen*. Unproblematisch? Hierzu einige

TIPPS

□ Schnittblumen kann man zu jeder Essenseinladung mitbringen, die in einem *Privathaus* stattfindet.

□ Nach heutiger Etikette bekommt die- oder derjenige die Blumen überreicht, die/der *für das Essen verantwortlich* zeichnet; das heißt, falls ein moderner *Hobbykoch* Gäste zu sich einlädt, ist er es, der die Blumen überreicht bekommt.

□ Es ist aber immer noch der *Normalfall*, dass der Dame des Hauses die Blumen überreicht werden.

□ Kommen Gäste als Paar, überreicht der Herr die Blumen.

□ Es müssen allerdings *immer Schnittblumen* sein – als Strauß oder als Gesteck.

□ Über *Zahl, Sorte und Farbe* entscheidet – bis auf geringe Ausnahmen – allein der persönliche Geschmack des Schenkers/der Schenkerin (siehe »Tabus«). Keine Dame mit Stil wird die ihr überreichten Blumen nachzählen.

□ Blumentöpfe oder Topfpflanzen dürfen nur *auf besonderen Wunsch* überbracht werden.

□ Einfaches Einwickelpapier muss *vor dem Überreichen* entfernt werden. Man knüllt es zusammen und einer der Gastgeber oder ein dienstbarer Geist wird einem das Papierknäuel dann schon aus der Hand nehmen. Falls die Gastgeber dies übersehen sollten, kann man mit einer hilfesuchenden Geste auf das Knäuel aufmerksam machen.

□ Blumen, die in transparenter Folie verpackt oder mit einer schönen Papiermanschette versehen sind, werden vor dem Überreichen nicht ausgepackt.

□ Man kann die Blumen auch bereits *am Vormittag* des Einladungstages in das Haus der Gastgeber bringen lassen, damit die Hausfrau sie schon als Tischdekoration verwenden kann.

□ In diesem Fall sollte bei den ins Haus geschickten Blumen aus den beigefügten Zeilen *eindeutig* zu erkennen sein, ob es sich dabei um Vorfreude oder um eine Absage handelt.

□ Sollte man zu einer kurzfristigen *Absage* gezwungen sein, kann man diese Nachricht ebenfalls zusammen mit einem Blumenstrauß ins Haus schicken lassen.

□ Sollte man keine Möglichkeit gefunden haben, Blumen vorher zu schicken oder selbst mitzubringen, kann man sie auch noch am *nächsten Tag* (aber keinesfalls später!) – zusammen mit einem kurzen, handgeschriebenen Dankeschön auf der Visitenkarte oder einer Briefkarte – der Gastgeberin zustellen lassen.

Wann bringt man keine Blumen?

- Zu Einladungen in ein Restaurant – in diesem Fall sollte man die Blumen der Gastgeberin *vor* der Veranstaltung *ins Haus* schicken
- bei Kondolenzbesuchen
- als Ehrengast

Wenn man in einen Privathaushalt eingeladen wurde, zu dem auch kleinere Kinder gehören, sind kleine *Mitbringsel für die Kinder* der Gastgeber durchaus angebracht und gern gesehen.

Jedoch ist es immer besser, sich vorher zu erkundigen, ob man Süßigkeiten mitbringen darf, ehe man sich damit bei den Gastgebern in die Nesseln setzt.

Problemloser ist es jedenfalls, *altersgemäße Bücher* mitzubringen, die es in sehr guter Qualität und heute für schon sehr frühe Altersgruppen gibt. Für die Kleinsten eignet sich gutes Holzspielzeug als kleine Aufmerksamkeit.

TABUS

■ Es wäre ganz falsch, einen Blumenstrauß im Einwickelpapier zu überreichen.

■ Da rote Rosen immer noch als Liebeserklärung gelten, sollte diese nicht unabsichtlich abgegeben werden.

■ Bei manchen Menschen gelten weiße Lilien und weiße Nelken als Totenblumen, also damit ein bisschen Vorsicht.

Souveränes Auftreten im Restaurant

Überall auf der Welt richtet sich das Verhalten wohlerzogener Gäste stets nach dem Stil des Restaurants, das sie zu einem kultivierten Abendessen besuchen. Es wäre also völliger Unsinn, sich in seiner Eckkneipe oder jeder x-beliebigen Pizzeria streng nach der Etikette zu verhalten. Das würde eher lächerlich als imposant wirken. Sobald man jedoch eines der vornehmen Restaurants betritt, darf der Wirt von seinen Gästen sowohl korrektes Benehmen als auch vorzügliche Tischmanieren erwarten.

Denn wirklich angebracht ist das korrekte Verhalten nach der Etikette erst in den Restaurants der gehobenen Gastronomie und Hotellerie, wo ein Fauxpas dann auch gleich vielfach »bewundert« wird. Um jedoch aus der ganzen Palette der Verhaltensformen je nach vorgegebener Situation auswählen zu können, ist es notwendig, über den heutigen Stand der korrekten Verhaltensnormen Bescheid zu wissen. Darum hier ein paar Besonderheiten zum Thema Restaurant.

TIPPS

□ Vornehme Menschen signalisieren bereits durch die Wahl ihrer Kleidung, dass sie den Stil eines Restaurants erkennen und respektieren. *(Siehe Kapitel 5, S. 143 ff.)*

□ Im täglichen Leben geht das jedoch auch anders herum: Man entscheidet sich zu Hause für diese oder jene Bekleidung für den Abend und dann sucht man sich ein Lokal oder Restaurant, das zum Stil des Outfits passt.

□ *Nur in Deutschland (!)* betritt der *Herr vor der Dame* eine Gaststätte oder ein Restaurant; überall sonst in Europa lässt der Herr der Dame auch beim Betreten eines Lokals den Vortritt.

□ Beim Verlassen eines Lokals geht *sie vor ihm* heraus, wobei der Herr der Dame die Tür aufhält. – Das ist die Regel.

□ Falls es sich aber, wie in der Praxis üblich, um eine Gaststättentür handelt, die nach außen aufgeht – meist ausgestattet mit einem automatischen Türschließer, der nur schwer zu überwinden ist –, wäre die konsequente Ausführung dieser Höflichkeitsregel mit einer zirkusreifen Leistung des Mannes verbunden. Deswegen sollte der Herr beim Verlassen des Lokals lieber vor der Dame durch die Tür gehen und sie ihr dann aufhalten.

□ Vor dem Betreten eines Restaurants sollte ein Herr das Jackett schließen, weil man *nie mit offenem Jackett* ein Lokal betritt.

□ Auch das ist heute nicht mehr für jeden selbstverständlich: Man betritt ein Restaurant mit *keiner Hand in der Hosentasche.*

□ Heute ist es üblich, ein Lokal etwas zögerlich zu betreten, um einem/r der KellnerInnen die Chance zu geben, die Gäste zu einem Tisch zu geleiten.

□ Selbstverständlich kann man KellnerInnen höflich fragen, ob man nicht auch an einem anderen Tisch sitzen könne. Wird das verneint, bleibt einem nur übrig, entweder den angebotenen Tisch zu akzeptieren – oder zu gehen.

□ Ein *Herr hilft seiner Begleiterin stets selbst* aus dem Mantel und beim Weggehen auch wieder hinein; dabei nimmt er – mit einer freundlichen Geste – dem hilfsbereiten Kellner den Mantel der Dame aus der Hand. Das entspricht der alten Tradition, die es fremdem Personal nicht gestattete, eine Dame zu berühren.

□ Ein männlicher Gast nimmt für sich selbst das Angebot eines aufmerksamen Kellners gern an, beim Ablegen oder Anziehen des Mantels behilflich zu sein.

□ Bei einem formellen Essen sollte ein Herr sich jedes Mal *erheben*, wenn *seine Begleiterin oder eine Tischnachbarin vom Tisch aufsteht* oder sich zu setzen anschickt.
□ Seiner Tischdame rückt er auch den Stuhl zurecht, das heißt er zieht ihn beim Aufstehen etwas weg und schiebt ihn für sie heran, wenn sie sich setzt. (Umgekehrt wäre es nicht empfehlenswert.)
□ Die *Bestellung des Menüs* erfolgt bei Paaren in erstklassigen Restaurants traditionsgemäß *durch den Herrn* – allerdings wird diese Regel heute kaum noch so streng gehandhabt wie früher.
□ Selbstverständlich kann die moderne Frau auch in Begleitung eines Mannes selbst bestellen. Ein geschulter Kellner in einem exklusiven Restaurant wendet sich zunächst immer noch zuerst an den Herrn.

Auch in dieser Gepflogenheit ist – ausnahmsweise – nicht eine Nichtachtung von Frauen zu sehen. Sie kommt vielmehr daher, dass es sich früher für Bedienungspersonal absolut nicht »schickte«, an eine Dame das Wort zu richten. Und ebenso wenig hatte sie vom Personal Notiz zu nehmen.
□ Falls jedoch einer modernen Frau eine so genannte *»Damenkarte«* geboten wird, sollte sie diese auf jeden Fall zurückweisen. Sie kann

- zum Beispiel den/die OberkellnerIn fragen, ob man ihr ein anderes Restaurant empfehlen könne, in dem auch Damen mit eigenem Einkommen willkommen seien.
- den Oberkellner um Auskunft darüber bitten, warum man in diesem Restaurant Frauen diskriminiere, indem man offensichtlich immer noch von Verhältnissen wie vor hundert Jahren ausgehe, als eine »Dame« nicht erfahren sollte, wie viel der Kavalier für sie anlegte.
- den/die KellnerIn bitten, ihrem Mann diese Karte zu geben, weil er ihr Gast sei.

Die Antworten sollten eigentlich für die Frage entscheidend sein, ob man/frau in diesem Restaurant bleibt oder »ein Haus weiter« geht – das heißt: das Lokal wechselt. Es ist nicht wichtig, auf welche Weise eine Frau auf so eine preislose Speisekarte reagiert – wichtig ist, dass sie die diskriminierende »Damenkarte« *auf keinen Fall akzeptiert!*

TABUS

- Mit Händen in den Hosentaschen ein Lokal zu betreten, gilt überall auf der Welt als ein Zeichen besonders schlechter Manieren.
- Auch mit einem geöffneten Jackett drückt man unmissverständlich seine Geringschätzung sowohl gegenüber den anwesenden Gästen als auch gegenüber dem sich bemühenden Personal aus.
- Heute geht man nicht mehr auf einen freien Tisch los und setzt sich gar, ohne von einem/r KellnerIn einen Tisch angeboten bekommen zu haben.
- Ganz schlechter Stil wäre es, sich mit KellnerInnen in eine Debatte über die Tischreservierungen einzulassen oder deswegen den Geschäftsführer kommen zu lassen.
- Einer modernen Frau – ganz gleich, ob sie nun erwerbstätig oder familientätig ist – eine *Speisekarte ohne Preise* in die Hand drücken zu lassen, bedeutet einen zweifelsfrei *diskriminierenden Missgriff.*
- Reklamationen in Gegenwart anderer Gäste unhöflich und/oder laut anzubringen, wirkt sehr peinlich.

Das *Auswählen des Weins* ist für immer mehr Mitbürger zu einer Art Kulthandlung geworden, die einige Kenntnisse voraussetzt. Wenn man/frau nicht – oder noch nicht – unter die WeinkennerInnen zu rechnen ist, ist es absolut unerlässlich, sich den Rat einer Fachkraft einzuholen. Das eigentliche Problem entsteht erst dann, wenn der/die KellnerIn keine Fachkraft ist.

Gegenwärtig kann man bei uns in allen erstklassigen Restaurants geschultes Personal erwarten. In vielen anderen Lokalen ist man oft besser dran, wenn man die Weinkarte selbst studiert, die in der Regel nach Weiß- und Rotweinen und nach Regionen geordnet ist.

Zu allen Fragen des Weins – auch zu der, welcher Wein am besten zu welchem Menü passt – gibt es eine wachsende Zahl guter, informativer Bücher. Hier müssen ein paar Hinweise genügen.

TIPPS

□ Die alte Faustregel »Weißer Wein zu weißem Fleisch« und »roter Wein zu rotem Fleisch« gilt heute nicht mehr automatisch.

□ Die Auswahl der Weine, die entsprechend zu allen Gängen des Menüs zu treffen ist, hat sich bis heute ungemein verfeinert und beruht auf einem enorm vielfältigen Angebot mit Weinen aus aller Welt.

□ In der exklusiven Gastronomie kümmert sich ein *Sommelier* (den gibt es auch schon weiblich) um die alkoholischen Wünsche der Gäste. Ein Sommelier/eine Sommelière hat eine langjährige Spezialausbildung genossen; man erkennt die Sommeliers an unterschiedlichen »Accessoires«. Meist tragen sie den silbernen, stiellosen Probierlöffel an einer dicken Silberkette um ihren Hals oder eine Anstecknadel in Form einer Weintraube bzw. eines Weinglases am Revers. – Da ist man natürlich in besten Händen.

□ Für das *Probieren des Weins* hat die Gastronomie gegenwärtig eine ganz pragmatische Regel gefunden: W*er bestellt*, bekommt auch den Probierschluck eingeschenkt. In einem guten Lokal wird natürlich vorher gefragt, ehe eingeschenkt wird.

□ Es ist heute keinesfalls ein Verstoß gegen den guten Ton, wenn der Herr den/die KellnerIn bittet, seiner Begleiterin den Probierschluck einzuschenken. Noch vor wenigen Jahren wäre ein Oberkellner oder ein Sommelier bei einem solchen Ansinnen glatt in Ohnmacht gefallen.

□ Beim *Probieren des Weins* geht es hauptsächlich um die Beantwortung zweier Fragen:

- »Korkt« der Wein? – Das heißt, hat der Korken einen bitteren Geschmack an den Wein abgegeben?
- Hat der Wein die richtige Temperatur?

□ Falls man sich nicht ganz sicher ist, ob der Wein nach Kork oder immer »so komisch« schmeckt, bittet man den Weinkellner, diesen Wein zu kosten, weil man sich nicht ganz sicher sei, ob er leicht korkt oder ob das der Eigengeschmack sei. Der/die WeinkellnerIn wird daraufhin *in Gegenwart des Gastes* einen Schluck probieren. Wie auch immer die Antwort ausfällt – im Normalfall akzeptiert man diese Expertise.

TABUS

■ Es ist nicht die feine Art, sich mit dem Weinkellner herumzustreiten. Andererseits ist es für ein gutes Haus keine Frage, dass es im Zweifelsfall eine neue Flasche bringen lässt.

Es gibt eine deutsche Besonderheit, über die sich ausländische Besucher und Geschäftsleute nicht genug wundern können. Während man bei uns in teuren und exklusiven Restaurants kaum Kinder antreffen wird, dürfen *Haustiere* jedoch mitgebracht werden – nicht in alle, aber in manche Lokale.

Das ist in ausländischen Restaurants aus *hygienischen Gründen* absolut undenkbar und muss gar nicht mehr extra verboten werden.

■ Ratten, Frettchen, Hausschweine, Geparde, Leguane, Schlangen und andere »Lieblinge« der Deutschen gehören nicht in ein Speiselokal.
■ Auch ein *Hund*, der die meiste Zeit still unter einem Tisch oder Stuhl liegt, kann für andere Gäste *eine Zumutung* bedeuten.

Für das *Bezahlen der Rechnung* gibt es heute recht unterschiedliche Formen, je nach dem Stil des Restaurants – oder dem persönlichen Stil der Gäste.

TIPPS

□ In exklusiven Häusern, in denen Gäste wie Personal auf die traditionelle Etikette Wert legen, bekommt der- oder diejenige die *Gesamtrechnung* gereicht, der dem/der OberkellnerIn einen entsprechenden Wink gegeben oder die Rechnung verlangt hat.
□ Wenn eine Dame die Einladende ist, sollte sie in der gleichen Weise verfahren und dem/der KellnerIn rechtzeitig sagen: »Die Rechnung nachher bitte zu mir.«
□ Wenn man mit einer Gruppe von Leuten gemeinsam isst, für die mitzubezahlen man keinen Anlass hat, dann sollte man am besten gleich bei der Bestellung den/die KellnerIn darauf hinweisen, dass von dieser Gruppe *jeder für sich be-*

zahlt. Das erspart eine langwierige, nervende Auseinander-Rechnerei am Ende eines Essens.

□ Wenn allerdings mehrere Freunde miteinander essen gehen, dann sollte man dem Kellner diese aufwendige Rechnerei nicht zumuten, wenn es nicht unbedingt notwendig erscheint.

Sollten sich die Verzehrrechnungen in etwa die Waage halten, ist es stets angebracht, die Gesamtrechnung von einem übernehmen zu lassen und dann unter sich aufzuteilen, indem man die Summe einfach durch die Personenzahl teilt.

□ Wenn zwei befreundete Paare gemeinsam essen gehen, macht es einen besseren Eindruck, wenn eine/r von den vieren zunächst das *Bezahlen der Gesamtrechnung* übernimmt und die Paare unter sich dann den Betrag aufteilen; in der Regel übernimmt jedes Paar jeweils die Hälfte.

Wer bekommt Trinkgeld?

Im Allgemeinen gibt man für jede direkte Dienstleistung ein Trinkgeld, so zum Beispiel Taxifahrern, FriseurInnen, dem Garderobenpersonal, dem Hotelpersonal usw.

In Deutschland hat das Trinkgeld insbesondere bei zwei Berufsgruppen – den Friseuren und den Kellnern – die Bedeutung einer persönlich zu bemessenden (und angemessenen?) Lohnzahlung. Denn sowohl in der Gastronomie als auch beim Friseurhandwerk wird das von den Kunden erwartete Trinkgeld hochgerechnet und als Verdienst in den Tariflohn mit einbezogen.

Somit hat es der Kunde/die Kundin in der Hand, mithilfe des Trinkgelds den Lohn von FriseurInnen und KellnerInnen nach deren Leistung zu steigern bzw. zu schmälern.

Als *»Faustregel«* gilt also:

Je mehr man mit einer erbrachten Dienstleistung zufrieden ist, umso höher kann man das Trinkgeld bemessen.

Je schlechter man bedient wurde, umso geringer fällt das Trinkgeld aus.

Das Schwierige daran ist, hierbei das richtige Maß zu finden. Denn wenn man

- ohne Gründe für eine Unzufriedenheit zu wenig gibt, steht man schnell als knickerig da.
- ohne besonderen Grund zu viel gibt, wird man als unerfahrener Idiot oder als Angeber angesehen.

Wie aber lautet nun das »richtige Maß«?

TIPPS

□ Wenn einem die angehende Friseurin mit anhaltender Freude Wasser über das Gesicht laufen lässt – dann sinkt das Trinkgeld auf Null.

□ Wenn man/frau im Hotelrestaurant stundenlang herumstehen muss, bis sich jemand bemüht, einem einen Tisch zuzuweisen – dann gibt es keine müde Mark mehr als auf der Rechnung steht.

□ Wenn KellnerInnen so lange mit dem Nachlegen oder dem Wein-Nachschenken warten, bis das Essen kalt ist und einem Hunger und Durst vergangen sind – dann gibt es eben nichts dazu.

□ Ist man zur Zufriedenheit bedient worden, dann gibt man gegenwärtig an Trinkgeld:

- Im *Restaurant* ca. 7 % – 10 % der Rechnung – je höher die Rechnung, umso geringer der Prozentsatz; das rechnet sich stets *zusätzlich* zu dem bereits in der Verzehrrechnung enthaltenen Trinkgeld.

- Den Taxifahrern ca. 10 % der Rechnung – mal ein bisschen mehr, mal ein bisschen weniger, je nach der Höflichkeit des Fahrers in Bezug auf Tür-Aufmachen, Gepäck-Verstauen usw.
- Für Haarewaschen gibt man immer ungefähr so viel wie für das Tragen von mehreren Koffern. (Früher galten 10 % der Friseurkosten als übliches Trinkgeld, dieser Prozentsatz hat mit der enormen Kostensteigerung in diesem Handwerk nicht mehr mitgehalten.)
- Das Zimmerpersonal bekommt ab dem zweiten Tag ca. 2–5 DM pro Tag; das variiert je nach Hotelstandard wegen des unterschiedlichen Arbeitsaufwands.
- Bei einer Übernachtung im Business-Hotel ist das Trinkgeld für die Zimmerfrauen im Großen und Ganzen aus der Mode gekommen.

□ Bei Privateinladungen sollte man nicht vergessen, für das Bedienungspersonal ein angemessenes Trinkgeld hinzulegen.

□ Das Gleiche gilt bei Privatübernachtungen: der »Logierbesuch« hinterlässt ein Trinkgeld für die Haushaltshilfe.

□ Das alljährliche Trinkgeld zu Weihnachten oder Neujahr erhalten bei uns – mit regionalen Unterschieden von Land zu Land und zwischen Stadt und Land –

- der Postbote/die Postbotin
- der/die ZeitungszustellerIn
- die Müllmänner
- der Friseur/die Friseurin, bei denen man Stammkunde ist, usw.

- *Kein* Trinkgeld gibt man
  - Geschäftsinhabern, Gastwirten usw.
  - Stewards und Stewardessen der Airlines (Schiffstewards dagegen erhalten Trinkgelder)
  - Leuten, die uns einmal einen Gefallen tun.

Im *Zweifelsfall* ist das persönliche Dankeschön sympathischer als jedes Trinkgeld.

Der »Test mit Messer und Gabel«

Wie bereits in Kapitel 1 erläutert, werden wichtige Positionen in Industrie- und Wirtschaftsunternehmen wieder vermehrt erst nach einem gepflegten Essen mit dem/den potenziellen Chef/s vergeben. Dabei ist der so genannte »Check mit Messer und Gabel« schon manchem zum Verhängnis geworden. Wegen des unleugbaren Zusammenhangs zwischen Unternehmenskultur und der persönlichen Kultur der einzelnen Führungskräfte, die ein Unternehmen repräsentieren, kommen die Firmen gar nicht daran vorbei, großen Wert auf die korrekten Tischmanieren ihrer Führungskräfte zu legen. Dabei dient die Kenntnis der Etikette bei Tisch als Ausweis für die genossene Erziehung im Ganzen.

Es liegt also gleichermaßen im eigenen wie auch im Interesse ihrer Firma, dass sich aufstrebende junge Leute vergewissern, was man gegenwärtig unter korrekten Tischmanieren zu verstehen hat – und was nicht. Und ob alles das, was man mal zu Hause gelernt hat, heute noch als richtig angesehen wird. Wenn man sich seiner selbst sicher ist – wenn man also von sich weiß, mit allen Klippen und Finten der Tischetikette vertraut zu sein –, dann gewinnt man eine unbeschreibliche Souveränität bei Tisch. Man braucht dann nicht danach zu schauen, wie andere mit Besteck und Gedeck umgehen oder wie sie diese oder jene Speise angehen. Das entscheidende Plus ist die Tatsache, dass Sicherheit im Umgang mit Speisen und Getränken frei macht für eine konzentrierte Unterhaltung. Und im beruflichen Kontext ist es dann von großem Vorteil, wenn man sich ganz darauf konzentrieren kann, auch alle Zwischentöne mitzubekommen.

Ganz abgesehen davon, dass korrektes Umgehen mit Messer und Gabel selbstverständlich auch dem persönlichen Ansehen dient.

Unerlässlich: Gute Tischmanieren

Unleugbar wird auf die Tischmanieren anderer besonders von denjenigen großer Wert gelegt, die von klein auf dafür sensibilisiert worden sind. Und das sind in der Führungsschicht unseres Landes – vor allem aber im übrigen Europa – auch heute noch die wirklich maßgebenden Leute.

In allen Gesellschaften – so auch in Europa – stellt die so genannte »machttragende« Schicht, also die wirtschaftlich wie kulturell stärkste Gesellschaftsgruppe, einen Konsens über notwendig erscheinende Veränderungen etablierter Verhaltensmuster her. Letztlich dann, wenn diese Verhaltensformen zur Norm geworden sind, werden sie auch für alle diejenigen verbindlich, die dem Vorbild der Oberschicht folgen wollen – oder müssen. Und diese Anpassungsleistung wird nicht nur überall gut honoriert; jeder, der »up to date« sein will, muss sich daran orientieren.

Während es unsere Vorväter noch völlig in Ordnung fanden, mit einem mitgebrachten Messer sich ein Stück vom Braten abzuschneiden, mit den Händen zu essen und sich dann die Finger an einem Lappen abzuwischen, haben sich spätere Generationen immer weiter von dieser »natürlichen« Art der Nahrungsaufnahme entfernt. In jeder Epoche wurde »plötzlich« der Anblick von essenden Menschen peinlich, die nichts anderes taten, als so zu essen, wie sie und alle anderen immer gegessen hatten. Der Grund dafür war, dass sich das *ästhetische Empfinden* der Führungsschicht mit der Zeit immer mehr verfeinerte. Und jeder, der den neuen Zeitstil, das »feinere« Benehmen bei Tisch, nicht beherrschte, wurde ein »Bauer« geheißen – was so viel bedeutete wie unkultiviert und grob.

Und die gleiche Entwicklung haben die Geräusche genommen, die früher bei Tisch allgemein üblich waren. Im Vergleich zu heute muss das auf jeden Fall munter zugegangen sein! Bis zur Gegenwart sind jedenfalls alle erdenklichen Geräusche vom Tisch völlig verbannt worden. So ein offizielles Essen, Bankett oder Dinner hat sich bei uns zu einer weihevollen Zeremonie entwickelt, die heutzutage in (fast) absoluter Geräuschlosigkeit vor sich zu gehen hat. Diese feierliche Stille während eines offiziellen Essens empfinden viele Menschen – auch in unseren europäischen Nachbarländern – als sehr lästig. Aber das ist eben Kultur!

An zwei strengen Grundregeln hat sich alles, was mit Tischmanieren und Essensaufnahme zu tun hat, messen zu lassen: das sind der *ästhetische Anblick* und das völlig *geräuschlose Essen*. Die Ästhetik eines Mahles in Gesellschaft spielte schon zu allen Zeiten eine Rolle. Der bemerkenswerte Unterschied zu den Tischmanieren früherer Generationen kommt allein daher, dass unsere Vorstellungen von dem, was ästhetisch und was unästhetisch ist, sich gewaltig verändert haben.

Die gegenwärtig als korrekt angesehenen Regeln der Tischmanieren lassen für eine »natürliche« Nahrungsaufnahme keinen Spielraum mehr. Als Ausgleich dafür gibt es Schnellimbisse amerikanischer oder auch deutscher Herkunft, wo man sich um die Art und Weise, in der man seine Nahrung in den Mund schiebt, keine großen Sorgen zu machen braucht.

Die korrekte Haltung und Etikette bei Tisch

Recht zum Tragen kommen diese ganzen Hinweise und Vorschriften eigentlich erst, wenn man in kultivierter Umgebung und in Gegenwart anderer speist. Für alle diejenigen Menschen, für die Kultur eine Frage ihres persönlichen Stils ist, den sie von klein auf gewöhnt sind, ist es selbstverständlich, in korrekter Form das Essen einzunehmen. Selbst wenn weit und breit kein menschliches Lebewesen zu sehen ist. Diese Tischmanieren sind ihnen zur zweiten Natur geworden.

Unbestreitbar ist die Form, in der man zu Hause im stillen Kämmerlein seinen Hunger zu stillen pflegt, jedermanns und jederfraus Privatsache – wenn es da nicht die vertrackte »Macht der Gewohnheit« gäbe. Erfahrungsgemäß kommt die einem gerade in solchen Momenten in die Quere, wo man sie am wenigsten gebrauchen kann. Und dann wird es schrecklich peinlich. Deswegen ist dies in Verbindung mit den guten Tischmanieren ein keinesfalls überzogener Rat:

Das richtige Sitzen am Tisch und die richtigen Essensmanieren sollte man sich zur täglichen Gewohnheit machen. Dann ist man immer auf der sicheren Seite – auch noch nach ein paar Gläschen Wein oder Bier.

Genug der Begründungen – jetzt kommen die Details! Zunächst zu den *Grundregeln »anständigen« Essens.*

TIPPS

□ Man sollte sich stets aufrecht hinsetzen, mit ungefähr einer *Handbreite Abstand* zum Tisch. Wenn man nicht zu weit vom Tisch abrückt, bleibt die Sitzhaltung von ganz allein aufrecht.

□ Die Grenze für die Hände ist dort, wo die *Hemdenmanschetten* anfangen; hilfsweise nimmt man seine Uhr als Grenze – die darf schon nicht mehr auf dem Tisch liegen.

□ Die Richtung, in der die *Arme* während des Essens in den Schultergelenken bewegt werden dürfen, geht nur leicht nach vorn und dann wieder zurück, das heißt, stets *parallel zum Körper* – und dies so eng wie möglich.

□ Alles zum Essen Vorgesehene wird mithilfe einer *Gabel* oder eines *Löffels* zum Mund transportiert. Der Kopf kommt dabei nur *minimal* dem Bissen entgegen.

□ In einer etwas aufgelockerteren Runde ist es heute erlaubt, in den Pausen zwischen den einzelnen Gängen – während sich kein Speiseteller mehr auf dem Platzteller befindet – eine etwas aufgelockertere Haltung einzunehmen.

TABUS

■ Die *Unterarme* dürfen während des Speisens *nie auf dem Tisch* liegen, weder längs noch quer.

■ *Nie* dürfen die Arme *seitlich* vom Körper weggeführt werden. Armbewegung nach Art des »Ententanzes« wirken bei Tisch nie fröhlich, sondern nur peinlich.

■ Ebenso ist es nicht erlaubt, während des Essens die *Ellenbogen* aufzustützen.

■ Man darf sich grundsätzlich *nicht vor seinem Teller »verbeugen«*. Ein größeres »Entgegenkommen« des Kopfes – nach vorn oder nach seitlich unten – ist ganz schlechter Stil.

■ Selbstverständlich – und das sei hier zur Information von Kultur-Anfängern und Kultur-Ausländern festgehalten – darf man bei uns *nicht*

- mit offenem Mund kauen
- zu viel auf einmal in den Mund stopfen
- schmatzen, schlürfen (Ersteres ist nur bei der Weinprobe und Letzteres nur bei Austern erlaubt)
- mit vollem Mund sprechen
- an den Zähnen ziehen
- rumspucken (dies ist ein Hinweis für unsere chinesischen Gäste).

Nach diesen Grundregeln für das manierliche Essen folgen jetzt noch einige *Etiketteregeln*.

Regeln für das feinere, offizielle Essen

TIPPS

□ Es ist eine alte Tradition, dass der *Gastgeber* oder der ranghöchste Herr als Erster das Glas erhebt und mit einem kurzen Begrüßungswort das *Zeichen zum Trinken* gibt.
□ Die *Gastgeberin* bzw. die ranghöchste Dame am Tisch ist für das *Zeichen zum Essensbeginn* zuständig. Nachdem sie sich vergewissert hat, dass alle Gäste ihr Essen vor sich haben, kann sie dies mit einem kurzen Kopfnicken tun; sie wird dabei zum Besteck greifen und selbst zu essen anfangen.
□ Anstatt »Guten Appetit« zu sagen, nickt sie dabei kurz in die Runde. Nur unter Freunden und im Kollegenkreis ist »Guten Appetit« zu sagen nach wie vor angebracht.
□ Der *Tischherr* rückt seiner Tischdame den Stuhl zurecht und setzt sich selbst nach ihr.

□ Steht eine Dame von der Tafel auf, so *erheben sich* möglichst die links und rechts neben ihr sitzenden Herren, auf jeden Fall aber der Tischherr. Die gleiche Geste wiederholt sich, wenn die Dame an den Tisch zurückkehrt; sodann rückt der Tischherr ihr wieder den Stuhl heran.
□ *Zahnstocher* kann man diskret und nicht zu ausführlich hinter der vorgehaltenen Hand benutzen. Zahnseide wird dagegen besser im Waschraum benutzt.
□ *Lippenstift* darf nach der Mahlzeit am Tisch diskret nachgezogen werden; gründlichere Restaurationsarbeiten sollten jedoch nur im Waschraum vorgenommen werden.
□ *Geraucht* werden darf grundsätzlich erst *nach dem Dessert*. Zwischen den Gängen zu rauchen gilt heute mehr denn je als sehr unerzogenes Benehmen.

- *Ausnahmen* bilden hierin nur sehr ausgedehnte Diners (von ca. 4–5 Stunden Dauer), hier darf frühestens nach dem Sorbet bzw. nach dem ersten Hauptgericht geraucht werden.

□ Heute ist es erforderlich, seine Umgebung *vorher zu fragen*, ob das Rauchen nicht stört; sollte dies der Fall sein, so bleibt einem nur übrig, kurz nach draußen zu gehen.

TABUS

■ Ein Herr setzt sich in Begleitung einer Dame nie zuerst und er sollte auch *nie im Sitzen* einer Dame den Stuhl zurechtrücken.
■ Bei allen *offiziellen* Anlässen und gegenüber Fremden ist »Guten Appetit« zu sagen tabu, weil es als zu familiär und deshalb als unpassend empfunden wird. Offiziell hat der Appetit fremder Leute einen nicht zu interessieren.
■ Sehr peinlich wäre es, wenn ein Rangniederer/Jüngerer als Erster zu essen beginnt.

■ Ebenfalls tabu ist, mit dem Essen zu beginnen, obwohl noch nicht alle am gleichen Tisch Sitzenden ihr Essen vor sich haben.
■ Völlig indiskutabel ist es, bei Tisch »Mahlzeit!« zu sagen.

Die Handhabung des Gedecks

Auch hier sind für manchen unerwartete Klippen zu beachten, will man nicht knietief in Fettnäpfchen stehen. Das fängt schon mit der *Serviette* an.

Die Serviette ist ein traditioneller *Kulturgegenstand*. Allerdings hat sie im Laufe ihrer langen Geschichte ihre Funktion als nützlicher Schutz gegen Flecken auf der Kleidung fast völlig eingebüßt. Weil die Handhabung der Serviette jedoch einen hohen *symbolischen Wert* hat, ist der »automatische« Griff zur Serviette von großer Bedeutung. Lässt man seine Serviette zunächst unbenutzt liegen, wird das nämlich als Zeichen dafür gewertet, dass jemand den Umgang mit Servietten nicht von klein auf gewöhnt ist – was so viel bedeutet, wie aus einer Familie zu stammen, die anstelle einer Serviette zum Mundabwischen immer den Ärmel benutzte.

In ihrer modernen Funktion dient die Serviette im Wesentlichen nur noch dazu, das Glas vor fettigen Markierungen zu schützen, um dem ästhetischem Anblick nicht zu schaden.

Etiketteregeln für den Umgang mit dem gesamten Gedeck

TIPPS

□ Die *Serviette* wird zunächst entfaltet und dann einmal gefaltet auf den Schoß gelegt.

□ Während des Essens tupft man sich mit der Serviette die Lippen jedes Mal ab, ehe man das Glas zum Mund führt.

□ Damen mit geschminkten Lippen sollten mit der Serviette keine »Grundreinigung« vornehmen; ein wenig Lippenstift an der Serviette lässt sich dagegen kaum vermeiden.

□ Das *Besteck* wird möglichst geräuschlos gehandhabt; das Berühren des Tellers darf man nicht hören.

□ *Löffel* und *Gabel* werden zum Mund geführt (nicht umgekehrt!).

□ Den *Löffel* steckt man mit der Spitze nach vorn in den Mund; bei uns wird die Suppe nicht seitlich vom Löffel gesogen (wie zum Beispiel in Großbritannien).

□ Die *Gabel* können wir sowohl mit dem Gabelrücken nach oben als auch wie ein Schäufelchen benutzen; sie darf aber keinesfalls überladen werden.

□ Das *Messer* darf nur zum Schneiden fester Speisen gebraucht werden und man kann damit Speisen auf die Gabel bugsieren.

□ Speisen, die man auch mit der Gabel abtrennen kann, brauchen nicht geschnitten zu werden und sollten es auch nicht, wie zum Beispiel Frikadellen oder Königsberger Klopse.

□ Das früher geltende *Tabu ist völlig aufgehoben*, nach dem bestimmte Speisen nicht mit dem Messer geschnitten werden durften, weil die Schneide des *nicht-rostfreien Messers* dem Geschmack schadete – zum Beispiel bei Kartoffeln, Spargeln oder Salaten. *(Siehe dazu »Wie isst man was?«, S. 294 ff.)*

□ Das Besteck dient gleichzeitig auch als Zeichensprache, die international in gleicher Weise verstanden wird. Man zeigt mit der Anordnung des Bestecks dem Personal – oder privat den Gastgebern –, ob man noch etwas essen möchte oder nicht:

- *offenes Besteck* (= Messer und Gabel gekreuzt) heißt: *»Bitte nachlegen«* bzw. *»Ich bin noch nicht fertig«*
- *geschlossenes Besteck* (= Messer und Gabel parallel) heißt: *»Ich bin fertig«*.

□ Messer, Gabel und Löffel sind nur als Werkzeuge für die Zerkleinerung der Nahrung bzw. deren Transport zum Mund gedacht – keinesfalls als Instrumente für andere Zwecke.

□ Will man sein *benutztes Besteck* kurzzeitig ablegen, so legt man es

- entweder auf das *Messerbänkchen* – sofern vorhanden -
- oder auf den *Rand eines der Teller* des eigenen Gedecks.

□ Wenn man momentan weder einen Teller noch ein Messerbänkchen zur persönlichen Verfügung hat, muss man das Besteck so lange in der Hand behalten, bis man es wieder ablegen kann. Dabei ist es wesentlich, das Besteck möglichst *flach, parallel zur Tischplatte* zu halten und nicht gen Himmel zu richten.

□ Der kleine *Brotteller* steht *links* neben dem Mittelteller bzw. Platzteller; bei uns wird er meist nach den Vorspeisen abgeräumt.

□ Der *Salatteller* kommt dann an die Stelle des Brottellers, also *links* vom Mittelteller.

□ Das *Besteck* entspricht der vorgesehenen Speisenfolge. Es wird jeweils rechts und links neben dem Hauptteller angeordnet; das Besteck für den Nachtisch liegt zunächst über dem Mittelteller.

□ Man benutzt die einzelnen Besteckteile in der *Reihenfolge von außen nach innen*.

□ Bei einem korrekten Service werden sämtliche Teller

- *von rechts* gereicht und auch von rechts abgedeckt: von rechts werden die Gläser eingeschenkt
- *von links* bekommt man nachgelegt oder die Platten angereicht, von denen man sich selbst bedienen soll.

TABUS

■ *Nie und nimmer* darf man ein *Messer in den Mund* stecken oder abschlecken.

■ *Niemals* darf *benutztes Besteck* auf das Tischtuch gelegt werden!

■ Mithilfe von Besteckteilen darf man weder gestikulieren, um eigene Argumente zu unterstützen, noch ähnliche abenteuerliche Aktionen unternehmen.

■ Besteck sollte man als Erwachsener *nicht in der Faust* halten.

In Kontinentaleuropa legen vor allem kultivierte Menschen erheblichen Wert auf eine *Weinkultur*, die sich in anderen Kontinenten und auf den Britischen Inseln erst zaghaft anzudeuten beginnt. Als ein völlig mit Tabu belegter Bestandteil dieser Kultur gilt, den Kelch eines Weinglases bzw. Sekt- oder Champagnerglases mit der Hand zu umfassen, weil das der Temperatur des Weines und seinem ästhetischen Anblick in dem kristallenen Glas erheblich schaden würde. Weingläser und Sekt- oder Champagnergläser müssen daher stets am Stiel angefasst werden, um nicht durch Fingerabdrücke das Glas zu trüben. Dies ist ein Punkt, wo Weingenießerkultur sich von Biertrinkergewohnheiten auf Anhieb unterscheiden lässt.

TIPPS

□ *Langstielige Gläser* – also zum Beispiel alle Wein-, Sekt- oder Cherrygläser – müssen grundsätzlich *am Stiel angefasst* werden.

□ Bevor man während eines Essens einen Schluck trinkt, müssen die *Lippen* jedes Mal mit der Serviette *abgetupft* werden.

□ Die *Gläser* sind so angeordnet, dass sie *von rechts nach links* gebraucht werden sollen. Das Glas für das Getränk des Hauptgerichts steht dabei oberhalb des Mitteltellers.

TABUS

■ So oft gesehen und bei uns trotzdem falsch: Wein- oder Sekt- bzw. Champagnergläser mit der ganzen Hand zu umfassen – nach britischer Etikette wäre es erlaubt.
■ Ein Glas, das voller Fingerabdrücke oder fettverschmiert ist, stört ganz erheblich den ästhetischen Eindruck.

Zu allen Gerichten, die man nur *mit den Fingern essen* kann, wird eine *Fingerschale* gereicht. Das ist eine kleine Schale in beliebiger Form mit warmem Wasser und einer Zitronenscheibe darin. Diese Zitronenscheibe ist weniger zur Verbesserung des Geschmacks der Finger als zum Neutralisieren des Fetts gedacht. Die Fingerschale wird rechts oberhalb des Gedecks platziert.

In die Fingerschale werden die Fingerspitzen getaucht, anschließend werden die Fingerspitzen mithilfe einer zweiten (!) Serviette getrocknet.

Alle Speisen, zu denen keine Fingerschale gereicht wird, müssen mit Besteck gegessen werden!

Die *einzige Ausnahme* bildet das *Brot*, das zu jedem Menü gereicht wird.

Es spielt nicht die geringste Rolle, in welcher Form das *Brot* vor dem ersten Gang und als Beibrot zu den Speisen gereicht wird – sei es als Weißbrot, Brötchen oder Schwarzbrot: Stets ist es ein Ersatz für das französische Baguette, das wiederum zu einem Menü in der Tradition der französischen Küche unverzichtbar dazugehört. Wegen dieser eindeutigen Herkunft wird das Beibrot in seiner Handhabung wie ein gedachtes Stück Baguette gesehen.

Nicht zuletzt deswegen darf man es *nie und nimmer schneiden, stullenartig bestreichen und dann womöglich reinbeißen*. Ungeachtet dessen, wie häufig man diesen urigen Umgang mit dem Beibrot gegenwärtig beobachten kann, ist und bleibt es ein schlimmer Fauxpas.

TIPPS

□ Das zum Menü gereichte Brot wird immer und ausnahmslos in *mundgerechten Stücken abgebrochen* und so jeweils sofort gegessen.
□ Vor dem ersten Gang kann man so ein Stückchen – nach Belieben – mit etwas Butter belegen, anschließend wird es sofort in den Mund geschoben.
□ In Deutschland wird das Brot zu den Vorspeisen gereicht und dann erst wieder zum Käsedessert.
□ In der internationalen Küche bleibt das Brot zu allen Gängen (ausschließlich des süßen Desserts) Bestandteil des Menüs und wird laufend nachgereicht – schon um die Küchenkunstwerke von Saucen mit den Brotstückchen aufnehmen und gebührend genießen zu können.
□ Es ist also durchaus korrekt, mit einem Brotstückchen Sauce aufzunehmen.
□ Sollte kein Brotteller (mehr) dasein, kann man ruhig das Brotstück links neben seinem Teller auf dem Tischtuch ablegen und zum Abbrechen wieder zur Hand nehmen.
□ Die beim Abbrechen entstehenden Krümel sind völlig normal und werden vom Servicepersonal – mit unterschiedlichen Techniken und oft sehr elegant – entfernt.

□ Brot oder Brötchen ganz – oder eine Hälfte – bestreichen und dann abbeißen darf man *nur beim Frühstück* oder in den Fällen, bei denen Schmalz- oder Quarkbrote als Vorspeise gedacht sind, wie es in manchen Gegenden Deutschlands üblich ist.

TABUS

■ In die Hand genommene Brotstücke oder -scheiben wieder in den Brotkorb zurückzulegen.
■ Eine ganze Scheibe Beibrot oder Brötchen zu bestreichen und dann abzubeißen. – Achtung: Das ist für Kenner ein *Maxi-Fauxpas*!

Die Handhabung von *Suppentellern* und *Suppentassen* unterscheidet sich in einem Punkt grundsätzlich:

TIPPS

□ Der *Suppenteller* wird zum Aufnehmen des Suppenrestes *nicht geneigt*; dadurch erübrigt sich auch die Frage, ob man den Suppenteller nach vorn oder nach hinten kippen darf – man darf gar nicht!
□ Die *Suppentasse* darf sowohl geneigt und ausgelöffelt als auch an einem oder beiden Henkel/n zum Mund geführt und *der Rest* dann *ausgetrunken* werden.

Zu einem *Kaffeegedeck* gehören: Tasse, Untertasse, Kuchenteller nebst Kaffeelöffel und Kuchengabel, außerdem eine kleine Kaffeeserviette aus Stoff oder eine hübsche, dünne Papierserviette.

Zu einem *Teegedeck* gehören Teetasse und Untertasse nebst Teelöffel, eventuell auch noch kleine Gebäckschälchen.

TIPPS

□ Eine Tasse besteht aus zwei Teilen – Obertasse und Untertasse. Da die *Untertasse* also ein unverzichtbarer Bestandteil sowohl der Kaffeetasse wie auch der Teetasse ist, wird die Tasse stets *zusammen mit der Untertasse* zum Ein- oder Nachschenken angereicht.

□ Ebenfalls wird eine Tasse stets zusammen mit der Untertasse vom Tisch genommen, wenn man etwas entfernt von seinem Gedeck sitzt – zum Beispiel an einem Couchtisch.

□ Der *Kaffeelöffel* wird nur zum Umrühren benutzt und dann sofort wieder *auf die Untertasse* zurückgelegt.

TABUS

■ Kaffee- oder Teetassen im Stehen oder über etwas größere Distanzen ohne Untertasse zu benutzen.

■ Beim Trinken den Kaffee- bzw. Teelöffel in der Tasse zu lassen.

■ Tee aus Kaffeetassen zu trinken oder umgekehrt; das gilt als sehr stillos.

Wie isst man was?

Es ist nicht zu leugnen, dass mehr als eine ganze Generation von Fast-food-Konsumenten ihre Spuren im täglichen Umgang mit Speisen und Getränken hinterlassen hat. Und ganz ohne Frage bleibt es jedem und jeder unbenommen, in dieser »natürlichen« Art und Weise mithilfe von Fingern und Fäustchen seine Nahrung zu verzehren. Man darf sich dabei nur nicht der falschen Vorstellung hingeben, die akzeptierten Tischmanieren hätten sich so weit gelockert, dass man heute so ziemlich alle festen Speisen aus der Hand essen könne. Das ist ein gravierender Irrtum.

Das Gegenteil ist richtig. Die Tischmanieren – und damit auch die Vorschriften, wie man Speisen zu sich nimmt – sind *strenger* geworden. Sie haben sich nur dort scheinbar liberalisiert, wo aufgrund technischer Innovationen alte Regeln definitiv obsolet wurden. So hat beispielsweise die Verwendung von rostfreiem Edelstahl für Messerklingen frühere Vorschriften für die Benutzung des Messers völlig revolutioniert.

Einzig und allein deswegen, weil früher die Messerklingen aus rostendem Stahl bestanden, durfte man eine ganze Reihe von Speisen nicht mit dem Messer schneiden. Das hatte auch seinen guten Grund, denn der Stahl verdarb den Geschmack zum Beispiel von Fisch und Kartoffeln. Auch setzten Eiweiß und Säuren chemische Reaktionen in Gang, die gesundheitsschädigend waren. Das waren die einzigen Gründe, weswegen man früher Kartoffeln, Fisch, Spargel, Salat, Ei usw. nicht mit dem Messer zerkleinern bzw. schneiden durfte.

Das eigentlich Erstaunliche ist, dass es ein bis zwei Generationen braucht, bis auch die breite Öffentlichkeit von dieser Änderung Kenntnis erhält. Eigenartigerweise haben viele Leute eher die Gewohnheit angenommen, alles Mögliche mit den Fingern zu essen, als Kartoffeln mit dem Messer zu schneiden. Und dann gibt es noch die älteren Herrschaften, die davon ausgehen, die materialtechnisch begründeten Tischmanieren seien gottgewollt.

Wegen des »volkstümlichen« Essverhaltens jedoch, dem man fast täglich irgendwo begegnet, gibt es bei vielen Menschen Unsicherheit darüber, ob diese oder jene Art zu speisen nun auch in offizieller Umgebung die richtige sei. Das fängt schon bei so alltäglichen Speisen wie Spaghetti an – wie groß ist dann erst die Unsicherheit dort, wo es sich um nicht-alltägliche Speisen handelt.

Nun also zu einigen *Zweifelsfällen des Verzehrs* von täglichen wie auch nicht ganz alltäglichen Speisen – in alphabetischer Reihenfolge.

TIPPS

□ **Abendbrot** – das bei uns üblicherweise aus kalter Wurst- und Käseplatte mit etlichen Unter- und Beilagen besteht – wird mit *Messer und Gabel* gegessen. Ganz korrekterweise darf man eigentlich *nichts mit den Fingern* anfassen oder gar zum Mund transportieren. Allerdings gehört es zu den ganz kleinen Sünden, wenn man beim Bestreichen mit Butter oder Ähnlichem das Brot mit spitzen Fingern etwas festhält.

- Genauso isst man auch die *Kalte Platte*.

□ **Artischocken** – die Blätter werden einzeln mit den Fingern abgezupft, in Sauce gestippt und dann mit der fleischigen Seite durch die Zähne gezogen, sodass man nur noch das Blatt mit einigen trockenen Fasern in den Fingern hält; dieses legt man dann am Tellerrand ab. *(Fingerschale!)* Von dem nun übrig gebliebenen Artischockenboden hebt man das »Heu« ab, legt es ebenfalls beiseite und isst dann den Boden mit Messer und Gabel.

□ **Austern** – werden heute schon vorbereitet serviert, sodass man sie nur noch – je nach Geschmack – mit Zitrone zu beträufeln braucht, ehe man sie mit der Schale (vorsichtig, damit das Wasser nicht überschwappt) zum Mund führt und – zusammen mit dem Seewasser – ausschlürft. Das Austern-Essen ist übrigens eine der wenigen Gelegenheiten, bei denen man noch Geräusche produzieren darf: Man darf schlürfen! (Fingerschale!)

□ **Avocados** – werden meistens, in Hälften gefüllt, als Vorspeise gereicht; man isst den Inhalt mit einem kleinen Löffel aus und das Avocadofleisch bis auf die äußere Haut; die Avocado wird dabei mit der Hand festgehalten.

□ **Dekoration** – wie zum Beispiel Salatblätter, Tomaten- und Gurkenscheiben, Petersilie, alle Arten von Kräutern –, kurzum *alles* das, was auf dem Teller dekorativ arrangiert wurde, kann grundsätzlich gegessen werden – und zwar ratzeputz, wenn man will! Auch die Blumendekorationen – nicht die auf dem Tisch, sondern die auf dem Teller, selbstverständlich – sind essbar.

□ **Ei** – wird im gekochten Zustand aus einem Eierbecher gegessen; dabei kann man die Schale mit dem Eierlöffel aufklopfen und abpellen. Man darf das Ei aber auch mit dem Messer »köpfen«, den oberen Teil dann abheben und auslöffeln. Das Ei wird *nicht aus dem Becher genommen.*

- *Rührei* – wird nur mit der Gabel, Rührei mit Schinken mit Messer und Gabel gegessen.

□ **Fisch** – wird bei uns »in der Regel« mit dem Fischbesteck gegessen. Wenn es kein Fischbesteck gibt, ist heute gar nichts dagegen einzuwenden, Fisch ganz normal mit Messer und Gabel zu essen. Das frühere Verwenden von zwei Gabeln ist heute nicht mehr erlaubt.

Alle *marinierten* Fische, zum Beispiel alle Arten eingelegter Heringe, und *geräucherte* Fische, wie Aal, Lachs usw., werden mit Messer und Gabel gegessen.

□ **Geflügel** – wird ab einer praktikablen Größe (etwa ab Schnepfen) grundsätzlich mit *Messer und Gabel* gegessen; auf jeden Fall alles, was größer ist als eine Wachtel, natürlich auch Hähnchen und Hühnchen. (Dies gilt nicht für das Verspeisen von Brathendln in Festzelten und bei ähnlichen volkstümlichen Gelegenheiten.) Zum Miniatur-Geflügel wird stets eine *Fingerschale* gereicht.

□ **Hummer** – als Vorspeise wird meist ein halbierter Hummerschwanz gereicht, dessen Fleisch man problemlos mit Messer und Gabel aus dem Panzer essen kann. Als Hauptgericht erfordert er schon etwas mehr Mühe: er wird als »ganze« Hälfte serviert, der man mit einigen besonderen Instrumenten zu Leibe rücken muss – das sind Hummergabel, Hummerzange und – unausweichlich – die Finger (daher: *Fingerschale!*). Mit der Zange werden die Scheren geknackt, die Beine an den Gelenken gebrochen; das Fleisch wird dann mit der Hummergabel herausgeholt. Man darf auch an den Beinchen saugen und das Fleisch herauszuzeln und dadurch (wiederum erlaubte) Geräusche machen.

Die gute Nachricht: – Ohne rot zu werden, kann man sich den Hummer heutzutage vom Oberkellner aus dem Panzer lösen lassen oder bereits von der Küche vorbereiten lassen. Man sollte es nur gleich mit der Bestellung sagen. Das ist alles.

□ **Kartoffeln** – können heute problemlos mit dem Messer geschnitten werden *(siehe oben)*, sofern es nötig ist. Sitzt man mit der älteren Generation zu Tisch, kann man sich ja ganz diskret mit dem Messer der Kartoffel oder dem Knödel nähern, weil die alten Herrschaften das noch als Stilbruch empfinden.

- *Folienkartoffeln* – werden mit einem kleinen Löffel aus der Schale gegessen.
- *Pellkartoffeln* – hält man mit der Gabel in der Hand und schält sie mit dem Tischmesser; das ist zwar etwas mühsam, aber es geht.
- *Kartoffelknödel* – werden nur noch von ganz alten Herrschaften mit der Gabel auseinander gezupft. (Das ist o.k. bei Topfenknödeln oder ähnlichen Süßspeisen.)

Für eine ästhetische Handhabung von Knödeln empfiehlt sich zum Mindesten ein erster Anschnitt mit dem Messer, damit einem nicht der mit einer Gabel angedrückte Knödel durch die Soße in unkontrollierbare Richtungen saust.

□ **Kaviar** – wird mit normalem Besteck gegessen. Man *bricht* von dem dazu gereichten Toast jeweils ein Stückchen ab, bestreicht es mit etwas Butter und legt sich mit dem Messer etwas Kaviar drauf; man beträufelt das Häppchen mit etwas Zitronensaft und schiebt es dann in den Mund. Man kann auch jeweils ein Toaststückchen und eine Gabel voll Kaviar nacheinander essen. Dazu passen auch Plinsen (oder: Blini); das sind kleine, russische Pfannkuchen, die sich wachsender Beliebtheit erfreuen.

Tabu: Keineswegs sollte man sich eine »Kaviarstulle« machen; das heißt also: man darf *nicht die ganze Scheibe* Brot mit Butter bestreichen, mit Kaviar belegen und dann abbeißen. Das ist *barbarisch*!

□ **Krabben** – (= Scampi) sollten – korrekterweise – mit Messer und Gabel gegessen werden. Dazu wird zuerst der Kopf abgetrennt und dann, ganz vorsichtig, mit dem Messer der Panzer seitlich weggehoben und das Krabbenfleisch aus dem Panzer herausgelöst. Da das nicht so ganz einfach ist, hier der ganz *»heiße Tipp«*: Man lasse sich vom Kellner eine *Fingerschale* und eine zweite Serviette bringen und begebe sich mit den Fingern an das »Krabbenpulen«. So hat man eine gute Chance, die Krabben auch noch warm verspeisen zu können.

Für das korrekte Essen mit Messer und Gabel auch noch ein Tipp: üben, üben, üben …

- *Krabbencocktail* – ist unkompliziert zu essen: Man löffelt ihn mit einem kleinen Löffel oder einer Kuchengabel aus der Schale. Selbstverständlich haben diese Krabben ihren Panzer bereits vorher in der Küche ablegen müssen.

□ **Krebse** – sind bereits aus den Schalen gelöst, wenn sie als Vorspeise gedacht sind, und werden mit den verschiedensten Saucen gereicht, sodass man sie nur mit einer kleinen Gabel zu essen braucht.

Als Hauptgericht ist das »Krebsessen« jedoch eine sehr aufwendige Sache. Zuerst wird man mit einem *Lätzchen* oder einer in den Kragen gesteckten Serviette vor dem stark färbenden Krebssaft geschützt. Dann muss man sich selbst mit den Fingern, mit Krebsmesser und Gabel an die Arbeit machen: man bricht den Krebsen zuerst den gekrümmten Schwanz ab, und dabei kann das Fleisch schon zum Vorschein kommen; tut es das nicht, muss man mit dem Krebsmesser die Unterseite des Schwanzes aufschneiden, um an das Fleisch zu gelangen. Mit dem Loch in der Schneide des Krebsmessers knackt man die Beinchen auf und zuzelt sie aus. Mit den Krebsscheren verfährt man in gleicher Weise wie mit den Hummerscheren. *Obligatorisch:* Lätzchen oder große Serviette, Fingerschale, Schale für die Abfälle und zusätzliche Serviette.

□ **Langusten** – werden heutzutage schon von der Küche vorbereitet, ehe man sie serviert bekommt. Von der Languste kann man nur das Schwanzfleisch essen, Scheren sucht man bei dem Tier vergeblich. Im Hinblick auf die Beilagen werden sie wie Hummer gegessen.

□ **Muscheln** – werden mit einem Schalenpaar, das wie eine Zange gehandhabt wird, aus der Schale gegessen. Für die erste Muschel benutzt man die Gabel und den Löffel für den Sud, der wie Suppe gegessen werden kann. Auch hierfür: *Fingerschale* und Extra-Serviette.

□ **Obst** – wird mit einem kleinen Obstbesteck gegessen, oder aber mit Messer und Gabel. Sollte es sich um Obst handeln, das man nur unter Zuhilfenahme der Finger essen kann (z. B. Weintrauben), ist eine Fingerschale mit zusätzlicher Serviette erforderlich.

□ **Salat** – kann man heutzutage ganz normal mit Messer und Gabel essen. Zu große Salatblätter, Tomatenscheiben und was sonst noch zu zerkleinern ist, kann man mit dem Messer schneiden, wenn es nötig ist. Es besteht keinerlei Grund mehr für die althergebrachte Vorschrift, große Salatblätter um die Gabel zu winden; darunter leidet stets die Kleidung – wegen unseres üppigen Umgangs mit dem Salatdressing (zu deutsch: Salatsoße).

□ **Schnecken** – benötigen wieder ein besonderes Besteck: Schneckenzange und die kleine Schneckengabel. Mit der Schneckenzange wird das Schneckenhaus festgehalten, während man mit der kleinen Gabel das Schneckenfleisch herausholt. Dazu werden kleine Stückchen Brot oder Toast gegessen, die man in die flüssige Butter oder den Sud eintauchen kann, bevor man sie isst. Zur Erinnerung: *Brot brechen, nicht abbeißen.*

□ **Spaghetti** – werden nur mit der Gabel gegessen, auf die man jeweils drei bis vier Nudeln *am Tellerrand – ohne Zuhilfenahme eines Löffels (!)* aufwickelt. Der zusätzliche Gebrauch eines Löffels ist eine Erfindung der Italiener für die ersten deutschen Touristen nach dem Krieg. Es macht daher einen außerordentlich spießigen Eindruck. Ebenso sollte man Spaghetti *keinesfalls mit dem Messer* kleinschneiden. (Üben lohnt sich!)

□ **Spargel** – werden mit dem Messer geschnitten; das entspricht heute der Etikette. Die ältere Art, den Spargel mit zwei Fingern zum Mund zu führen, ist nur noch vereinzelt anzutreffen (Fingerschale notwendig).

TABUS

■ Es ist *nicht erlaubt*,
- irgendetwas auf dem Teller auf Vorrat zu zerkleinern.
- Kartoffeln bis zur Unkenntlichkeit zu zermantschen.

- mit Kartoffeln und Soße eine Spachtelmasse zu erarbeiten.
- mit Vanilleeis und Schokoladensoße eine Pampe herzustellen.

So gern das auch manch einer macht; es wirkt absolut unästhetisch auf die mit am Tisch Sitzenden, die mit Appetit essen möchten.

Trinksitten/Alkohol

Wenn es einmal irgendwo offiziell und nach der Etikette zugeht, dann ist nichts mehr so einfach wie am Stammtisch – auch das Trinken nicht. Bei einer Einladung oder Veranstaltung, die sich nach den korrekten Formen richtet, sind folgende Regeln zu beachten:

TIPPS

□ Alle offiziellen Trinksitten sind immer noch auf den Hausherrn bzw. den Gastgeber konzentriert.

□ *Der Hausherr begrüßt* mit dem ersten Schluck seine Gäste. Die günstigste Gelegenheit dazu ist der Aperitif – etwa Sekt oder Champagner –, den man im Stehen einnimmt. Dabei trinken die Gäste meist gleich mit.

□ Bei größeren Einladungen erhalten die Gäste ihr erstes Glas im Foyer gereicht und dürfen auch schon daran nippen, während sie auf die nach und nach eintreffenden Gäste warten. Aber auch hier gilt: Der *erste offizielle Schluck* ist das Privileg des Hausherrn.

□ An der Tafel erhebt der Gastgeber als Erster sein Glas und trinkt auf das Wohl der Gäste, den Ehrengast, das Gelingen des Abends, oder auf sonst etwas. Traditionell ist dieses erste Glas ein Glas Wein.

□ *»Zutrinken«* oder *»Zuprosten«* wird heute mit dem gedämpften Zuruf *»Zum Wohl!«* ausgedrückt und dann trinkt man einen Schluck aus seinem Glas. Danach nickt man – noch mit dem erhobenen Glas in der Hand – den anderen Gästen zu.

□ Wird einem von jemandem zugeprostet, so erhebt man sein Glas, erwidert den Gruß mit einem »Zum Wohl!« und trinkt dann selbst einen Schluck. Danach muss man nochmals mit dem Glas in der Hand dem anderen zunicken und *dabei in die Augen schauen.*

□ Es gehört nach wie vor zum guten Ton, bei jedem Zutrinken, nach dem Trinken, sein Gegenüber und seine Nachbarn rechts und links *mit dem Glas in der Hand zu grüßen*; selbstverständlich schaut man sich dabei gegenseitig in die Augen.

□ Beides – das aktive und das erwiderte »Zum Wohl!« – wird aber *nicht über mehrere Leute* hinweg durch den Saal gerufen. Wenn jemand zwei, drei Plätze entfernt sitzt, dann nickt man nur freundlich mit dem erhobenen Glas in der Hand – und dann nochmals, nachdem man einen Schluck getrunken hat.

□ Bei hochoffiziellen Gelegenheiten müssen die Herren der rechts und der links neben ihnen sitzenden Dame jeweils einmal zugetrunken haben – nach beschriebenem Verfahren.

□ Bei jedem »Glas-Erheben«, »Zutrinken«, Danken usw. hält man das langstielige Glas stets *am Stiel* und erhebt es etwa auf *Kinnhöhe.*

□ Diese ganze Zuprost-Zeremonie war bis vor kurzer Zeit an die Bedingung geknüpft, dass man ein alkoholisches Getränk zur Verfügung hatte. Das ist heute auch auf hochoffiziellen Veranstaltungen nicht mehr der Fall.

□ *Bier* ist jedoch in diesem offiziellen Zusammenhang nach wie vor »nicht gesellschaftsfähig«; das bedeutet: Man trinkt sich gegenseitig *nicht mit Bier* zu oder erhebt auch nicht ein

Glas Bier auf jemanden. – Und trotzdem gibt es für jeden Bier, der es mag – nur halt »inoffiziell«.

□ Gegenüber nicht-alkoholischen Getränken hat sich das Trinkverhalten geradezu rasant geändert: Heute darf man jedem und jeder auch mit einem *alkoholfreien Getränk zuprosten* und kein Mensch nimmt Anstoß daran.

Da es immer mehr Menschen gibt, die alkoholische Getränke ablehnen – zum Beispiel, wenn sie hinterher Auto fahren müssen –, wäre es wohl sehr eigenartig, wenn sie von den gesellschaftlichen Ritualen deswegen ausgeschlossen würden.

TABUS

■ Bei einem offiziellen Empfang oder vor einem offiziellen Essen darf kein Gast an der Tafel etwas Alkoholisches trinken, bevor der Hausherr nicht sein Glas erhoben hat.

■ Nach dem Trinken das Glas sofort abzustellen, ohne dem anderen mit dem erhobenen Glas nochmals zuzunicken – ist ein Fauxpas.

■ Mit ausgestrecktem Arm sein Glas zu erheben (das ist eine Geste für sehr späte, bierselige Stunden).

■ Völlig unmöglich: »Prost«, »Prosit«, »Na denn ...« zu rufen.

Dinner-Büfetts – und was man dabei alles falsch machen kann

Sicherlich gibt es bemerkenswerte Unterschiede zwischen einem einfachen kalten Büfett und einem aufwendigen Büfett, das auch eine reichhaltige Auswahl an warmen Speisen bietet. Warum die Büfetts gegenwärtig wieder in unübersehbaren barem Maß in Mode kommen, kann man nicht mit Sicherheit sagen. Niemand weiß so recht, ob es nur an dem notorischen Personalmangel liegt, oder ob es tatsächlich als ein Entgegenkommen für die Gäste gedacht ist, die sich aussuchen können, *wie viel* sie *wovon* essen möchten.

Weil mit dem Büfett-Boom offenbar nicht auch die Anzahl derer zunimmt, die sich bei einem Büfett gut benehmen, scheint es hin und wieder angebracht, einige Regeln in Erinnerung zu rufen.

TIPPS

□ *Das Dinner-Büfett muss* immer von jemandem *eröffnet* werden. In der Regel sind das der Gastgeber oder die Gastgeberin. Man darf als Gast also keinesfalls gleich auf ein Büfett losstürzen, nur weil man hungrig ist.

□ Ein Büfett stellt enorme Anforderungen an die Selbstbeherrschung des Einzelnen. Denn man muss – in einer guten Mischung aus wohlanständiger Bescheidenheit und legitimem Hunger – den geeigneten Moment aussuchen, um sich irgendwann einmal in der Schlange *hinten anzustellen*. Nur Gebrechliche und Behinderte haben das Privileg, vorzugehen – keinesfalls »Prominente«.

□ Wenn man sofort darauf achtet, wo das weitere Besteck und die Servietten liegen – ob am Platz bereits eingedeckt oder an dem Büfett-Tisch zur Selbstbedienung –, kann man sich oft einen Weg sparen.

□ Gewöhnlich nimmt man zuerst einen – meist kleinen – Teller für die kalte oder warme Vorspeise, mit der man sich in der Regel selbst bedienen muss.

□ Nun kommt der sprichwörtliche »zweite Gang«. Das heißt wirklich: Man geht ein zweites Mal, nimmt sich einen neuen Teller, um sich das Hauptgericht zu holen.

□ Falls es sich um ein warmes Hauptgericht handelt – meist mit mehreren Möglichkeiten –, ist häufig auch Personal da, das einem die gewünschte Portion auf den Teller legt.

- Wenn ein Koch hinter dem Büfett steht, ist der deswegen da, damit man sich mit den warmen Speisen *nicht* selbst bedient.

□ Für den Nachtisch muss man sich dann ein drittes Mal hinbemühen – mit einem frischen Teller, versteht sich.

□ Als Gast lässt man seinen benutzten Teller am Platz stehen und nimmt sich stets einen *neuen Teller für jeden Gang*.

□ Sollte der gebrauchte Teller vom letzten Gang nicht in der Zwischenzeit abgeräumt worden sein, während man sich erneut ans Büfett begeben hat, stellt man seinen Teller auf dem Tisch zur Seite.

□ Schmutzige Teller trägt ein Gast nur in Jugendherbergen, in der Mensa, in der Betriebskantine und in ähnlichen Etablissements selbst weg – sonst nie!

TABUS

■ Es verstößt gegen die Regeln des guten Benehmens, wenn man

- sich *zwei Gänge gleichzeitig* auf den Teller lädt, zum Beispiel Vorspeise und Hauptgericht
- seinen Teller zu voll lädt
- zu viel auf seinem Teller übrig lässt, das dann weggeworfen werden muss
- im Gehen oder Stehen noch oder schon wieder kaut
- im Stehen oder Gehen trinkt
- mit einem gebrauchten Teller erneut zum Büffet geht
- mit benutzten Tellern herumläuft
- sich *vordrängelt* – das wird dann richtig *peinlich*.

9 Kultivierte Geschäftsreisende im In- und Ausland

Das Reisen per Bahn

So wie im richtigen Leben, gibt es auch in der Eisenbahn unterschiedliche »Klassen«. Diese Eisenbahnklassen haben jeweils unterschiedliche Ausrüstungsstandards, und diesen entsprechen unterschiedliche Verhaltensstandards – ebenfalls wie im richtigen Leben. Es steht nämlich zweifelsfrei fest: In der 1. Klasse fallen Unhöflichkeit und schlechtes Benehmen weitaus stärker auf und erregen mehr unangenehmes Aufsehen als in der 2. Klasse. Unter dieser Voraussetzung heißt das, dass die Regeln der allgemeinen Höflichkeit unter Reisenden zwar nicht grundsätzlich anders sind, nur der Grad und die Häufigkeit ihrer Anwendung zeigt gegenwärtig bemerkenswerte Unterschiede.

TIPPS

□ Es ist eine selbstverständliche Höflichkeitspflicht, allen Mitreisenden behilflich zu sein, wenn sie mit dem Gepäck oder wegen der hohen Stufen Schwierigkeiten beim Ein- und Aussteigen haben. Das gilt für alle, die Hilfe brauchen.

□ In den modernen Fernzügen gibt es für Handy-Nutzer Extra-Abteile, die mit einem läutenden Handy gekennzeichnet sind. Wenn man während einer Fahrt telefonieren muss, lässt man sich einen Platz in einem Handy-Abteil reservieren. Von allen anderen Plätzen aus geht man auf den Gang bzw. zwischen die Türen der einzelnen Wagen.

□ Wenn jemand bei ganz langen Bahnreisen – und wenn er/sie allein im Abteil ist – die Füße hochlegt, hat niemand etwas dagegen – vorausgesetzt, derjenige hat mithilfe einer *Zeitung oder Decke* dafür Sorge getragen, dass der nächste Passagier den Schmutz oder die Creme der Schuhe nicht an seine Kleidung bekommt.

□ Im Speisewagen setzt man sich auch zu fremden Leuten an den Tisch. Es reicht, wenn man fragt, ob der Platz frei ist. Guten Tag zu sagen ist auch im Speisewagen nicht verkehrt.

TABUS

■ Es ist *nicht* die feine Art, sich die *Schuhe auszuziehen*, und dann die Füße auf einen Sitz zu legen. Das ist in der Regel zwar sauberer, aber weder der Anblick noch die sonstigen Belästigungen, die häufig von Füßen ohne Schuhe ausgehen, sind fremden Menschen zuzumuten. Ich selbst habe durchaus Probleme damit, mich auf einen Sitzplatz zu setzen, von dem jemand gerade seine Socken heruntergezogen hat.

■ Es gilt als ein Zeichen sehr schlechter Kinderstube
- andere Menschen durch Handy-Telefonieren zu stören und sie in ihrer eigenen Konzentration zu unterbrechen, indem man sie zum Mithören fremder Gespräche zwingt.
- im Nichtraucherabteil zu rauchen
- sein Gepäck in den Gang zu werfen, egal, ob dadurch andere Menschen behindert oder zu komplizierten sportlichen Übungen gezwungen werden
- Abfall oder Verpackungsmüll auf den Boden zu werfen
- älteren Leuten zuzuschauen – oder auch diskret wegzusehen –, während diese versuchen, ihren Koffer in die Gepäckablage zu heben

– im voll besetzten Speisewagen nach dem Essen am Tisch noch weiter zu sitzen, um zu lesen
– sich auf belegte oder reservierte Plätze zu setzen
– seine Füße – egal ob mit oder ohne Schuhe – auf den ungeschützten Sitz gegenüber zu legen – das ist einfach *barbarisch*.

Die Schlafwagen-Etikette

Der selbstverständliche Zweck dieser Art des Langstreckenreisens ist, dass man lang ausgestreckt *schlafen* kann, um am nächsten Tag an seinem Ziel ausgeschlafen anzukommen. Sonst kann man sich auch »Liegewagen« nehmen; liegen kann man dort auch – und dies angezogen und außerdem billiger. Schlafen ist im Liegewagen nicht unbedingt zu programmieren, allein schon wegen der größeren Zahl der potenziellen Abteilgenossen. Schlafwagen-Reisende dagegen wollen ihre *Ruhe* und etwas *Komfort* und dafür bezahlen sie auch.

Das Komplizierte daran ist jedoch die Tatsache, dass er/sie sich anderen Menschen ausliefern muss. Denn wegen der extremen Verhältnisse, unter denen man reist, ist jeder quasi darauf angewiesen, dass sich die Mitreisenden ordentlich benehmen. Sonst kann so eine Schlafwagenfahrt leicht zum Horrortrip werden. – Und ein gegenseitiges Ausweichen gibt es nicht.

Das Ungewöhnliche am Reisen im Schlafwagen ist, dass man/frau

– nur einen sehr kleinen Raum zum Zubettgehen und zum Aufstehen zur Verfügung hat
– meist diesen kleinen Raum mit einem Fremden teilen muss
– zum Ausziehen und Waschen auch nicht allein ist

- wegen des Deckenlichts, der Waschbeckenbenutzung und anderen Notwendigkeiten konsensfähig sein muss
- nur sehr dünne Wände zum Nachbar-Abteil hat – und das kann, unter Umständen, das Unangenehmste sein.

Wenn alles gut geht, dann kommt man wunderbar ausgeschlafen, frisch gewaschen und wie aus dem Ei gepellt an seinem Zielort an – *wenn* alles gut geht. Abhängig ist das »Wenn« jedoch von dem guten Benehmen der Mitreisenden. Daher ist auch einleuchtend, dass es für das Verhalten im Schlafwagen gewisse Regeln gibt, die man beachten sollte.

TIPPS

□ Schon allein wegen des kleinen Raumes sind gegenseitige *Rücksichtnahme und Taktgefühl* verstärkt erforderlich.

□ Man muss sich demjenigen, mit dem man das Abteil teilt, weder vorstellen noch sonstige Vertraulichkeiten austauschen.

□ Dagegen muss man sich über einige technische Details *verständigen*, zum Beispiel

- wann das Deckenlicht gelöscht werden soll
- vor welcher Station der/die andere aufstehen und sich waschen muss – hierbei geht es um die Reihenfolge der Waschbeckenbenutzung, die man verabreden muss.

□ Wenn man von Nebenabteilen durch vermeidbaren Lärm gestört wird, lässt man den Schlafwagenschaffner kommen und bittet ihn, für Ruhe zu sorgen. – Schnarchen und Baby-Geschrei zählen zu den unvermeidlichen Geräuscharten.

□ Selbstverständlich soll man – aus Rücksicht auf andere – Musik nur mit Kopfhörer hören.

- Beim Waschen darf man nicht das untere Bett unter Wasser setzen, vor allem dann nicht, wenn da bereits oder demnächst jemand liegt.
- Man darf andere Leute nicht mit einer Parfümwolke einnebeln oder sonstwie deren Nase beleidigen.
- Aus fremden Leuten Zwangszuhörer der eigenen Musik aus Kofferradio oder von Kassetten zu machen, ist ein absolut indiskutables Verhalten.
- Keinesfalls sollte man sich als selbst ernannter Schlafwagen-Ordner auf den Weg machen, um andere Leute zur Ruhe zu bringen.
- Es ist nicht erlaubt, wegen Schnarchern die Notbremse zu ziehen, um sie raussetzen zu lassen.

Will man einigem von diesem Stress von vornherein entgehen, kann man sich selbstverständlich ein Abteil für sich allein reservieren lassen. Dann ist man einen Haufen Probleme los. Nur den Schnarcher von nebenan noch nicht. Will man den auch noch vermeiden, muss man sich Ohrstöpsel anlegen oder einen ganzen Schlafwagen mieten. Das geht auch. – Es ist allerdings recht selten.

Höfliche und rüpelhafte Flugzeugpassagiere – keine Frage der Reiseklasse

Wollte man einmal schon von weitem Menschen mit guten Manieren von solchen mit schlechten unterscheiden, brauchte man sie nur beim Betreten einer Passagiermaschine zu beobachten. In kürzester Zeit und mit absoluter Sicherheit würde man herausfinden, wem es eine Selbstverständlichkeit ist, Rücksicht auf andere zu nehmen, und wer nur darauf aus ist, seine eigenen Interessen zu verfolgen. Desgleichen gibt es eine absolut sichere Methode – besonders auf langen Flügen –, die wirklich wichtigen Leute von den angeblich wichtigen, den so genannten »VIPs« (very important persons = sehr wichtige Personen) zu unterscheiden. Die wirklichen Persönlichkeiten sind nicht diejenigen, die viel Wirbel um ihre Person machen; ganz im Gegenteil, es sind die bescheidenen. Diese Passagiere würden auch nie vergessen, sich beim Verlassen des Flugzeugs bei der Kabinen-Crew für deren Mühe zu bedanken.

Bei der Fliegerei ist es ein Gebot guten Benehmens, die *sicherheitsbedingten Vorschriften* ohne Widerspruch zu respektieren – so wie es jeder Mensch tut, der von Flugzeugen eine Ahnung hat.

TIPPS

□ Es hat Sicherheitsgründe, weswegen man großes und zu schweres Gepäck nicht mit in die Kabine nehmen soll. Schwere, kantige Gepäckstücke, wie zu Beispiel Notebooks und schwere Aktenkoffer, können sich schon bei einem etwas harten Aufsetzen mit kräftiger Notbremsung in *tödliche Geschosse* verwandeln. Deswegen dürfen diese Gepäckstücke auch nicht in dem Handgepäckfach über den Köpfen der Passagiere verstaut werden.

□ Sollte man unbedingt so ein schweres Gepäckstück mit an Bord bringen müssen, so übergibt man es dem Kabinenpersonal zum sicheren Verstauen.

□ Es ist ebenfalls sicherheitsbedingt, dass man *Handgepäck* nicht an den Notausgängen unter oder neben den Sitz stellen darf; das könnte im Notfall den Weg nach draußen blockieren.

□ Drittes Beispiel für die fahrlässige Missachtung der Sicherheitsbestimmungen ist das zu frühe Lösen der Sicherheitsgurte und das vorzeitige Aufstehen. Es gibt immer wieder Menschen, die glauben, die Durchsage, dass man bis zum völligen Stillstand der Maschine *angeschnallt* sitzen bleiben soll, sei prinzipiell nur für andere gedacht. Das Unhöfliche daran ist, dass solche Leute nicht nur sich selbst, sondern vor allem andere gefährden, auf die sie aufprallen könnten. – Jeder, der etwas Ahnung von den Unfallmöglichkeiten während des Rollens eines Flugzeuges hat, bleibt garantiert angeschnallt sitzen!

□ Bevor man sich auf langen Flügen mit Extrawünschen an die Stewardess oder den Steward wendet, sollte man darauf achten, nicht gerade einen sehr ungünstigen Zeitpunkt dafür zu erwischen. Ungünstig ist es zum Beispiel,

- wenn der Kapitän eine wichtige Durchsage macht
- wenn gerade die Schwimmwesten vorgeführt werden
- wenn Essen serviert wird und die Servierwagen den Gang versperren
- wenn der Bordverkauf gerade läuft.

□ Das sind übrigens die gleichen Momente, zu denen man den Besuch der Toilette nach Möglichkeit etwas verschieben sollte. Das gilt vor allem für die Fälle, in denen man den/die Nachbarn darum bitten muss, ihre Tische hochzuklappen, damit man vorbei kann.

□ Auf langen Flügen empfinden viele Passagiere die Kabinentemperatur zum Schlafen als recht kühl. Das liegt vor allem an der permanenten Ventilation, die für frische Luft sorgt. Deswegen ist es empfehlenswert, sich einen *Pulli* griffbereit ins Handgepäck zu nehmen, den man/frau dann gegen das Jackett, den Blazer bzw. die Kostümjacke auswechseln kann. Zum Aufhängen des Jacketts gibt es einen Haken an der Rückhaltevorrichtung des Tisches vor jedem Sitz.

□ Wenn man/frau einen langen Flug vor sich hat, ist ein frisches Hemd/eine frische Bluse im Handgepäck überaus nützlich. Der Wechsel geht ganz schnell auf der Toilette vonstatten; und dann bietet man bei seiner Ankunft wieder einen angenehmen Anblick.
□ Jedem kann es einmal passieren, dass man Probleme mit seinen Magennerven bekommt. Das heißt, es kann einem schlecht werden – vor allem vor der Landung nach langen Flügen, wenn es etwas schaukelt und die umgewälzte Luft auch nicht mehr ganz so frisch ist. Für diese Fälle der so genannten *Luftkrankheit* ist mit Tüten vorgesorgt, die in der Sitztasche vor jedem Sitz untergebracht sind. Es hat schon von vornherein eine sehr beruhigende Wirkung, wenn man sich gleich davon überzeugt, dass diese Spucktüte wirklich da ist.
□ Sollte die *Spucktüte* während des Fluges gebraucht werden, so macht man die Tüte nach Gebrauch gut zu und gibt sie einem/r der FlugbegleiterInnen. Vorsichtshalber lässt man sich gleich eine neue Tüte geben.
□ Falls man die Tüte erst kurz vor der Landung gebraucht hat und sie nicht mehr loswerden kann, stellt man die verschlossene Tüte unter seinen Sitz.

TABUS

■ Es ist ganz schlechter Stil, mit mehr oder größerem Handgepäck an Bord zu gehen, als der Stauraum über den Sitzen für jeden Sitzplatz vorsieht, da man damit anderen Passagieren den von ihnen mit bezahlten Platz für ihre Mäntel, Taschen und Aktenkoffer wegnimmt.
■ Sich beim An-Bord-Gehen am Vordermann vorbei die letzte Zeitung zu schnappen oder sich gar mit mehreren Zeitungen einzudecken, zeugt auch nicht gerade von gutem Benehmen. Wenn man so großen Wert auf eine bestimmte

Morgenzeitung legt, sollte man sie sich am besten noch vor dem Flug selbst kaufen und es nicht nur auf die Freiexemplare an Bord abgesehen haben.

■ Ziemlich peinlich wirken Leute, die bei voll besetzten Inlandflügen oder auf kurzen Europastrecken ausgefallene Extrawünsche vorbringen. Bei diesen kurzen Flugzeiten gehen solche Wünsche stets auf Kosten anderer Passagiere.

■ Es kommt immer wieder vor, dass Passagiere mit dem Kabinenpersonal in punkto Sicherheitsstandards Streit anfangen. Obwohl es von einer schon bemerkenswerten Rücksichtslosigkeit zeugt, passiert es trotzdem – meistens wegen der Gepäckstücke, die jemand unberechtigt über seinem oder anderer Leute Kopf unterbringen will.

■ Im freizügigen *Freizeitlook* in einer Linienmaschine zu reisen ist ebenfalls sehr schlechter Stil. Normale Reisekleidung ist sowohl für Damen als auch für Herren der normale Anzug und/oder die formelle Reisekleidung.

■ Einen sicheren Beweis ganz schlechter Erziehung liefert jemand, der

- beim Einsteigen drängelt
- die Rückenlehne seines Sitzes abrupt nach hinten stellt, ohne darauf zu achten, was für eine Wirkung das bei dem hinter ihm Sitzenden nach sich zieht
- mit durchgeschwitztem Hemd dasitzt
- aufdringlich riecht, egal, ob der starke Duft aus der Parfümerie oder aus körpereigenen Vorrichtungen stammt.

Als Gast im internationalen Hotel

Selbstverständlich gibt es riesige Unterschiede im Hinblick auf den Standard der Hotels. Viele dieser Unterschiede ergeben sich durch ganz objektive Gegebenheiten, die man feststellen und dann miteinander vergleichen kann.

Nach solchen objektiven Kriterien werden der Standard bzw. die Klasse eines Hotels ermittelt – nur noch nicht in Deutschland. Anders als in den meisten Ländern Europas gibt es für die deutschen Hotels keine Einteilungen nach Kategorien, wie sie in anderen Ländern meist durch »Sterne« ausgedrückt werden. Bei uns ist man gegenwärtig noch darauf angewiesen, entweder sich nach privatwirtschaftlichen Führern zu richten (z. B. Varta, Michelin u. a.), oder die einzelnen Hotelprospekte zu vergleichen und aus dem Angebot an Fitness-, Freizeit- oder sonstigen Gesundheitseinrichtungen seine eigenen Prioritäten zu setzen. Oder man vergleicht die Übernachtungspreise der einzelnen Hotels. Damit ist aber nur ein *örtlicher Vergleich* möglich. Die Preise sagen nämlich nicht sehr viel über den internationalen Standard eines Hotels aus.

Beim Empfang

Es macht von Anfang an einen sehr guten Eindruck, wenn man sich bereits beim Betreten eines Hotels ein wenig umschaut, um den Stil und die »Spielregeln« des Hauses zu erfassen.

Zum Beispiel hängt es bereits von der Hotelkategorie ab, ob man bei der Ankunft sein Gepäck selbst bis zum Empfang tragen sollte oder ob dafür ein Boy zur Verfügung steht. Die freundliche Aufforderung, sich zunächst einzutragen, ist eine Zumutung, der man sich jedoch überall zu fügen hat. Das macht eigentlich keinem so richtig Spaß; wirklich »genießen« kann man diese Prozedur besonders, wenn man todmüde von einer langer Fahrt endlich angekommen ist. – In den teureren Hotels ist es dann gleichzeitig aber auch das Letzte, was man selbst erledigen muss; alles andere wird einem abgenommen – das Trinkgeld natürlich auch.

Hotels der obersten Kategorie legen Wert darauf, dem Gast jeden auch nur erdenklichen Handgriff abzunehmen. Und für den Gast gehört es sich, dass er sich diese Dienste erweisen lässt – und sich dafür mit einem Trinkgeld bedankt.

Selbstverständlich kann man in erstklassigen Hotels davon ausgehen, dass man sein Gepäck auch nicht einen Meter selbst tragen muss. – Dann sollte man es auch gar nicht erst versuchen.

TIPPS

□ Kommt man mit dem eigenen Wagen, fährt man – nach Möglichkeit – direkt vor den Hoteleingang, steigt aus und überlässt das Gepäckausladen dem Hotelboy bzw. Hausdiener. Der versorgt das Gepäck und bringt es aufs Zimmer. In allen guten Hotels kann man davon ausgehen, dass man sein Gepäck nicht selbst tragen muss.

□ Wenn man mit einem Taxi vorfährt, lässt man sich nur in solchen Fällen das Gepäck vom Taxifahrer zum Hotelempfang bringen, in denen kein Hotelangestellter zu sehen ist. Sollte ein Hotelboy herbeieilen, dann ist es dessen Sache, sich ums Gepäck zu kümmern.

□ Bei vielen großen, internationalen Geschäftshotels wird man von Wegweisern zuerst in die Hotelgarage geführt. Von dort muss man in der Regel sein Gepäck selbst bis zum Empfang »schleppen«. In modernen Hotels stehen dem Gast kleine Gepäcktransportwagen zur Verfügung.

□ Wenn man viel oder sperriges Gepäck hat, sollte man mit dem Hotelboy zusammen in die Hotelgarage zurückkehren und das Gepäck ausladen lassen.

□ Wenn das Gepäck auf dem Zimmer angekommen ist, bekommt der Hotelboy ein Trinkgeld. Die Höhe dieses Trinkgeldes hängt von der Anzahl der Gepäckstücke und von ein paar weiteren Umständen ab (zum Beispiel Länge des Weges, wie schnell man über sein Gepäck wieder verfügen kann, ob man warten musste, usw.).

□ Der allerwichtigste Tipp ist, dass sich ein Gast schon von vornherein darüber Klarheit verschafft, welchen Komfort und welchen Umfang an Service er für den geforderten Zimmerpreis erwarten darf.

□ Je höher die Klasse des Hotels, umso mehr wird vom Gast erwartet, dass er sich unauffällig benimmt und sich mit seiner Kleidung dem Stil des Hauses anpasst. Viel gereiste Damen und Herren mit souveränem Auftreten vermeiden auch nur das geringste Aufsehen. Auffallen gilt in der eleganten Welt als äußerst »unschicklich«.

□ Eine der wichtigsten »Institutionen« großer, traditioneller Hotels ist der *Portier* – und in den erstklassigen Hotels ist er der Mann (– hier ist diese Position nach wie vor eine Männerdomäne –) mit den höchsten Trinkgeldeinnahmen. Der Portier weiß alles, kennt alles und jeden und kann im Übrigen alles organisieren und besorgen. Außerdem ist er für die Beauftragung der Hausdiener bzw. der Hotelboys zuständig.

An den Portier wendet man sich,

- wenn man Theaterkarten braucht
- wenn man jemandem etwas bestellen lassen muss
- wenn man eine besondere Auskunft über Einrichtungen der jeweiligen Stadt möchte
- wenn man Bridge-, Doppelkopf- oder Pokerpartner sucht
- bei Beschwerden aller Art.

□ Für jede extra erbetene Dienstleistung bekommt der Portier ein Trinkgeld.

□ Es ist empfehlenswert, sich anhand der hotelinternen Telefonliste erst einmal schlau zu machen, welchen Service man unter welcher Nummer erreichen kann.

□ Ein souveräner Gast wird sich gegenüber dem Hotelpersonal jederzeit höflich und in gewisser Weise auch rücksichtsvoll verhalten. Sowohl unhöfliches Erteilen von Befehlen als auch distanzloses Anbiedern sind *verpönt*.

Es ist immer ein Zeichen von Souveränität, wenn man die Interessen anderer respektiert – und niemals ein Zeichen von Schwäche. Und selbstverständlich wird der höfliche Gast seinerseits wesentlich mehr geachtet als der rücksichtslose – übrigens nicht nur vom Personal.

TABUS

■ Für alle Seiten unangenehm ist es, wenn ein Gast entweder zu viel oder auch zu wenig an Service erwartet, weil er sich nicht über die zu erwartenden Dienstleistungen im Klaren ist, die mit dem *Standard des Hotels* unmittelbar zusammenhängen.
■ Daraus folgen eine ganze Reihe von Peinlichkeiten, beispielsweise, dass der Gast sein Gepäck selbst bis zum Empfang trägt. Er gibt damit deutlich zu verstehen, dass er einen ordentlichen Service vom Personal dieses Hotels nicht erwartet. Das verärgert natürlich den Empfangschef ganz erheblich, der diesen Komfort für seine Gäste bereithält und auch über das nötige Personal verfügt.
■ Oder aber der Gast erwartet den Service eines First-Class-Hotels von einem kleineren oder mittleren Hotel, das sich nur durch erhebliche Personaleinsparungen über Wasser halten kann. In diesem Hotel wird in der Regel vom Gast erwartet, dass er seinen Koffer selbst trägt.
■ Besonders unangenehm wirken Gäste, die sich unangemessen gekleidet im Hotel bewegen und damit in auffälliger Weise den Stil des Hauses missachten.

■ Als primitiv, zumindest stillos, werden Leute angesehen, die

- im Jogginganzug oder in ähnlich legerer Sportkleidung zum Frühstück erscheinen
- ohne Krawatte und Jackett zum Dinner auch in solchen Hotelrestaurants Platz nehmen, deren Stil eine formelle Bekleidung eindeutig erfordert
- im Businesshotel im Sauna-Bademantel und mit Badelatschen an den Füßen durch die Hotelhalle schlendern.

Natürlich gibt es extra Sporthotels oder Hotels für Badekurgäste, die für die Bequemlichkeit ihrer Gäste besondere Regelungen treffen. Das steht dann im jeweiligen Hausprospekt oder wird auf andere Art bekannt gegeben. Man sollte jedoch darauf achten, ob für den Besuch der Fitness- oder Gesundheitszonen ein separater Fahrstuhl vorgesehen ist – wie es in manchen internationalen Hotels üblich ist, damit leicht bekleidete Hotelgäste im Aufzug nicht mit offiziell gekleideten zusammentreffen.

Zum Stichwort *Abreise des Gastes* gibt es einige »Spielregeln« zu beachten.

TIPPS

□ In allen Hotels der Welt ist es eine Herausforderung an die Organisation, einerseits dem abreisenden Gast genügend Zeit zum Ausschlafen, Frühstücken und Kofferpacken zu lassen, andererseits dem ankommenden Gast ein gelüftetes, sauberes, mit aller erforderlichen Wäsche neu ausgestattetes Zimmer so früh wie möglich überlassen zu können. Das geht nur, wenn der Gast die *grundsätzlichen Regeln* respektiert:

- Bis *12.00 Uhr* (Ausnahmen bis 13.00 Uhr) ist das Zimmer zu räumen.
- Vor *14.00 Uhr* ist ein Zimmer nicht zu beziehen.

□ Selbstverständlich gibt es von Hotel zu Hotel kleinere Abweichungen von dieser Faustregel. Deswegen erkundigt sich der reiseerfahrene Gast schon bei der Ankunft, um wie viel Uhr er das Zimmer am Abreisetag freizumachen hat.

□ Falls der Gast sein Gepäck noch nicht mitnehmen kann – etwa, weil er in dem Hotel ein Seminar besucht oder noch Besorgungen in der Stadt zu erledigen hat –, gibt er sein Gepäck ins *Hotel-Depot*.

Jedes Hotel nimmt das Gepäck gern in Verwahrung, wenn der Gast sein Zimmer rechtzeitig dem Hotel wieder zur Verfügung gestellt hat. Zuständig dafür ist der Portier bzw. der Empfang.

Korrektes Verhalten im Hotelzimmer

Es ist oftmals schier unglaublich, zu welchen Unarten sich Hotelgäste hinreißen lassen. Und sehr häufig sind es auch noch Landsleute, deren Benehmen sehr zu wünschen übrig lässt. Es besteht offenbar aller Anlass, einmal ganz unmissverständlich zu sagen, was jeder Mensch mit Erziehung für selbstverständlich hält:

Ein Gast kann weder durch einen hohen Zimmerpreis noch durch ein überzogenes Trinkgeld das Recht erkaufen, sich schlecht zu benehmen.

Wie in allen anderen Lebenszusammenhängen ist es für Menschen mit etwas Fingerspitzengefühl eine Selbstverständlichkeit, auch das Hotelpersonal höflich und korrekt zu behandeln. Zu diesem korrekten Behandeln gehört nicht nur, dass man seine Wünsche höflich vorträgt und eventuell notwendige Reklamationen in gleicher Weise höflich vorbringt. Dazu gehört natürlich auch, dass sich der Gast in seinem Verhalten der Kultur des Hauses anpasst.

TIPPS

□ Ein kultivierter Mensch respektiert selbstverständlich das *Ruhebedürfnis* anderer Gäste – ganz gleich zu welcher Tageszeit. Andere Leute nicht zu stören, ist eine eiserne Regel viel gereister Menschen – weil sie selbst auch nicht gestört werden möchten.

□ Wer länger als nur eine Nacht in einem Hotel logiert, räumt die benötigte Kleidung und Wäsche in den Schrank.

□ Der Gast überlässt das Hotelzimmer dem Personal in einem Zustand, in dem die persönlichen Dinge halbwegs aufgeräumt sind.

□ Aufgabe des Zimmerpersonals ist nur das Bettenmachen und Saubermachen von Zimmer und Bad. Außer der Nachtkleidung dürfen Zimmerfrauen keine Kleidung der Gäste anfassen oder gar wegräumen.

□ Mit dem Schildchen: »Bitte nicht stören« bzw. »Bitte Zimmer aufräumen« kann man sich mit den Zimmerfrauen darüber verständigen, wann sie das Zimmer in Ordnung bringen können und wann nicht.

□ Normalerweise hängt man die »Nicht-stören«-Seite bereits abends nach außen, damit man am Morgen von den Zimmerfrauen oder dem Menschen, der die Minibar kontrolliert, nicht zu früh geweckt wird.

□ Die »Aufräumen«-Seite benutzt man normalerweise nur bei mehrtägigen Aufenthalten. Man kann sie zum Beispiel dann nach außen hängen, wenn man sich zum Frühstücken Zeit lassen kann. Wenn's gut geht, kommt man danach ins frisch gemachte Zimmer.

□ Die Minibar enthält ein günstiges Getränkeangebot – günstig für das Hotel! Ehe man sich ausgiebig daraus bedient, sollte man sich zuerst einmal die Preisliste ansehen.
□ Normalerweise schreibt man die entnommenen Getränke und Knuspersachen in die dafür vorgesehene Getränkeliste und gibt sie bei der Abreise an der Kasse ab. In vielen Hotels gibt es den Vordruck für die Minibar gar nicht mehr, hier wird jeden Morgen kontrolliert. Trotzdem ist zu empfehlen, sich seine Minibar-Entnahme zu notieren.
□ Bad und Toilette sind selbstverständlich dem Personal in einem zumutbaren Zustand zu hinterlassen.
□ *Sämtliche* Wäsche und *alle* Gegenstände, die zum Inventar gehören, dürfen nicht mitgenommen werden; das wäre Diebstahl – ohne Wenn und Aber! *(Siehe dazu S. 324 f.)*
□ Handtücher sind zum Abtrocknen *gewaschener* Körper oder Körperteile gedacht.

Ein unangenehmes, aber realistisches Thema betrifft das tagtägliche *»Stehlen aus Unwissenheit«*, also den Diebstahl aus Versehen. Es ist nämlich nicht immer allen Hotelgästen klar, was für sie zur Mitnahme gedacht ist – also als ein Geschenk des Hauses anzusehen ist – und was zum Inventar des Hotels gehört, dessen Mitnahme ohne Umschweife unter die Kategorie Diebstahl fällt.

TIPPS

□ Grundsätzlich sind alle zur Verfügung gestellten Dinge nur für den *Gebrauch* durch den Gast bestimmt und *dürfen nicht* aus dem Zimmer bzw. dem Bad oder anderen Hoteleinrichtungen entfernt werden.
□ Die im Bad dem Gast bereitgestellten Kosmetikartikel, die für den persönlichen Gebrauch bestimmt sind und,

wenn sie *benutzt* wurden, vom Hotel in der Regel nicht nachgefüllt werden, können bei der Abreise *mitgenommen* werden. Das sind

- die kleinen Fläschchen mit Dusch- und Bade-Gel, Körperlotion und Shampoo und andere Kosmetikartikel
- die kleine Seife, Schuhputzschwamm bzw. -handschuh
- Nagelfeile, Duschhaube
- benutzte Badezimmerpantoffeln.

■ *Nicht mitgenommen* werden dürfen

- Handtücher, Waschlappen, Bademantel, Föhn
- Kleenex-Kasten, Kleiderbürste, Schuhlöffel
- sämtliche Wäsche, Gläser, Geschirr, Aschenbecher
- Radio- und Fernsehgeräte, sämtliches Zimmerinventar wie Möbel, die Bibel und Dekorationsgegenstände – das alles gehört zum Inventar des Hotels.
- Auch die Schreibmappen gehören zum Inventar, der Gast kann nur über den Inhalt dieser Mappen verfügen.

■ Aus dem Zimmer ist grundsätzlich nichts zum Mitnehmen gedacht, wenn es nicht offenbar und unmissverständlich dem Gast übereignet worden ist.

In manchen erstklassigen Hotels findet der Gast ein kleines Geschenk mit einem Begrüßungskärtchen auf dem Tisch und dem entsprechend klaren Hinweis, dass es sich um ein Geschenk handelt – zum Beispiel: »Mit freundlicher Empfehlung ...« Das kann man natürlich an sich nehmen.

□ Sollte man einen Obstkorb mit Früchten als Begrüßungsgeschenk auf seinem Zimmer finden, so ist selbstverständlich nur der Inhalt des Korbs, nicht aber das Besteck, der Obstkorb selbst, der Teller und die Stoffserviette als Gastgeschenk zu betrachten.

□ Eindeutige Werbegeschenke des Hotels darf man natürlich auch mitnehmen, zum Beispiel

- den Kugelschreiber mit dem Hotelaufdruck und das Notizblöckchen
- das Nähzeug und die Streichhölzer.

Die Liste unter der Rubrik *schlechtes Benehmen der Gäste* – unter dem Titel: »Grausiges aus der Wirklichkeit des Hotellebens« – ist leider unbeschreiblich vielfältig. Dazu zählen folgende Beispiele für *Peinlichkeiten*.

TABUS

■ Gäste führen sich in einem erstklassigen Hotel in Europa so auf, als seien die Hotelangestellten Menschen einer minderwertigen Kaste.

■ Gäste benehmen sich so laut und auffällig oder stellen TV oder Radio so laut, als habe man das ganze Hotel gemietet – ein Zeichen wirklich schlechter Manieren.

■ Es ist nicht die feine Art, wenn Gäste ihre gebrauchte Unterwäsche im Zimmer herumliegen lassen.

■ Ebenfalls schlechter Stil ist es, wenn Gäste bei einem mehrtägigen Aufenthalt ihren geöffneten Koffer auf dem Boden stehen lassen und den Koffer anstatt den Schrank als Wäschekommode benutzen.

■ Einen besonderen Beweis von Primitivität liefern Gäste, die Handtücher zweckfremd gebrauchen. Selbstverständlich dürfen Handtücher *nicht*

- zum Schuheputzen
- zum Abschminken oder
- in ähnlicher Weise rücksichtslos missbraucht werden.

■ Ebenfalls primitiv ist es, mit Vorhängen oder Gardinen die Schuhe zu putzen. Wer das tut, verliert jeglichen Anspruch, einem Kulturvolk zugerechnet zu werden.

■ Es gibt Gäste, die sich nicht um die Angaben auf der Telefonliste kümmern und wegen irgendwelcher Wünsche die Nummern anderer Zimmer wählen – möglichst noch zu Zeiten, in denen andere Gäste ein Nickerchen machen. Das ist nicht gerade ein Zeichen für Rücksichtnahme.

■ Nicht unterscheiden zu können, was ein dem Gast offeriertes Geschenk des Hauses und was Inventar ist. Letzteres mitzunehmen ist nicht nur peinlich, sondern kriminell.

Im Hotelrestaurant

Generell gelten für ein Hotelrestaurant natürlich die gleichen Regeln wie für ein separates Restaurant *(siehe Kapitel 8, S. 270 ff.)*. Eine Besonderheit hat jedoch ein Hotelrestaurant: hier wird *gefrühstückt*. Und diese Tatsache macht einige Ergänzungen notwendig.

TIPPS

□ Das Hotelrestaurant betritt man jederzeit *korrekt gekleidet*, sei es zum Frühstück, am Mittag oder am Abend.

□ Die Kleidung entspricht den Erfordernissen der Tageszeit und ist dem Stil des Hauses angepasst. Das heißt: je gehobener die Klasse des Hotels, desto formeller ist die Kleidung auch während des Tages.

□ In guten Hotels geht man zum Frühstück in Businesskleidung oder korrekter sportlicher Kleidung (das heißt *nicht Sportkleidung*!). Selbstverständlich behält ein wirklicher Herr sein Jackett an!

□ Auf einer Terrasse ist die Kleiderordnung am Morgen und am Mittag etwas legerer.

□ Beim Betreten eines Hotelrestaurants verhält man sich in der gleichen Weise korrekt wie bei anderen Restaurants.

Geht man jedoch zum Frühstück, kann man sich selbst einen Platz suchen. Bei einem stark besuchten Frühstücksraum ist es durchaus angebracht, sich vom Servicepersonal an einen Tisch geleiten oder sich einen Tisch zeigen zu lassen – je nach dem Stil des Hauses.

□ Der Hotelgast kann seine Rechnung im Restaurant gleich bezahlen oder sie auf die Zimmerrechnung setzen lassen.

□ Falls er von letzterer Möglichkeit Gebrauch macht, sollte er seine Rechnung nach dem Essen stets *unterschreiben* und das entsprechende *Trinkgeld* gleich dazulegen. Eventuelle Unstimmigkeiten sind nach einem längeren Aufenthalt später kaum mehr nachzuvollziehen.

TABUS

■ Sehr schlechter Stil ist es, wenn Herren beim Frühstück sich wie zu Hause fühlen und ihr Jackett ablegen, obwohl Damen im Raum sind.

Tipps und Tabus zum Thema Frühstücksbüfett

TIPPS

□ Der Gast sollte stets zuerst Platz nehmen und dann erst zum Büfett gehen.

□ Nach der gegenwärtigen Gepflogenheit wird dem Gast das warme Getränk an seinen Platz gebracht. Säfte und kalte Milch holt er sich selbst vom Büfett.

□ In vielen Hotels ist es sehr zu empfehlen, zu einem möglichst frühen Zeitpunkt nach einer Bedienung Ausschau zu halten, um seinen Getränkewunsch noch erfüllt zu bekommen, bevor man weg muss. Es gibt allerdings auch Hotels mit aufmerksamem Servicepersonal.

□ Sämtliche Nahrungsmittel – auch Butter und Obst sowie Brot oder Brötchen – werden auf einen Teller gelegt, um sie zum Tisch zu tragen. Für die Backwaren gibt es häufig auch Körbchen.

□ Bei Büfetts lässt man ein geringes Trinkgeld auf dem Tisch – bemessen entsprechend dem Arbeitsaufwand der Bedienung. Bei unaufmerksamer Bedienung kann auch völlig darauf verzichtet werden.

TABUS

■ Der Frühstücksgast sollte nie etwas Essbares am Büfett mit der Hand anfassen und dann liegen lassen, auch nicht Brot oder Brötchen. Das Gleiche gilt natürlich auch für Backwaren, die in einem Körbchen auf dem Tisch bereitstehen.

■ Brot, Brötchen und sonstiges Essbares werden nicht ohne Teller in der Hand zum Tisch getragen.

■ Es ist kein gutes Benehmen, wenn jemand über andere hinweg oder von der Seite sich etwas vom Büfett angelt.

■ Ungemein *ungebildet* wirken Leute,

- die am Büfett stehend bereits etwas essen oder trinken
- im Stehen oder Gehen noch oder schon wieder kauen
- die Kellnerinnen mit »Fräulein!« rufen

■ In den guten Hotels ist es *nicht mehr erlaubt*, im Frühstücksraum zu rauchen oder zu telefonieren.

■ Absolut proletenhaft ist es, wenn Hotelgäste in einer Aufmachung zum Frühstück gehen wie zu Hause auf den Balkon. Legere und nicht korrekte Bekleidung ist in guten Hotels *völlig inakzeptabel*, dazu gehören

- Hausschuhe
- Jogginganzüge
- Sportdress mit kurzen Hosen oder Röckchen, Radlerhosen u. Ä.
- textilarme Freizeitkleidung.

Reklamationen und Beschwerde

Selbstverständlich kann es selbst im nobelsten Hotel immer mal einen Grund zu einer Reklamation oder Beschwerde geben. Das ist gar keine Frage. Die einzigen Fragen, die in einer solchen Situation eine Rolle spielen, können also nur lauten:

- *Wie* verfährt der Gast mit solchen Situationen?
- *An wen* wendet man sich?

Bei technischen Defekten, wie zum Beispiel einer durchgebrannten Birne, einem ausgefallenen TV-Gerät oder Ähnlichem, wendet man sich mit einem freundlichen Hinweis an die Zentrale. In jedem guten Hotel wird man sich umgehend Mühe geben, den Fehler zu beheben.

Wenn es sich allerdings um gravierende Mängel handelt, sei es in Bezug auf das Hotel oder das Personal, dann kann und sollte man höflich von seinem Recht Gebrauch machen, sich bei dem/der verantwortlichen HotelmanagerIn zu beschweren.

Natürlich ist es eine nicht zu vermeidende Tatsache, dass so eine unangenehme Angelegenheit wie eine Reklamation oder Beschwerde eine Sache des Fingerspitzengefühls und – vor allem – der Erfahrung ist. Die hier angeführten Beispiele sollen deshalb nur einen Hinweis darauf geben, wie man sich in Standardsituationen verhalten könnte. Aber jede Konstellation ist ein bisschen anders, deswegen kann dem

Gast seine persönliche Entscheidung nicht abgenommen oder sie gar standardisiert werden.

TIPPS

□ Ein feiner und erfahrener Gast wird eine Reklamation oder Beschwerde niemals so anbringen, dass andere Gäste etwas davon bemerken, sondern ruhig, höflich und *leise*.

□ Bei Beschwerden über andere Gäste kann man sich zunächst an den Portier wenden. Wenn er selbst keine Befugnis hat, sich einer solchen Beschwerde anzunehmen, wird er den Gast an die richtige Stelle weiterleiten.

Keinesfalls jedoch sollte ein Gast sich auf den Vorschlag einlassen, gegenüber störenden Gästen selbst um Ruhe zu bitten. Es ist ganz unzweifelhaft eine Angelegenheit des Hotels, den Gästen eine ungestörte Ruhe zu verschaffen.

□ Erst falls einer solchen Bitte um Ruhe – trotz der geäußerten Beschwerde – nicht nachgegangen würde, wäre dies ein Grund, den Manager zu sprechen. Das trifft natürlich auch dann zu, wenn der Gast vom Portier eine unzumutbare Antwort erhielte.

Menschen, die selbst Führungsaufgaben zu bewältigen haben, wissen, dass man sich mit einer Beschwerde *zuerst an den/die zuständige/n MitarbeiterIn* wendet. Erst wenn das nichts nützt, wird die höhere Ebene eingeschaltet.

□ Der Hotelmanager (früher hieß er Hoteldirektor) ist eigentlich nur bei zwei Arten von Beschwerden anzusprechen:

- wenn man Grund hat, sich über das *Personal* zu beschweren, oder
- wenn die Beschwerde so gravierend ist, dass sie nur von der Hotelleitung zu beheben ist.

□ Hat man zu viele Misshelligkeiten in einem Hotel, oder der ganze Stil des Hotels entspricht nicht den eigenen, berechtigten Erwartungen, gibt es nur *eine* feine Art, die Angelegenheit zu erledigen: *Man wechselt das Hotel.*

□ Ob man eine Begründung für die vorzeitige Abreise abgibt oder nicht, liegt allein in der Entscheidung des Gastes. Auf keinen Fall wird sich ein wohlerzogener Gast mit Hotelpersonal in Diskussionen darüber einlassen, ob er auch nach deren Ansicht Grund zur Beschwerde hat oder nicht.

TABUS

■ Sich wegen absolut verzichtbarer Kleinigkeiten oder »aus Prinzip« zu beschweren, ist sehr unfein.

■ Bei Reklamationen gleich nach dem Hotelmanager zu verlangen, obwohl dieser Beschwerde auch von anderen Angestellten nachgegangen werden könnte, ist ebenfalls kleinkariert.

Sympathisches Auftreten im Ausland

Für Geschäftsreisende ist es nicht nur eine Frage der persönlichen Kultur, sich vor Auslandsreisen über Kulturtraditionen, religiöse Sitten und Tabus sowie die aktuellen politischen Verhältnisse zu informieren, bevor sie sich ins Ausland begeben. In beruflichem Zusammenhang ist es ein unverzichtbares Erfordernis. Allein schon aus der Notwendigkeit heraus, einen geschäftlich zu nutzenden persönlichen Kontakt herzustellen, muss man sich auf die andere Kultur gründlich vorbereiten.

Die Fälle, in denen gerade deutschen Managern wichtige Geschäfte durch die Lappen gingen, einzig und allein deswegen, weil ihr Auftreten nicht den Erwartungen der Gastgeber entsprach, sind Legion. – Langsam beginnt sich auch in deutschen Unternehmen die Erkenntnis durchzusetzen, dass es nicht ausreicht, seine MitarbeiterInnen allein auf fachspezifischem Gebiet zu qualifizieren, sondern dass für den geschäftlichen Erfolg auch die kommunikativen Fähigkeiten und damit die Umgangsformen eine entscheidende Rolle spielen.

Die wettbewerbsentscheidende Wirkung der unterschiedlichen Qualität von Kommunikation und deren Zusammenhang mit Information wurde im 1. Kapitel bereits im Zusammenhang erläutert *(siehe S. 16 ff.)*. Diese Feststellungen treffen in ungleich stärkerem Maße auf internationale Beziehungen zu. Während man in anderen Ländern schon seit vielen Jahren in die Vorbereitung auf einen Auslandsaufenthalt der Mitarbeiter aus Geschäftsinteresse auch eine Schulung in Kultur, Sprache und gehobenen Umgangsformen mit einbezieht, wurde dieser Faktor bei unseren Exportfirmen bisher sträflich vernachlässigt, sodass das Auftreten unserer Unternehmensrepräsentanten im Ausland häufig als taktlos, unsensibel und deswegen als unangenehm angesehen wird.

Es liegt also nicht nur im persönlichen, sondern auch und vor allem anderen im geschäftlichen Interesse, sich über einige Besonderheiten zu informieren, die das öffentliche Leben des Landes bestimmen, in das man geschickt wird oder aus eigenem wirtschaftlichen Interesse reisen möchte. Das sind grundlegende Voraussetzungen dafür, um nicht von vornherein einen unangenehmen Eindruck zu machen.

Nun ist es aber beileibe nicht so, dass man sich den jeweiligen Landessitten weitestgehend anzupassen habe. Die Forderung, als Geschäftsmann/frau oder als Repräsentant einer internationalen Institution sich in jeder Hinsicht den Landessitten anzupassen, wäre genauso falsch wie die gegenteilige – nämlich sich überall so zu verhalten, wie man es von zu Hause gewöhnt ist.

Von allen gebildeten Menschen auf der ganzen Welt wird die jeweils *eigene nationale Identität* eines Menschen akzeptiert. Das ist gar keine Frage. Allerdings unter zwei Bedingungen: erstens, man muss die guten Manieren der eigenen Kultur glaubwürdig beherrschen, und zweitens, man darf durch sein Verhalten nicht gegen *Tabus des Gastlandes* verstoßen – also gegen Gebote, deren Verletzung eine Brüskierung bedeuten würde.

So ist es zum Beispiel in China oder Japan keinesfalls erforderlich, auf seine eigene Esskultur zu verzichten und sich mit Stäbchen abzumühen. Ganz anders als beabsichtigt, wird darin meist eine plumpe Anbiederung an die Gastgeber gesehen, die eher peinlich als angenehm berührt. Auch gilt es zu berücksichtigen, dass ein Gast aus einem anderen Teil der Erde, der mit der Esskultur Asiens nicht von klein auf vertraut ist, bei dem Versuch, mit Stäbchen zu essen, das Risiko eingeht, gegen Nuancen der dortigen guten Erziehung zu verstoßen. Wenn man also auf die asiatische Essensweise verzichtet, wird das keinesfalls als Missachtung anderer Kulturen interpretiert, sondern zeugt von eigenem Kulturbewusstsein – genau das ist es, was überall akzeptiert wird. Ein höflicher Gastgeber wird dem europäischen Gast stets eine Gabel oder einen Löffel reichen.

So selbstverständlich es bei uns ein Gebot der Höflichkeit ist, andere Menschen zu respektieren, so selbstverständlich ist es auch, die Sitten und Normen anderer Völker zu achten. Man sollte dabei aber gar nicht erst den Anspruch an sich selbst erheben wollen, alles richtig zu machen und sich wie die Landesbewohner zu verhalten. Das wäre erstens gar nicht möglich, ohne nicht mindestens ein halbes Leben lang in jenem Land gelebt zu haben. Und zweitens erwartet das auch kein Mensch auf der Welt. Worum es eigentlich nur gehen kann, ist dies:

Die Sitten, Moralgesetze und Gesellschaftsnormen zu respektieren heißt, sich nicht in verletzender Weise gegen sie zu verhalten.

Und das erfordert natürlich einige Kenntnisse und sehr viel Taktgefühl – das ist eigentlich schon alles. Deswegen ist es für einen höflichen Menschen auch nirgendwo auf der Welt ein Problem, sich korrekt zu verhalten. Anders gesagt: wer sich hier nicht rücksichtslos verhält, wird es im Ausland auch nicht tun.

Besonderheiten einzelner Länder und Kontinente

Wie jedem Leser und jeder Leserin klar sein wird, ist es im Rahmen eines solchen Buches nicht möglich, für alle Länder und Kontinente erschöpfende Antworten auf sämtliche Fragen zu geben, die notwendigerweise zu den einzelnen Ländern auftauchen werden. Es kann und soll sich hierbei nur um Anregungen handeln, die dazu dienen sollen, zunächst einmal Bewusstsein für diese oder jene Besonderheiten eines Landes zu schaffen.

Die möglichen Informationslücken zu füllen sollte dann Aufgabe jedes/jeder Einzelnen sein – nach Lage seiner persönlichen Geschäftsinteressen.

Wenn man sich in einem fremden Land stets korrekt, höflich und den jeweiligen Manieren entsprechend verhalten will, ist es notwendig, die Verhaltenserwartungen zu kennen, die an AusländerInnen in diesem Land gerichtet werden. Dazu bedarf es jedoch wesentlich eingehenderer

Beschäftigung mit dem jeweiligen Land, als es mit einem Buch wie diesem leistbar ist. Hier geht es um *geschäftsrelevante Besonderheiten* im Ausland, die zu den für Geschäftsreisende wichtigen Grundkenntnissen über ein Land gehören sollten. Zum Beispiel:

- Welches ist die *Landessprache* und in welcher internationalen *Handelssprache* kann man sich in diesem Land verständigen?
- Welche *politischen Verhältnisse* trifft man dort an?
- Welche Unterschiede gibt es zu unseren *Umgangsformen*?
- Welche *religiösen Tabus* darf man nicht verletzen?
- Gibt es andere *Bekleidungsvorschriften* und Unterschiede zur internationalen *Etikette*?
- Sind *Gastgeschenke* angebracht?
- Sollte man zu einer Einladung *Blumen* mitbringen oder besser nicht?

Für *geschäftsreisende Frauen* gibt es ungleich schwierigere Aufgaben zu lösen, um im Hinblick auf die nur für sie geltenden Tabus – aufgrund der strengeren Sitten und religiösen Bräuche anderer Kulturen – überhaupt akzeptiert zu werden. Aus diesem Grund enthält der nächste Abschnitt dieses Buches *ergänzende Hinweise für Business-Frauen*, die geschäftlich ins Ausland zu reisen haben.

Europa

In den *skandinavischen Ländern* finden wir eine tatsächlich gelebte Demokratie. Dort gibt es weitaus weniger hierarchische Strukturen in der Gesellschaft, obwohl drei dieser Länder Monarchien sind. Das wirkt sich nicht nur darin aus, dass man auf Titel weitgehend verzichtet, auch die Etikette wird nicht so streng gehandhabt wie bei uns – mit Ausnahme bei Hofe, versteht sich. Selbstverständlich wird bei allen offiziellen Veranstaltungen das internationale Protokoll eingehalten. Die Bevölkerung Skandinaviens ist mit einem ausgeprägten Nationalgefühl ausgestattet, das allerdings nicht provozierend gegen andere Nationen gerichtet ist.

Mit Englisch kommt man in allen nordischen Ländern bestens zurecht. Ganz wichtig ist, dass man als Gast in allen skandinavischen Ländern *nie vergessen* darf, sich am nächsten Tag *für eine Einladung zu bedanken*.

Norwegen

In *Norwegen* sind die Bekleidungsvorschriften großzügiger als bei uns, es sei denn, man wäre beim norwegischen Hof eingeladen; dort gilt natürlich die höfische Etikette. Jedoch sollte man als männlicher Gast zum Abendessen auch in Oslo nicht ohne Krawatte erscheinen.

Mit unseren Tischmanieren sind wir in Norwegen gern gesehen. Die Norweger geben sich sehr natürlich, also unkonventionell.

- Gastgeschenke: ja (nicht zu protzig), Blumen: ja

TIPPS und TABUS

Die offiziellen Beziehungen zwischen beiden Ländern, insbesondere die wirtschaftlichen, sind normal. Die emotionalen Beziehungen der Norweger zu uns sind durch die deutsche Besetzung im Krieg immer noch etwas belastet. Deshalb sollte man sich als Deutscher in diesem Land besonders taktvoll und zurückhaltend verhalten.

Finnland

Finnland hat zwei Amtssprachen: Finnisch und Schwedisch; die internationale Sprache ist Englisch.

Die Bekleidungsvorschriften für offizielle Gelegenheiten entsprechen denen unserer formellen Bekleidung, sind also keineswegs leger. Bei Einladungen sollte man in jedem Fall die angegebene Bekleidungsvorschrift genau nehmen. Es gilt dort ebenfalls das internationale Protokoll. Die Tischmanieren sind unseren vergleichbar.

- Gastgeschenke: nein; Blumen: ja

Schweden

In *Schweden* sind die Bekleidungsvorschriften unseren vergleichbar. Man sollte sich bei Einladungen grundsätzlich vorher erkundigen, welche Bekleidung von den Gästen erwartet wird, sofern kein Bekleidungsvermerk auf der Einladung steht. Die Tischmanieren entsprechen weitgehend den unseren. Die Einstellung der Schweden zu allem Andersartigen oder Fremden ist geprägt von einer beispielhaften Toleranz und Verständnisbereitschaft, die man in keinem anderen Land findet.

- Gastgeschenke: ja (klein und persönlich); Blumen: ja

TIPPS und TABUS

Die angestrebte Gleichbehandlung aller Menschen zeigt sich auch an für uns unerwarteten Stellen. So muss man sich überall, wo man eine Auskunft oder Bedienung möchte, zuvor an einem Automaten mit einer Nummer bedienen, die dann aufgerufen wird – nicht nur an der Wurst- oder Käsetheke sondern auch beim Juwelier und bei der Tourist-Info.

Am Mittag ist in den meisten Restaurants Selbstbedienung üblich – mit Ausnahme von Stockholm.

Dänemark
Weder Bekleidungsvorschriften noch die Tischmanieren *Dänemarks* unterscheiden sich merklich von unseren.
- Gastgeschenke: kleine Mitbringsel ja; Blumen: ja

TIPPS und TABUS

Für deutsche Geschäftsleute empfiehlt es sich, wegen der jüngsten Geschichte, auch in diesem Land sich besonders taktvoll zu verhalten. Vor allem sollte man alles vermeiden, was als Angeberei ausgelegt werden könnte. Dagegen sind Dänen nämlich »allergisch«.

Russland
Seit dem Ende des Kommunismus wird *Russland* Jahr für Jahr für Geschäftsbeziehungen immer interessanter. Im Gegensatz zu dem, was eigentlich wünschenswert wäre, sind die Kenntnisse über dieses riesige Land bei uns eher spärlich. Das liegt, neben anderen Gründen, auch an der *kyrillischen Schrift* der russischen Sprache. Es ist dringend zu empfehlen, sich diese Schrift vor einer Reise in die ehemalige Sowjetunion wenigstens soweit anzueignen, dass man Straßennamen und Hinweisschilder entziffern kann. Die internationale Sprache ist Englisch, das viele Russen sehr gut sprechen.

Zum Essen wie zu allen offiziellen Veranstaltungen trägt man in Russland formelle Kleidung, das heißt also Anzug mit Krawatte. Im Winter ist es üblich, zu allen Veranstaltungen und Einladungen in Winterstiefeln hinzugehen; die leichteren Abendschuhe bringt man in einer Tasche mit und wechselt sie dann in der Garderobe. Die Tischmanieren entsprechen den unseren. Das Essen ist generell sehr viel schwerer als bei uns und braucht daher etwas mehr Alkohol.
- Gastgeschenke: ja; Blumen: ja

TIPPS

□ Die Höflichkeit der Russen wird eigentlich nur noch von ihrer warmen Herzlichkeit und Gastfreundschaft übertroffen – auch gegenüber Deutschen. In Moskau ist die legendäre Metro (U-Bahn) nicht nur eine Sehenswürdigkeit, sondern auch ein beispielhaft modernes Transportmittel: schnell, äußerst sauber, mit über 100 Stationen und einem Netz von ca. 200 km.

Polen

In *Polen* gibt es für Geschäftsreisende kaum sprachliche Probleme. Die Amtssprache ist selbstverständlich Polnisch, aber die meisten Polen sprechen Englisch, und die Gebildetenschicht spricht auch Französisch. Bekleidungsvorschriften und Tischmanieren entsprechen der polnischen Vorliebe für die westeuropäische Lebensart.

TIPPS

□ Polen ist ein katholisches Land. In der Gesellschaft werden auch heute noch zahlreiche traditionelle Formen aufrechterhalten, wie zum Beispiel die Rangfolgen, die Vorliebe für Titel, das Hofieren der Damen, der Handkuss und die Verbeugung.

- Gastgeschenke: ja; Blumen: ja

Österreich und Ungarn

Bei unserem Nachbarn *Österreich* und in *Ungarn* gibt es im Hinblick auf Bekleidungsvorschriften und Tischmanieren im täglichen Leben keine bemerkenswerten Unterschiede zu uns. Zu besonderen Gelegenheiten kann es dagegen nicht festlich genug sein.

- Gastgeschenke: ja (nicht zu protzig); Blumen: ja

TIPPS

□ Die protokollarische Rangordnung hat in Österreich einen noch wesentlich höheren Stellenwert als bei uns; darauf sollte man auch bei geschäftlichen Kontakten besonders achten. Zwar wurde das Tragen von Adelstiteln schon 1919 verboten, doch mögen die Österreicher bis heute nur ungern darauf verzichten; ihr Erfindungsreichtum für Titel, mit denen eigentlich jeder Herr bedacht wird, ist schier unerschöpflich. Die Ehefrauen werden hier meist noch mit dem Titel des Ehemannes angeredet.

Sprichwörtlich ist der österreichische Charme. Für den deutschen geschäftsreisenden Herrn kann es sich als günstig erweisen, wenn er den korrekten Handkuss lernt, ehe er die ehemaligen k. u. k.-Länder bereist. Der Handkuss gehört in Österreich sowie in Ungarn nach wie vor zum guten Ton.

Eine Wiener Besonderheit: Das »*Kaffeehaus*«, auch als Ort für geschäftliche Besprechungen.

Schweiz

In der *Schweiz* sind die Amtssprachen Deutsch, Französisch und Italienisch; viele Schweizer beherrschen mindestens zwei davon, dazu noch Englisch; Rätoromanisch ist ebenfalls Landessprache, jedoch nicht Amtssprache.

Im Übrigen sind für Nicht-Schweizer keine gravierenden Unterschiede zwischen den einzelnen Sprachräumen zu beachten. Generell kann man sagen, dass die gesellschaftlichen Normen denen des jeweiligen Sprach-»Mutterlandes« sehr ähneln. Die gleichen Differenzierungen treffen auch auf die Tischmanieren zu. Die Herrenbekleidung der Geschäftswelt ist förmlich, wenngleich branchenabhängig wie bei uns.

- Gastgeschenke: nur zu besonderem Anlass; Blumen: ja

TIPPS und TABUS

Im geschäftlichen Umgang sind die Schweizer sehr »preußisch«: pünktlich, präzise und partnerschaftlich. Man sollte jedoch nicht irgendjemanden während der Mittagszeit sprechen wollen – das gilt als extrem unhöflich. Die *Mittagsruhe* ist in den verschiedenen Sprachräumen zwar unterschiedlich, aber durchweg »heilig«: in der »deutschen« Schweiz von 12.00 bis 14.00 Uhr, in der »französischen« Schweiz und im Tessin alles eine Stunde später.

Griechenland

In *Griechenland* ist man in der Oberschicht sehr förmlich und elegant. Bei Einladungen sollte man sich genauestens erkundigen, welche Bekleidung von den Gastgebern gewünscht wird. Für offizielle Gelegenheiten sollte der Geschäftsreisende vorsichtshalber das Dinnerjacket mitnehmen. Mit unseren korrekten Tischmanieren ist man in Griechenland gern gesehen.

TIPPS und TABUS

Für Geschäftsleute ist es wichtig zu wissen, dass die Griechen mit den Türken eine traditionell herzhafte Feindschaft verbindet. Deshalb sollte man Berührungspunkte zur Türkei in Gesprächen meiden; dazu gehört auch das Zypernproblem, das beide Länder miteinander haben.

Italien

In *Italien* entsprechen die Bekleidungsvorschriften unserer Etikette, nur sind im Durchschnitt die Kleider der Damen auffallend schöner und eleganter. Die Herren sollten den Smoking einpacken, wenn sie mit offiziellen Einladungen rechnen. An den Tischmanieren werden die extremen Unterschiede zwischen der Oberschicht und den unteren Schichten am auffälligsten deutlich. Die Tischmanieren der Oberschicht entsprechen völlig den unseren, man sieht sie nur nicht so häufig; selbst in Restaurants der oberen Preisklasse kann man die abenteuerlichsten Tischmanieren beobachten.

Eingeladen wird man lieber in das Haus der Gastgeber als in ein Restaurant, auch bei rein geschäftlichen Anlässen.

- Gastgeschenke: ja; Blumen: ja – aber am Vormittag ins Haus schicken.

TIPPS

□ Wie in allen Ländern Südeuropas, hat die Familie in Italien einen sehr hohen Stellenwert. Deutsche Geschäftsleute müssen sich schon sehr umstellen, denn es gehört in Italien zum guten Ton, sich zuerst nach der Familie zu erkundigen und auch selbst von den eigenen Kindern – soweit vorhanden, natürlich – zu erzählen und Fotos von ihnen zu zeigen. Das tut der Tatsache durchaus keinen Abbruch, dass ItalienerInnen im Allgemeinen sehr rational handelnde und verhandelnde Geschäftspartner sind.

Portugal

In *Portugal* wird stets Wert auf protokollgerechte Kleidung gelegt; zu offiziellen Abendessen wird in den meisten Landesteilen gern das Dinnerjacket getragen. Nicht ganz so formell ist die Kleidung im Innern (Osten) Portugals, aber auch hier wird bei festlichen Anlässen auf korrekte Kleidung Wert gelegt.

- Gastgeschenke: ja, aber bescheiden; Blumen: ja

TIPPS und TABUS

Die Portugiesen sind mindestens so stolz wie die – sprichwörtlich so genannten – Spanier, nur ganz anders. Der Nationalstolz der Portugiesen strahlt Souveränität und keine Aggressivität aus. Auffallend ist ihre Selbstdisziplin, ihr Respekt auch gegenüber fremden Frauen und ihre Bescheidenheit. In portugiesischen Hotels muss man nicht alles verschließen, damit man nicht beklaut wird. Die guten Hotels sind beispielhaft sauber. In Gesprächen mit Portugiesen sollte man ihr Land nicht mit Spanien vergleichen und Portugiesen nie mit Spaniern – das würde als verletzend empfunden werden.

Spanien

Der Spanier gehört zu den elegantesten Männern Europas. Auch der Geschäftsanzug ist stets dunkel und modern geschnitten, das weiße Oberhemd ist ein spanisches Markenzeichen. Die Tischmanieren der Oberschicht sind wie die unsrigen.

- Gastgeschenke: ja; Blumen: ja – aber vormittags ins Haus schicken.

TIPPS und TABUS

Auffällig ist der nach hinten verschobene Tagesablauf gegenüber den bei uns üblichen Zeiten. Man sollte deshalb einen geschäftlichen Termin nicht vor 10 Uhr legen, dafür kann man aber damit rechnen, durchaus noch bis 21 Uhr bei einer Besprechung zu sein. Die spanische »Siesta« liegt – »más o menos« – zwischen 14.00 Uhr und 16.00 Uhr. In dieser Zeit der Mittagsruhe sind fast alle Geschäfte geschlossen und da sollte man auch keinen Menschen zu Hause stören.

Die Spanier nehmen im Allgemeinen Uhrzeiten nicht so genau – es sei denn, sie haben es mit Deutschen zu tun. Spanische Gesprächspartner werden meist pünktlich erscheinen, weil sie mit Deutschen verabredet sind. Aus diesem Grund sollten Geschäftsleute aus Deutschland vorsichtshalber auch in Spanien ihre Termine recht pünktlich einhalten. Zu Abendeinladungen, die meist um 22.00 Uhr beginnen, sollte man keinesfalls zu früh kommen, sondern ca. 30 Minuten später.

Frankreich

In *Frankreich* entspricht die Kleidung des Geschäftsmannes dem internationalen Standard und ist daher formell mit Jackett und Krawatte – wenn auch alles um einen Hauch lässiger. Sobald er aber abends ausgeht – und das tun Franzosen mehrmals pro Woche –, legt er seine Krawatte am liebsten ab. Selbstverständlich gilt das nicht für offizielle Einladungen und in exklusiven Restaurants.

Die Tischmanieren sind wie die unseren; eine Besonderheit ist jedoch das allgegenwärtige *Weißbrot.* Das brauchen Franzosen während des gesamten Essens, auch zum Aufnehmen von Saucen, zum Käsedessert usw. Die unvermeidlichen Krümel – man darf das Brot nur stückchenweise abbrechen und *nie abbeißen* oder schneiden – werden von Zeit zu Zeit von einem dienstbaren Geist elegant und ganz unauffällig vom Tisch gefegt.

- Gastgeschenke: ja, aber nicht zu protzig; Blumen: ja, aber stets morgens ins Haus schicken lassen.

TIPP

□ Die Besonderheit der Franzosen ist der Nationalfeiertag am *14. Juli.*

Belgien
Belgien hat zwei Amtssprachen: Französisch und Flämisch. Das Land hat immer mal wieder Probleme durch die unterschiedlichen Kulturen von Wallonen und Flamen, aber auch mit der Internationalität Brüssels, der »Hauptstadt« Europas. Im Hinblick auf Bekleidung und Tischmanieren gibt es im Allgemeinen keine gravierenden Unterschiede zu uns.

TIPP und TABU

Die Animositäten zwischen Wallonen und Flamen sollte man zwar beachten, aber nicht ansprechen.

Niederlande
In den *Niederlanden* geht es etwas informeller zu als bei uns. Die offiziellen Bekleidungsvorschriften sowie die Tischmanieren entsprechen den unseren.

TIPP

□ Hergeleitet aus dem deutschen Überfall während des Zweiten Weltkriegs sind anti-deutsche Ressentiments in der Bevölkerung immer noch stark verbreitet. Die offiziellen Beziehungen sind jedoch nicht mehr belastet.

Großbritannien und Nordirland
Der britische Geschäftsmann trägt stets konservativ-formelle Kleidung, das heißt für Herren: Anzug oder kombinierter Anzug mit Krawatte.

Für alle offiziellen Essen ist der Smoking Vorschrift, auf den Bekleidungsvermerken angegeben mit: »black tie«.

Auf die Bekleidung der Damen wird im gesonderten Abschnitt hingewiesen *(siehe S. 376)*.

Die Tischmanieren haben in England eine große Bedeutung und dienen als Unterscheidungskriterium zwischen »upper class« und »common people«.

Von der kontinentalen unterscheidet sich die englische Art des Essens im Wesentlichen durch die Handhabung von Löffel und Gabel. Jedoch akzeptieren die Engländer durchaus die kontinentale Weise des Umgangs mit dem Besteck – solange es sich dabei um einen Nicht-Briten handelt.

- Gastgeschenke: unüblich; Blumen: ja

TIPPS und TABUS

In Großbritannien ist alles anders:

- Die »tea time«, die Vorrang vor und bei allen Geschäftsterminen hat.
- Das disziplinierte *Schlangestehen*, das *auch von jedem Fremden erwartet* wird, wo auch immer mehr als zwei Leute auf etwas warten.
- Die Clubs, mit Zutrittsverbot für Frauen.
- Die Pubs, deren Öffnungszeiten mit den Lebensgewohnheiten der Briten nie in Einklang zu bringen sind.
- Das Kricket-Spiel, bei dem von keinem Fremden erwartet wird, dass er es versteht.

Alle diese britischen Besonderheiten – und noch eine Menge weiterer – sollte man als Ausländer taktvoll respektieren und nie kritisieren – auch nicht im Spaß, denn da hört der sprichwörtliche englische Humor auf.

Wichtig: Britische Höflichkeit erfordert immer etwas Distanz, daher mögen Briten auch *keinen Händedruck*.

Irland

Das katholische *Irland* unterscheidet sich nicht nur durch die Staatsreligion von England. Die Menschen dieser »grünen Insel« sind sehr freundlich und bescheiden. Zu hochoffiziellen Gelegenheiten trägt der Business man selbstverständlich auch einen formellen Anzug nach der internationalen Etikette. Der Smoking ist also auch in Irland bei offiziellen Essen üblich. Aber wesentlich lieber als in einem typisch englischen Herrenclub sitzt der Ire in seinem gemütlichen Pub. Die Tischmanieren sind britisch.

- Gastgeschenke: höchstens taktvoll bescheiden; Blumen: ungewöhnlich, aber nicht falsch.

TIPP

□ Die Iren zeichnen sich durch eine herzliche Freundlichkeit aus, die sie besonders auch Deutschen entgegenbringen. Dieses Land hat in den letzten Jahren vielfach bewunderte Anstrengungen gemacht, um die sehr hohe Arbeitslosenrate zu drücken und auf dem Land die seit zweihundert Jahren herrschende Armut der Bevölkerung zu beseitigen. Auf beiden Gebieten scheint Irland nachhaltig Erfolg zu haben.

Naher Osten und arabische Staaten

Israel

In *Israel* haben Menschen der unterschiedlichsten Kulturtraditionen eine Heimat gefunden. Politisch ist das Land eine Republik mit einer parlamentarischen Demokratie.

Amtssprachen sind Neuhebräisch und Arabisch; die internationale Geschäftssprache ist Englisch. Die Businesskleidung ist auf der obersten Führungsebene international formell, ab der mittleren Ebene jedoch nicht so streng. Es hat nicht nur klimatische Gründe, weswegen die Israelis Krawatten nicht besonders mögen.

TIPPS und TABUS

□ Die übliche Begrüßungs- und Verabschiedungsformel – übrigens auch am Telefon – ist ein freundliches »Schalom«. Der Handschlag ist üblich wie bei uns.
□ Die Israelis sind sehr gastfreundliche Menschen, Gäste werden gern nach Hause eingeladen. Gastgeschenke: werden nicht erwartet, höchstens Kleinigkeiten für die Kinder; Blumen: ja
■ Lautes Benehmen wirkt dort sehr unsympathisch.
■ Orthodoxe und ultra-orthodoxe Juden beten sehr oft, dabei murmeln sie leise vor sich hin. Es versteht sich von selbst, dass man dabei weder stören noch unterbrechen darf. Das gilt auch für Betende, die sich in ein ungestörtes Eckchen zurückziehen.

Islamische Staaten des Nahen Ostens und Nordafrikas

Diese *islamischen Staaten* unterscheiden sich prinzipiell dadurch von anderen Staaten, dass es dort keine Trennung zwischen geistlichem und weltlichem Bereich gibt bzw. geben darf. Für den gläubigen Moslem sind Religion, Gesellschaft, Glauben und Politik unlösbar miteinander verknüpft. Daher ist die Gesetzgebung in diesen Ländern die des Koran: die *Scharia*.

Es ist eine nicht zu leugnende Tatsache, dass jeder, der geschäftlich in Länder wie Ägypten oder Tunesien reist, immer mal wieder damit rechnen muss, in die politischen Kämpfe der Fundamentalisten gegen die jeweiligen Regierungen so oder so involviert zu werden. In diesem Zusammenhang muss auch Algerien genannt werden. Wenn man in einem dieser Länder geschäftlich zu tun hat, ist eine mehrfache, persönliche Absicherung im Hinblick auf die eigene Sicherheit in jedem Fall einer unverbindlichen Zusicherung vonseiten der Gastgeber vorzuziehen.

Stabile Verhältnisse im Sinne von unangefochtener Staatsmacht gibt es gegenwärtig in Marokko, in Syrien, in den Vereinigten Arabischen Emiraten (VAE) und im Iran.
Die Staatsform von

- *Ägypten* ist eine Präsidialrepublik mit demokratischer Verfassung seit 1972.
- *Marokko* ist seit 1972 eine konstitutionelle Monarchie.
- *Tunesien* ist eine Präsidialrepublik mit demokratischer Verfassung seit 1959.
- *Syrien* ist eine Präsidialrepublik mit volksdemokratisch-sozialistischem Charakter; seit 1973 hat es eine Verfassung.

Die Amtssprache ist in allen diesen Ländern *Arabisch*; die internationale Business-Sprache ist in
Ägypten: Englisch und Französisch
Marokko: Französisch und Spanisch
Tunesien: Französisch
Syrien: Englisch und Französisch

In allen islamischen Ländern sind für »Unreine«, Nicht-Muslime bzw. die »Ungläubigen«, wie man Angehörige nicht-islamischer Religionen auch nennt, eine ganze Anzahl wichtiger Tabus tunlichst zu beachten, sodass man dringend zu einer eingehenderen Beschäftigung mit diesen Vorschriften raten muss. Denn Verstöße gegen religiöse oder Sittengesetze – oder auch nur Höflichkeitsgebote – können dort nicht mit toleranter Nichtbeachtung rechnen. In einem solchen Fall könnte daraus eine ganz schön komplizierte Lage entstehen. Kompetente Ratschläge mit vielen nützlichen Hinweisen aus der Praxis hat auch die Deutsche Lufthansa herausgegeben: »Sitten, Gebräuche und Empfehlungen rund um die Welt.« *(Siehe Literaturverzeichnis)*

TIPPS und TABUS

□ In allen islamischen Ländern wird von Ausländern ein einwandfrei *höfliches*, *rücksichtsvolles* und *korrektes Auftreten* erwartet.

□ Äußerste Vorsicht ist in allen diesen Ländern wegen der dort herrschenden, religiös bestimmten Moralvorstellungen, Sitten und Tabus geboten.

■ So sind Berührungen zwischen Mann und Frau in der Öffentlichkeit selbst dann verboten, wenn es sich dabei um Eheleute handelt.

■ Auf keinen Fall sollte man einen Araber von sich aus berühren, noch sich irgendwelche Gesten erlauben, die als herablassend interpretiert werden könnten. Das gilt auch für das Tabu, arabische Kinder zu streicheln.

■ Weder einem arabischen Mann noch einer arabischen Frau sollte man von sich aus die Hand geben.

□ In Restaurants gibt es getrennte Sektionen für Frauen und für Männer; daneben gibt es meist auch noch einen gemischten Raum. Sofern dies aber nicht der Fall ist, sollte man auch als Ausländer diese Regelung respektieren.

□ Ältere Menschen genießen großen Respekt und sollen immer bevorzugt behandelt werden.

□ Ebenfalls ungewohnt für uns: Kleinkinder sind mit Respekt und Geduld zu behandeln und niemals von Fremden zurechtzuweisen.

□ Vorsicht: die *linke Hand gilt als unrein*! Deswegen darf man nur mit der *rechten Hand Hände schütteln*, jemandem etwas überreichen, und auch nur aus der rechten Hand essen.

□ Nach der Toilettenbenutzung wäscht man sich mit der linken Hand und fließendem Wasser, weil die Benutzung von Toilettenpapier in diesen heißen Gegenden aus hygienischen Gründen verpönt ist.

■ Es wäre ein großer Fauxpas, einem Araber Fuß- oder Schuhsohlen entgegenzustrecken, weil darin eine Beleidigung gesehen wird. Vorsicht ist daher besonders beim Übereinanderschlagen der Beine geboten!

■ Nie darf man mit dem Zeigefinger auf etwas oder jemanden zeigen, das wäre sehr unhöflich: man deutet mit der ganzen Hand.

□ In allen arabischen Staaten ist die offizielle und die Businesskleidung für die einheimischen Geschäftsleute von der jeweiligen Landestracht bestimmt. Von Europäern erwartet man den korrekten formellen Anzug mit weißem Hemd und Krawatte.

■ Freizügige Kleidung für Herren ist dort verhasst und gilt als vulgär.

□ Beim Betreten einer Moschee sollte auch jeder »Ungläubige« selbstverständlich die Schuhe ausziehen.

□ Kleine Gastgeschenke sind willkommen, allerdings sollte man seine Geschenke nie ausgepackt überreichen.

In streng islamischen Ländern, wie in den Monarchien *Saudi-Arabien*, *Kuwait* und den *Vereinigten Arabischen Emiraten* und der Islamischen Republik *Iran* werden die Vorschriften des Koran noch weitaus konsequenter durchgesetzt – und zwar zuerst und am radikalsten zu Ungunsten der Persönlichkeitsrechte von Frauen. In Saudi-Arabien sind zur Überwachung der Verhaltens- und Glaubensregeln eigens Wächter angestellt, die bei den Saudis ein hohes Ansehen genießen.

Während in den arabischen Ländern die offizielle, europäische Kleidung für Geschäftsleute als korrekt angesehen wird, gibt es im *Iran gesetzliche Kleidervorschriften*:

□ Männer *müssen* lange Hosen und langärmelige Hemden tragen. Diese Vorschriften sollten in der Öffentlichkeit unbedingt eingehalten werden, denn bei Verstößen muss man mit Belästigungen und sogar mit Festnahmen rechnen. Diese *Kleidervorschrift ist bereits beim Verlassen des Flugzeugs in Teheran ausnahmslos einzuhalten. (Zu den gesetzlichen Vorschriften für Frauen siehe S. 380 f.)*

Die Staatsform von

- *Saudi-Arabien* ist ein Königreich auf der gesetzlichen Grundlage des Koran.
- *Kuwait* ist eine Erbmonarchie mit einem unabhängigen Emirat.
- den *Vereinigten Arabischen Emiraten (VAE)* ist eine Föderation aus sieben Emiraten.
- *Iran* ist seit 1979 eine Islamische Präsidiale Republik mit einer neuen Verfassung von 1982.

Die Amtssprache in den folgenden Ländern ist *Arabisch*; die internationale Geschäftssprache ist in

- *Saudi-Arabien:* Englisch
- *Kuwait:* Englisch
- den *Vereinigten Arabischen Emiraten:* Französisch
- *Iran:* Amtssprache Farsi; intern. Sprache: Englisch

Zusätzlich zu den oben bereits beschriebenen Ge- und Verboten islamischer Staaten gibt es für diese Länder noch einige Besonderheiten.

■ In *Saudi-Arabien*, wo Frauen noch nicht einmal selbst Auto fahren dürfen, sollte ein Mann keine Frauen im eigenen Auto chauffieren, mit denen er nicht verheiratet oder verwandt ist.
■ Fotografieren in der Öffentlichkeit ist nicht erwünscht; man kann sich jedoch beim saudischen »Ministry of Information« eine Genehmigung zum Fotografieren historischer Stätten besorgen.
■ Im *Iran* sind Glücks- und Kartenspiele aller Art nicht nur in der Öffentlichkeit, sondern auch privat *verboten.*
□ Wenn jemand einen Raum betritt oder sich verabschiedet, stehen alle anderen auf.
□ Im Iran werden auch Kinder mit Handschlag begrüßt.
■ Hier gilt der ausgestreckte Daumen als obszöne Geste.

Türkei

Die *Türkei* gilt gegenwärtig unter den Staaten mit muslimischer Bevölkerung als das am meisten europäisierte Land. Frauen dürfen sich frei bewegen und sogar Ministerpräsidentin werden. Jedoch sollte niemand auf den trügerischen Gedanken kommen, sich in einem Land mit europäischen Standards und europäischer Freizügigkeit zu befinden. In der Bevölkerung werden die islamische Tradition und deren Sitten und moralische Werte nach wie vor respektiert, in gleicher Weise wie auch in den anderen islamischen Staaten. Die Businesskleidung ist international-formell.

Die Staatsform der Türkei ist eine parlamentarische Demokratie, seit 1982 mit einer Verfassung.

Die Amtssprache ist Türkisch, im Geschäftsleben kommt man auch mit Deutsch als internationaler Sprache ganz gut durch.

Afrika

Angesichts dieses großen Kontinents – Afrika umfasst heute 52 Staaten – mit der ungeheuren Vielfalt seiner Kulturen, mutet es wie eine Barbarei an, diese Unterschiede zu ignorieren und einige allgemein gültige Aussagen über die Länder dieses Erdteils herauszugreifen. In der hier gebotenen Kürze also ein paar Hinweise, die bei Geschäftsreisen hier und da nützlich sein können. Keineswegs sollten sie Ersatz dafür sein, sich mit Geschichte und Traditionen der afrikanischen Völker näher auseinander zu setzen.

Zunächst muss man grundsätzlich drei unterschiedliche Gebiete voneinander trennen:

- die *islamischen Staaten* Nordafrikas, die so genannten Maghreb-Staaten *(siehe oben, S. 348 f.)*
- das südlich der Sahara gelegene *Schwarzafrika* und
- die *Republik Südafrika.*

Über die politischen Systeme auf afrikanischem Boden und insbesondere über die Frage nach deren Stabilität lassen sich zurzeit nur vorläufige Aussagen treffen. Da ist jeder Geschäftsreisende gut beraten, sich nach der aktuellen politischen Situation zu erkundigen. Denn immer noch haben einzelne Staaten mit Unruhen und Bürgerkriegen zu kämpfen – als Erbe der willkürlichen Grenzziehungen durch die Kolonialmächte im Jahr 1884, wodurch Völker voneinander getrennt und gewachsene Staatsgebilde zerschlagen wurden.

Die heutigen Staatsformen der einzelnen Länder reichen von den islamischen Präsidialrepubliken über arabische Monarchien und auch einige stabile Demokratien bis zu spätsozialistischen Volksrepubliken.

Die Amtssprachen der größten Staaten sind

- *Arabisch* in allen Staaten Nordafrikas – einschließlich Mauretanien und Sudan; internationale Sprache meist Englisch

- *Französisch* in Zentralafrika, das heißt also in Senegal, Mali, Niger, Tschad, Burundi, Zentralafrikanische Republik, Kamerun, Gabun, VR Kongo, Zaire und Ruanda
- *Englisch* in Liberia, Ghana, Nigeria, Kamerun, Sambia, Simbabwe, Südafrika (zus. mit Afrikaans)
- *Portugiesisch* in Angola und Mosambik
- dazu ein rundes Dutzend afrikanischer Amtssprachen, deren *internationale Sprache meist Englisch* ist; auf Madagaskar ist sie Französisch.

Auf dem gesamten Kontinent ist der älteren Generation mit viel Respekt zu begegnen.

In den meisten Ländern Schwarzafrikas sind es die *Frauen*, die für den Lebensunterhalt der Familie Sorge zu tragen haben. Frauen betreiben die Geschäfte und sie bestellen auch die Felder. Diese Erkenntnis war den Entwicklungshilfe-Organisationen lange Zeit verborgen geblieben. Und sie mussten viel Lehrgeld zahlen: in Form von teurem landwirtschaftlichem Gerät, das zunächst ungenutzt verrottete, bis sie begriffen, dass für die Wartung und den Betrieb der Pumpen und motorbetriebenen Gerätschaften die Frauen zuständig waren. Die Entwicklungshelfer aber hatten die Technik jeweils den Männern eines Dorfes erklärt und die hatten auch stets höflich und geduldig zugehört.

Bekleidungsvorschriften gibt es südlich der Sahara keine, die über die international übliche Businesskleidung hinausgingen. Dagegen gibt es für diese Länder aber

Wichtige praktische Ratschläge zur Bekleidung:
- Die Kleidung sollte möglichst aus Naturfasern bestehen, also aus Baumwolle, Leinen oder reiner Wolle.

- Für die kühleren Nächte, vor allem in Westafrika und in den Hochländern Äthiopiens und Kenias, sind zu Anfang des Jahres Kleidungsstücke aus Wolle sehr zu empfehlen.
- Während der Regenzeit ist es sehr wichtig, Kleidung und Schuhe trocken aufzubewahren, um Schimmelbildung zu vermeiden.

TIPPS und TABUS zur Gesundheit

□ Die erste und wichtigste Empfehlung zielt auf eine Malariaschutzimpfung, bevor man von zu Hause abreist. Denn ohne eine solche Prophylaxe würde kein Ausflug ins Landesinnere oder auch nur ein abendlicher Aufenthalt im Freien zu verantworten sein.

□ Trotz der Impfung sollte man sich mit Mückenspray, langärmeliger Kleidung und nachts mit einem Moskitonetz gegen Insektenstiche schützen.

□ In den ersten Tagen des Aufenthalts sollte man sein gewohntes Tempo zurückschrauben und sehr viel Flüssigkeit zu sich nehmen. Das subtropische Klima mit zum Teil extremer Hitze und hoher Luftfeuchtigkeit stellt doch wesentlich höhere physische und psychische Anforderungen an den Körper als man gemeinhin glaubt.

□ Insbesondere können die oft mangelhaften hygienischen Verhältnisse sehr unangenehme Folgen haben. Es wird daher dringend empfohlen, nur in lizenzierten Restaurants zu essen.

□ In jedem Fall sollte man darauf achten, dass Fisch, Fleisch und Geflügel frisch und richtig durchgebraten sind.

■ Auch der Verzehr von Salat, ungeschältem Obst, Milchprodukten und nicht maschinell abgefüllten Getränken sollte tunlichst vermieden werden.

□ Trinkwasser sollte auf jeden Fall vorher abgekocht worden sein.

■ Auf Eiswürfel sollte man ebenfalls verzichten – so schwer es einem bei diesen Temperaturen auch fällt –, da man nie weiß, aus welchem Wasser sie hergestellt worden sind.

■ Von den Garküchen an den Straßen sollte ein Europäer nie etwas essen.

■ Da die Strahlen der Tropensonne in Afrika einen wesentlich stärkeren Anteil an ultravioletten Strahlen besitzen – also noch intensiver auf die Haut einwirken –, wäre es bedenklich, sich der Sonne ohne Sonnenhut, Sonnenbrille und Sonnenschutzcreme mit sehr hohem Lichtschutzfaktor auszusetzen.

Nordamerika

Vereinigte Staaten von Amerika (USA)

So wenig wie Deutschlands Bevölkerung mehrheitlich in Dirndl und Lederhosen bekleidet herumläuft und sich vorzugsweise von Sauerkraut, Schweinshaxen und Bier ernährt, so wenig sind die *Vereinigten Staaten von Amerika* ein Land, in dem die Leute immer locker sind, am liebsten Jeans tragen, sich in der Regel von Hamburger per Hand und Coca Cola aus der Dose ernähren und daher ohne strenge Umgangsformen auskommen. Das eine Vorurteil ist genauso falsch wie das andere.

Das öffentliche Leben der USA ist von einer sehr *konservativen Moral* geprägt und nach strengen Formen geregelt. Es gibt in der Tat sehr wenige Länder dieser Erde, in denen gutes Benehmen und höfliche Umgangsformen einen so hohen Stellenwert haben wie hier. Diese Tatsache unterschätzen viele Deutsche, die sich von der scheinbar legeren Art und der stets präsenten Freundlichkeit täuschen lassen.

Sicherlich gilt das alles für das Privatleben, da kommt man wirklich ohne auffallende Förmlichkeiten aus. Aber im Geschäftsleben ist man Welten von dieser privaten Lockerheit entfernt. Das wird – aus einer Mischung aus europäischer Überheblichkeit und Bewunderung für eine scheinbar verweigerte Anpassung an Formen – unglücklicherweise zu oft verkannt.

Ein europäischer Geschäftsmann/eine Geschäftsfrau hat im amerikanischen Business aber auch nicht die geringste Chance, an die gewünschten Gesprächspartner überhaupt zu gelangen, wenn er/sie nicht mit dem entsprechend korrekten Auftreten und der für diese Führungsebene »vorgeschriebenen« Kleidung erscheint. Die größten Missverständnisse resultieren aus der Tatsache, dass man von hier aus verkennt, dass es in den USA sowohl klar definierte Hierarchien gibt als auch *Formen*, die die *Respektierung dieser Rangfolgen* signalisieren. Dieser Irrtum ist auf die einfache Tatsache zurückzuführen, dass diese Formen, die in den Vereinigten Staaten als Zeichen des Respekts und der Distanz verstanden werden, andere sind als die in Europa üblichen. Wie bei uns werden Achtung und Respekt durch Umgangsformen ausgedrückt – nur sind es *andere Formen*.

So spielt auf dem nordamerikanischen Kontinent beispielsweise die Frage, ob man den *Vornamen* oder den Nachnamen zu gebrauchen habe, eine eher untergeordnete Rolle – in jedem Fall aber eine *völlig andere als bei uns*. Während es bei uns als Ausdruck von Vertrautheit, sogar Freundschaft verstanden wird, wenn Leute sich gegenseitig mit dem Vornamen anreden, ist die Anrede per Vornamen in Amerika eher die Normalität und lässt keineswegs auf Vertrautheit oder gar auf den Verzicht auf einen förmlichen Umgangston schließen. Genauer gesagt, die Anrede per Nachnamen – selbstverständlich in Verbindung mit Mister, Missis oder Miss – ist den offiziellen Vorstellungssituationen vorbehalten. Und sie dient außerdem der Kommunikation mit Leuten unterer sozialer Schichten, aber nur von oben nach unten. Von unten nach oben gibt es ausschließlich »Sir« oder »Madam«.

Die Gewohnheit der Amerikaner, gleich nach dem Vorstellungsritual zur Anrede mit Vornamen überzugehen, bedeutet keineswegs den Verzicht auf Distanz oder gar auf korrekte Umgangsformen!

Die unterschiedlichen Signale, die aus der Form der Anrede auf Rituale des Respekts schließen lassen, sind nur ein Beispiel für viele Kommunikationscodes, die zu Fehlinterpretationen führen können, eben weil sie bei uns eine andere Bedeutung haben als dort. Es wäre also fatal, diese Signale und Codes zu übersehen. Insbesondere im Business wird auf die *Respektierung bestehender Rangfolgen* und die Einhaltung ganz bestimmter Umgangsformen größter Wert gelegt.

Zu diesen Signalen, die bestimmte Hierarchieebenen kennzeichnen, gehört ohne Frage die Kleidung. Vieles von dem, was wir in Europa zur Einordnung fremder Menschen der Haltung, dem gesamten Erscheinungsbild, vor allem aber ihren europäischen Umgangsformen entnehmen, vollzieht sich in den Vereinigten Staaten sehr viel mehr über eine strenge Kleiderordnung, die präzise einzuhalten ist, und ebenfalls über ein Bündel an Höflichkeitsritualen, die jedoch mit den unseren nicht identisch sind.

Die Businesskleidung der Geschäftsleute folgt sehr strengen Etiketteregeln. Herren tragen Anzüge in gedeckten Farben – die aktuellen Farben sind dunkelblau und dunkelgrau – Hose und Jackett aus dem gleichen Stoff; dazu meist ein weißes Hemd mit Kragen und *stets Kra-*

watte. Bei offiziellen Gelegenheiten am Abend ist der Smoking üblich. Es kann auch der »Tuxedo« sein, eine Smokingversion aus dunklem Stoff mit pastellfarbenem oder weißem Rüschenhemd.

Für Manager und Managerinnen ist es ratsam, sich zunächst mit den *Standards der Verhaltensformen und der Höflichkeitsrituale* auf der ihrem Niveau entsprechenden Ebene vertraut zu machen, ehe sie sich in das Abenteuer »Business in den USA« stürzen.

TIPPS und TABUS

□ Zu einem Geschäftstermin kommt man *pünktlich* – darauf wird äußerster Wert gelegt.

□ Wie auch bei uns reicht bei einer Begrüßung mit Handschlag stets die Dame oder – unter Männern – der Ranghöhere zuerst die Hand. Augenkontakt ist dabei unerlässlich.

□ Die für Amerikaner wichtige *»Komfortzone«*, die während einer Unterhaltung benötigte Distanz zum nächsten, beträgt mindestens eine Armeslänge.

□ Wenn man unabsichtlich oder unvermeidlich diese Distanzzone verletzt, muss man sich unverzüglich entschuldigen.

□ Wenn der Name nicht bekannt ist, ist die korrekte Anrede für Personen höheren Ranges *»Sir«* oder *»Madam«*.

□ »Mister ...« bzw. »Ms ...« (mit *stimmhaftem* S) in Zusammenhang mit dem Familiennamen wird als Anrede unter Fremden gebraucht.

□ Es ist ebenso sehr geläufig, »Mister« – ohne den Familiennamen – zusammen mit einem Titel zu verwenden, zum Beispiel »Mister Chairman«.

□ »Mister President« ist nicht nur die korrekte Anrede für den Präsidenten der Vereinigten Staaten, sondern auch für alle erdenklichen Vorsitzenden von Vorständen und Vereinigungen – darin sind die Amerikaner durchaus titelfreudiger als wir.
■ »Miss« als Anrede für erwachsene Frauen ist in den USA *verpönt* – wie das »Fräulein« bei uns.
□ Das neutrale Kürzel *»Ms«* wird als schriftliche Anredeform vor dem Familiennamen sowohl für verheiratete als auch unverheiratete Frauen verwandt.
□ Die Anrede »Mister« ohne Namen oder Titel gebraucht man nur gegenüber Personen niederen Ranges.
□ Nach dem Bekanntmachen spricht man sich meistens mit dem Vornamen an. Als AusländerIn sollte man/frau damit jedoch nie den Anfang machen.
□ Ein auffallender Unterschied zu unserem Land ist das gleichberechtigte Auftreten amerikanischer Frauen, die es gewöhnt sind, öffentlich zu reden.
■ In Amerika wird es als sehr unhöflich angesehen, Frauen nicht zuzuhören.
□ Die Höflichkeitsgesten der Amerikaner gegenüber Frauen sind in den gehobenen Kreisen wesentlich zuvorkommender als bei uns.
□ Einer Dame als Beifahrerin muss ein Herr stets die Autotür *von außen öffnen sowie zumachen*, nachdem sie eingestiegen ist – auch wenn es die eigene Frau ist.
□ In Amerika hat eine Dame überall Vortritt, auch in Restaurants.
■ Kein wohlerzogener Amerikaner würde sitzen bleiben, wenn eine Dame an den Tisch tritt oder neben ihm aufsteht.
□ Die amerikanischen Tischmanieren unterscheiden sich von unseren durch die Handhabung des Bestecks. Die Amerikaner selbst finden die korrekte, kontinental-europäische Art zu essen jedoch einfach hinreißend. – Es besteht also kein Anlass dazu, sich als Gast das amerikanische Wechsel-

spiel von Messer und Gabel und der linken Hand zeitweilig unter dem Tisch anzueignen.

☐ Der Vorschrift, eine Krawatte zu tragen, begegnet man in den USA auf Schritt und Tritt – und auch in recht drolligen Situationen. Da darf man selbst zweitklassige Restaurants nicht ohne Krawatte betreten, das Gleiche gilt aber auch für Hotels und ganze Bürohochhäuser. Es ist für Herren sehr ratsam, in den USA *immer eine eigene Krawatte mitzuführen*, sonst könnte man gezwungen werden, sich eine – meist klebrige – zu leihen.

☐ Schnell ausgesprochene Einladungen wie »Come and see me« oder »Give me a call« sind in der Regel genauso wenig ernst gemeint wie die üblichen Komplimente: »You look great« …

☐ Amerikaner werfen gern mit Titulierungen wie »Honey, Darling, Sweety« um sich – und das nicht nur privat. Das hat ebenso wenig zu sagen wie die Komplimente.

Kanada

Der Name der Hauptstadt von *Kanada* ist meist nur Freunden von Kreuzworträtseln geläufig: Sie heißt Ottawa – nicht Montreal oder Quebec, auch nicht Vancouver oder sonstwie. Außerdem ist Kanada ein demokratisch-parlamentarischer Bundesstaat im Commonwealth of Nations. Und das Staatsoberhaupt ist die englische Königin, Elisabeth II. – Soweit die Neuigkeiten.

Dass es zwei gleichberechtigte Amtssprachen gibt, nämlich Englisch und Französisch, das weiß man bei uns, und dass etwa zwei Drittel der Kanadier Englisch sprechen und nur ein Fünftel ausschließlich Französisch, das wissen schon nicht mehr so viele. Übrigens ist Kanada der zweitgrößte Staat der Erde.

Hervorzuheben an Kanada ist zuallererst die bemerkenswerte Toleranz der Kanadier sowohl zwischen den unterschiedlichen Bevölkerungsgruppen als auch gegenüber Fremden. Etikettefragen werden unkomplizierter und lockerer gehandhabt. Bei offiziellen Gelegenheiten gelten aber auch hier selbstverständlich die Bekleidungsvorschriften der internationalen Etikette; das bedeutet also Smoking (Dinnerjacket). Der Business suit ist für einen Gast nie verkehrt.

Die Tischmanieren in Kanada sind »eigentlich« europäisch, allerdings halten sich nur noch die richtig feinen Leuten daran – und die trifft man eben recht selten ... Sonst ist alles wie beim großen Bruder nebenan, nur etwas ungezwungener.

Lateinamerika

Für Zentral- und Südamerika sind die europäischen Lebensformen der ehemaligen Kolonialherren prägend geworden. Aber anders als in Kanada, wo wir es mit einer Mischung vieler europäischer Zivilisationen zu tun haben, ist in den meisten Ländern Lateinamerikas mit der Sprache auch die Lebensform der ursprünglichen Kolonialherren dominant geblieben.

Auch für diese Region müssen die Hinweise wieder ganz schrecklich zusammengefasst werden, wobei die nationalen Eigenheiten zwangsläufig und bedauerlicherweise unter den Tisch fallen müssen.

Dieses ist der katholische Teil der Welt; in Zentral- und Mittelamerika sind 90 bis 95 % der Einwohner Katholiken. Die Staats- und Regierungsformen dieser Staaten sind – mit Ausnahme von Kuba – Präsidiale Republiken; Kuba ist zurzeit noch eine »Volksrepublik«. Die Amtssprache ist – außer in Brasilien – in allen lateinamerikanischen Staaten Spanisch; die internationale Geschäftssprache ist Englisch. In Brasilien ist die Amtssprache Brasilianisch-Portugiesisch; die Business-Sprache ist Englisch.

Die Lateinamerikaner sind temperamentvoll, herzlich und lautstark, sie reden viel und verfügen dabei über eine eindrucksvolle Gestik. Für penible Pünktlichkeit oder gar für Ungeduld haben sie gar kein Verständnis. Dafür schätzen sie es umso mehr, wenn man sie in ihrer Landessprache ansprechen kann; selbst ein geringer Wortschatz wird schon als guter Wille angesehen.

Der »Business suit« ist in Lateinamerika der dunkle Anzug, das stets weiße Hemd und die Krawatte, im Geschäftsleben legt man sogar großen Wert auf korrekte Kleidung. Zum offiziellen Dinner tragen die Herren das helle Dinnerjacket. Auch dort gilt das internationale Protokoll. Bei inoffiziellen Abendeinladungen tragen Herren oft ein dunkles Hemd mit langen Ärmeln anstelle des Jacketts, und keine Krawatte. Es ist in jedem Fall zu empfehlen, sich vorher genau nach der vorgesehenen Kleiderordnung zu erkundigen. Südamerikaner lieben *elegante Kleidung*.

Die europäischen Tischmanieren gelten auch in den Ländern dieses Kontinents als absolut korrekt.

TIPPS und TABUS

□ Ganz anders als die Nordamerikaner stehen Lateinamerikaner bei der Unterhaltung gern enger zusammen; dabei auf Distanz zu gehen, würde als unhöflich verstanden werden.

□ *Titel* wie »Doctor«, »Ingeniero«, »Arquitecto« und »Licenciado« werden hier sehr wichtig genommen und sollten zusammen mit dem Nachnamen benutzt werden. Ist der Name nicht bekannt, kann der Titel auch ohne Namen gebraucht werden.

□ Der Familienname in den Spanisch sprechenden Ländern ist eine Doppelnamenkombination aus dem Namen des Vaters und der Mutter; in der Regel wird der Vatername als Erster genannt. Bei der Anrede wird der Familienname in Verbindung mit »Señor« bzw. »Señora« gebraucht.

□ In Brasilien ist die Namenskombination aus zwei Vornamen und zwei Nachnamen so kompliziert, dass man sich gewöhnlich mit dem Vornamen anredet, und zwar in Verbindung mit »Senhor« bzw. »Senhora«.

□ Der *»Machismo«* ist die lateinamerikanische Spielart des »stolzen Spaniers« mit einer gleichzeitigen Ausrichtung auf seine Wirkung auf Frauen.

□ Gastfreundschaft ist überall herzlich und selbstverständlich.

■ Die indianische Bevölkerung darf man nicht als »Indios« bezeichnen, das wäre beleidigend. Sie nennen sich *»Indígena«*.

■ Kein Zentral- oder Südamerikaner würde es tolerieren, wenn man sich über sein Land oder seine Landsleute lustig macht.

Zu den unangenehmen Besonderheiten dieses Erdteils zählt der allgegenwärtige *Straßenraub*. Das betrifft vor allem die Großstädte jener Länder, in denen in breiten Bevölkerungsschichten eine katastrophale Armut herrscht. Dagegen gibt es zwar keinen sicheren Schutz, aber einige *Vorkehrungen* kann und sollte man unbedingt treffen, die in diesem Buch zu einem gesonderten Abschnitt zusammengefasst sind. *(Siehe dazu S. 391 f.)*

Südostasien

Es wäre vermessen, wollte man bei der Vielfalt der Kulturen und der Wesensunterschiede zwischen den Menschen allgemein gültige Hinweise zum Umgang mit Asiaten geben.

Nicht nur historisch gewachsene Unterschiede werden durch die geografische Entfernung verwischt, selbst die sehr voneinander abweichende jüngere Geschichte dieses Kontinents, die in der Hauptsache eine Geschichte der Befreiung von fremder Herrschaft war, ist uns nicht zureichend geläufig. Dazu kommen die gesellschaftlichen Auswirkungen der unzähligen Formen der großen asiatischen Religionen: Buddhismus, Hinduismus (Kastenwesen), Dschainismus (Gewaltlosigkeit), Konfuzianismus, Taoismus, Schintoismus, dazu Minderheiten von Muslimen und Christen. In den ärmsten Gegenden der Erde, nämlich Indien, Nepal und Pakistan, kommen zu den eben genannten noch der Jainismus und Sikhismus und Parsismus (Indien) hinzu – nicht zu vergessen, dass Pakistan ein riesiges islamisches Land ist.

Unter dem Vorbehalt, dass es sich im Folgenden um grobe Verallgemeinerungen handeln muss, kann man feststellen, dass Asiaten »kopfbetonte« Menschen sind, für die die Lehren der großen asiatischen Philosophen und Religionsstifter das tägliche Leben weitgehend bestimmen. Ihre Gefühle halten die Menschen dieser Region weitgehend unter Kontrolle und sie haben auch wenig Verständnis für Gefühlsausbrüche anderer.

Zu den weiteren Besonderheiten aus unserer Sicht gehören einmal die andere Art des Lächelns: Asiaten lächeln nicht nur bei erfreulichen Anlässen, wie wir, sondern auch bei Scham, Peinlichkeit, Missmut, sogar bei Schmerz und Trauer. Zum anderen hat das Wahren des Gesichts eine große Bedeutung für sie. Über die Gründe hinaus, die auch bei uns zum Gesichtsverlust führen, wie zum Beispiel der Verlust der Glaubwürdigkeit, können Asiaten schon bei Kritik oder scheinbarem Versagen vor einer Aufgabe ihr Gesicht verlieren.

Amtssprache in allen nachfolgend aufgeführten Ländern sind die jeweiligen Landessprachen, die Handelssprache ist durchweg Englisch. Die Staatsformen sind in

- Birma: Sozialistische Republik; Hauptstadt: Rangun
- Indien: Parlamentarische Bundesrepublik im Commonwealth of Nations; Hauptstadt: Neu-Delhi
- Indonesien: Präsidiale Republik; Hauptstadt: Jakarta
- Malaysia: Konstitutionelle Wahlmonarchie im Commonwealth of Nations; Hauptstadt: Kuala Lumpur
- Pakistan: Islamische Föderative Republik; Hauptstadt: Islamabad
- Philippinen: Präsidiale Republik; Hauptstadt: Manila
- Singapur: Präsidiale Republik im Commonwealth of Nations; Hauptstadt: Singapur
- Thailand: Konstitutionelle Monarchie; Hauptstadt: Bangkok
- Vietnam: Sozialistische Republik; Hauptstadt: Ho-Tschi-Minh-Stadt

Die Bekleidung auf internationaler Businessebene ist in der Regel europäisch-formell, eingeschlossen der formelle Geschäftsanzug. Europäische Tischmanieren werden bei Ausländern voll akzeptiert.

TIPPS und TABUS

□ Wichtig: Auch in den Ländern Asiens wird – wie übrigens in allen Kulturnationen der Welt – der Respekt vor dem Alter sehr ernst genommen!

□ Mit Kritik sollte man äußerst zurückhaltend sein, um nicht den Gesichtsverslust des anderen zu riskieren.

□ Das Gleiche gilt für das schwierige Problem, dass auch schon eine nicht zu beantwortende Frage bei Asiaten zum Gesichtsverlust führt. Deswegen sollte man mit Fragen oder

Bitten um Auskunft sehr taktvoll umgehen – auch wenn es einen Europäer oftmals zur Verzweiflung treiben kann.

■ Niemals leicht bekleidet einen Tempel betreten!

■ In diesem Teil der Welt ist es verpönt, seine Gefühle und Empfindungen zu zeigen. Selbstverständlich sind laute Gefühlsausbrüche völlig tabu.

□ Es stimmt: Wenn immer es geht, lächeln – auch in peinlichen und unangenehmen Situationen.

■ Niemals mit dem Finger auf etwas deuten, schon gar nicht auf Menschen.

■ Begriffe wie »Fernost«/»Far East« oder gar Bezeichnungen wie »Orientale« sollte man tunlichst vermeiden; sie wirken europäisch-arrogant und deswegen beleidigend.

Zweifellos sind das hier nicht alle notwendigen Informationen, mit denen man sich vor einer Geschäftsreise in eines der Länder Südostasiens oder Ostasiens vertraut machen sollte. Eine Fülle wichtiger sowie nützlicher Ratschläge enthält das Buch »Manieren und Karriere« derselben Autorin. *(Siehe Literaturverzeichnis)*

Ostasien

In *Ostasien* sind der Konfuzianismus, Buddhismus und Taoismus (China) und der Schintoismus (Japan) die dominierenden Religionen – wenn man einmal von der großen Anhängerschaft des Kommunismus absieht.

Es mag ja an der Sprach- und Schriftbarriere liegen, dass wir über so wenig zutreffende Kenntnis darüber verfügen, was wirklich an kultureller und psychologischer Tradition diesen riesengroßen Kontinent heute noch bewegt. Aus der Entfernung – und aufgrund unseres mangelnden Verständnisses – können wir nur verwirrende Widersprüche entdecken. Trotz alledem sollte man nicht auf die Mystifizierer auf beiden Seiten hören. Auf diese Weise kann man weder Menschenverachtung noch Wirtschaftsmacht begründen. Japan ist längst nicht mehr das »Land des Lächelns«, wie es auch nicht mehr uneingeschränkt die führende Wirtschaftsmacht Ostasiens bleiben wird. Nicht nur in Südkorea ist Japan ein ernsthafter Konkurrent erwachsen, schon sehen die Auguren China als die Weltwirtschaftsmacht der Zukunft.

In diesem Teil der Welt müssen sämtliche Verallgemeinerungsversuche versagen. Wenn den Völkern Ostasiens etwas gemeinsam ist, dann ist es die Einordnung der Frauen in ihr Wertesystem: deren Standort ist in den meisten Ländern weit unten.

Die politischen Zusammenhänge sind bekannt; die Geschäftssprache ist in allen Ländern Ostasiens Englisch.

Mit Sicherheit wird man sich eingehend mit der wirtschaftlichen Situation in diesen Ländern und ihrem jeweiligen Verhältnis zu unseren Exportunternehmen beschäftigen, wenn man Geschäftsverbindungen durch einen Besuch zu aktivieren gedenkt. Jedoch wären rein wirtschaftspolitische Kenntnisse völlig unzureichend, wenn man es dabei bewenden ließe. Gerade für Ostasien ist eine gründliche Vorbereitung in Bezug auf kulturelle und gesellschaftliche Standards und Tabus unerlässlich. Wie bereits erwähnt, nimmt man sich in Japan für die Vorbereitung eines Deutschlandtrips von sechs Wochen bis zu sechs Monate Zeit, je nach Gewicht und Ebene der anzubahnenden Geschäftsbeziehungen.

Die Businesskleidung sollte man möglichst noch formeller wählen als bei uns – leger ist im Geschäftsleben dieser Region völlig tabu.

Im Hinblick auf die Tischsitten ist China für Ästheten heute nicht mehr diese Herausforderung und die früher flächendeckend aufgestellten Spucknäpfe sind auch verschwunden. Im Übrigen wurde bereits erwähnt, dass es eher als Anbiederung denn als eine Höflichkeit verstanden wird, wenn Deutsche oder Amerikaner es sich nicht nehmen lassen, sich mit Stäbchen abzumühen. Man bekommt überall eine Gabel gereicht, wenn man es möchte.

Die nachfolgend aufgeführten Hinweise verstehen sich *ergänzend* zu den im Zusammenhang mit Südostasien bereits genannten.

TIPPS und TABUS

■ Im gesamten ostasiatischen Raum ist lautes und unhöfliches Benehmen als westliche Arroganz verpönt.

■ Es gilt als sehr ungehörig, jemanden zu unterbrechen.

■ Bei Geschäftsverhandlungen sollte man nie unmittelbar sein Ziel anstreben, es gehört zur Kultur Asiens, »Umwege« zu gehen und sein Anliegen in einen weitläufigen Kontext einzubinden. Dabei kann es sich durchaus auch um private Konversation handeln.

□ Titel werden in allen diesen Ländern wichtig genommen – sofern bekannt, sollte man sie in der Anrede mit verwenden.

■ Zu geschäftlichen Verabredungen nicht pünktlich zu erscheinen, gilt als sehr unhöflich und herabsetzend.

□ Der Austausch von Visitenkarten hat hier *sofort nach der Begrüßung* zu erfolgen. Dabei ist es unerlässlich, dass

- sowohl die Übergabe als auch die Entgegennahme der Karten *mit beiden Händen* geschieht
- man die erhaltene Visitenkarte sofort und ausführlich liest
- in Japan und in Korea gleichzeitig eine leichte Verbeugung erfolgt.

■ Es wird als eine Herabsetzung empfunden, wenn man eine erhaltene Visitenkarte ungelesen einsteckt.

□ Die Umgehung eines direkten »Nein« ist allen Asiaten eigen – für Geschäftsverhandlung eine stark gewöhnungsbedürftige Eigenart.

□ In China wie in Japan wird man eher einen falschen Weg geschickt, ehe jemand zugibt, dass er den Weg nicht kennt.

□ In allen Ländern Ostasiens ist es obligatorisch, älteren Leuten Respekt zu erweisen; man steht auf und hält die Tür auf, wenn ein älterer Mensch hereinkommt. Ältere Leute werden stets als Erste begrüßt.

□ Bevor man Chinesen fotografiert, sollte man immer vorher um Erlaubnis fragen.

■ In Japan und in Korea ist es ein sehr wichtiges Tabu, dass man sich bei einer *Begrüßung nicht berühren* darf, sondern voreinander verneigt. Als Ausländer sollte man nie einem Japaner bzw. Koreaner die Hand zum Gruß reichen oder ihn sonstwie berühren.

□ In Japan und in Korea muss bei Besuchen von Privathäusern oder Wohnungen jede/r – auch jeder Besucher – seine Schuhe vor der Türe lassen.

□ Die Respektierung von Hierarchien ist eine japanische Manie, die viel Geduld kostet; der Einordnung dienen zum Beispiel auch die unverzichtbaren Visitenkarten.

■ Japaner vermeiden gern den direkten Augenkontakt.

■ In ganz Ostasien gilt es als ausgesprochen unhöflich, jemandem den Rücken zuzuwenden.

Australien

Dieser Erdteil rückt uns in letzter Zeit scheinbar immer näher, ohne dass sich die geografische Lage sonderlich verändert hätte. Unbestreitbar hat sowohl das touristische als auch das wirtschaftliche Interesse in den letzten Jahren merklich zugenommen. Aber nicht nur bei uns. Auch die etablierten sowie die aufstrebenden Industrienationen Asiens haben das heutige Australien entdeckt und ihre Wirtschaftsbeziehungen ebenfalls in diese Richtung intensiviert. Und das ist nicht erstaunlich. Die australischen Einwanderungszahlen der letzten Jahre zeigen ein deutliches Übergewicht der Länder des Fernen Ostens; die meisten Zuwanderer kommen aus Hongkong, Vietnam und China.

Beispielhaft an Australien ist die Art und Weise, wie in diesem Land die verschiedensten Kulturen nebeneinander existieren und sich gegenseitig respektieren. Australien zeigt das Beispiel einer multikulturellen Gesellschaft, in der sehr unterschiedliche Traditionen erhalten und gepflegt werden, und die sich weder gegeneinander zu beschneiden trachten noch zu verschmelzen drohen. Am eindrücklichsten wurde dies in Sydney bei den Olympischen Spielen 2000 der Welt vor Augen geführt.

Australien ist eine Konstitutionelle Monarchie im Commonwealth of Nations; die Hauptstadt ist Canberra. Die Landessprache ist Englisch. Im Hinblick auf Bekleidungsvorschriften sollte man sich nicht durch einen allgemein gelösteren Eindruck täuschen lassen. Ungeachtet der Sommertemperaturen tragen australische Geschäftsleute *formelle Kleidung* wie überall auf der Welt – wenngleich die Stoffe im Sommer etwas leichter und im Winter etwas schwerer sind.

Die Regeln der europäischen guten Umgangsformen werden in den gehobenen Kreisen nach wie vor hoch geschätzt, so wie die internationale Etikette bei offiziellen Gelegenheiten selbstverständlich auch hier respektiert wird. Die Tischmanieren werden – außerhalb offizieller Essen – nicht so eng gesehen wie bei uns.

Man redet sich in Australien schnell mit dem Vornamen an; der Familienname wird meist nur zur offiziellen Vorstellung gebraucht.

Die geschäftsreisende Frau im Ausland

Es sollte für jede Geschäftsreisende selbstverständlich sein, sich vor Auslandsreisen über *Kulturtraditionen* und *religiöse Vorschriften*, die das öffentliche Leben bestimmen, in gleichem Maß zu informieren wie über die dort herrschenden Wirtschaftsbedingungen. Das sind grundlegende Voraussetzungen dafür, um als Geschäftsfrau oder Managerin überhaupt angehört zu werden. Für jede Auslandsreisende ist es aber gleichermaßen wichtig, viel Fingerspitzengefühl walten lassen, um nicht *Tabus* zu verletzen, die frau bei uns normalerweise nicht zu erwarten hat.

In Bezug auf die *Verhaltenserwartung* gegenüber Frauen in der Öffentlichkeit haben wir bereits in Europa erhebliche Unterschiede zu beachten. Auffallend an der Entwicklung der Emanzipation von Frauen – und damit dem Grad an persönlicher Freiheit und Selbstbestimmung – ist ein unübersehbares Nord-Süd-Gefälle. Am selbstverständlichsten kann sich die Skandinavierin in der Öffentlichkeit bewegen, und am meisten eingeschränkt ist die Frau in Südeuropa – ganz zu schweigen von den muslimischen Ländern der arabischen Welt, wo die Verbote und Tabus für das Verhalten von Frauen in der Öffentlichkeit uns geradezu mittelalterlich erscheinen.

Sicherlich hat sich eine europäische Frau nicht allen diesen Einschränkungen zu unterwerfen, wenn sie als Touristin in den Süden reist – und schon gar nicht, wenn sie aus geschäftlichen Gründen in diesen Ländern zu tun hat. Es ist aber eine Frage des Taktes, ob frau sich offensichtlich provozierend verhalten will, oder – so weit möglich – die Sitten des Landes respektiert. Das soll nicht heißen, dass sich, zum Beispiel, die Europäerin in den arabischen Ländern verschleiern sollte. Aber sie sollte vielleicht auf das Tragen von Miniröcken verzichten.

So selbstverständlich frau auf nationale Eigenheiten Rücksicht nehmen sollte, so wenig wäre es jedoch richtig, ihre *eigene nationale Identität* zu verleugnen. Soweit nicht unbedingt erforderlich, braucht man auf seine eigene Esskultur nicht zu verzichten. Es kann natürlich sein, dass man dort nur mit den Fingern isst oder einzig Stäbchen zur Verfügung hat *(siehe Kapitel 8, S. 281 ff.)*. Das hat nichts mit Missachtung anderer Kulturen zu tun, sondern zeugt von eigenem Kulturbewusstsein, und dies wird auf der ganzen Welt von gebildeten Menschen akzeptiert.

Auf jeden Fall sollte frau sich stets über die *landesüblichen Bekleidungsvorschriften* informieren und sie beachten; dies gilt insbesondere für

- Abendessen
- private Einladungen
- Besuche kultureller Veranstaltungen
- Meetings und Konferenzen.

□ Bei offiziellen Veranstaltungen ist die Beachtung und Respektierung der *offiziellen Etikette* und des Begrüßungsprotokolls ebenfalls unerlässlich.

Es ist einleuchtend, dass dieses Buch kein Lexikon für alle Länder dieser Erde sein kann. Hier werden nur ein paar Anhaltspunkte gegeben, die als Anregung dienen sollen und noch der Vertiefung bedürfen, wenn frau in diesem oder jenem Land zu tun hat.

Europa

Im Norden Europas braucht eine geschäftsreisende Frau wirklich mit keinerlei Einschränkungen ihrer gewohnten Bewegungsfreiheit zu rechnen und auch nicht mit diskriminierenden Vorschriften nur für Frauen.

Skandinavien

Die *Skandinavierinnen* sind die am weitesten gleichberechtigten Frauen Europas. Sie spielen sowohl im öffentlichen Leben als auch im Geschäftsleben eine wesentlich wichtigere Rolle als Frauen bei uns. Die Verhaltensstandards entsprechen etwa den unseren, kennen also auch noch die Trennung zwischen der Berufstätigenrolle und der gesellschaftlichen Rolle einer Frau, wenngleich die traditionelle Rolle der Dame bemerkenswert auf dem Rückzug ist.

Zu offiziellen Anlässen gelten Bekleidungsvorschriften wie bei uns, Tischmanieren ebenso. Die informellen Einladungen zu Hause sind jedoch ungezwungener und geselliger, als es bei uns üblich ist. Auf keinen Fall sollte frau vergessen, sich sofort nach einem Essen bei den Gastgebern zu bedanken.

Österreich

In *Österreich* entsprechen tagsüber die Verhaltensnormen für Frauen in etwa den unseren. Man ist höflich, nimmt aber erfolgreiche Frauen nicht besonders ernst, zumindest hört man ihnen genauso wenig zu wie bei uns. Nur zum Ausgehen am Abend, wenn aus der völlig gleichberechtigten, berufstätigen Frau problemlos wie übergangslos und selbstverständlich die Dame der Gesellschaft wird, werden Frauen wieder ernst genommen. In den privaten Umgangsformen haben sich die alten k. u. k.-Manieren in unnachahmlicher Weise konserviert. Dort sollte die geschäftsreisende Frau den weiblichen Part des Handkusses beherrschen, denn ein Herr hat stets abzuwarten, bis ihm die Dame die Hand zum Kuss reicht. Nie darf er sich erkühnen, einer Dame zuerst die Hand entgegenzustrecken, das wäre ein ganz schrecklicher Fauxpas. (Bei uns am Abend übrigens auch!)

Schweiz, Frankreich, Luxemburg
Hier kann frau ganz generell davon ausgehen, dass die gesellschaftlichen Normen den unseren entsprechen, da wir historisch dem gleichen – nämlich dem vom französischen Hof beeinflussten – Kulturraum entstammen.

Großbritannien
In *Großbritannien* sieht es dann schon etwas anders aus. Hier hat sich die Managerin vorzugsweise »ladylike« zu verhalten. Und das betrifft ebenfalls die Kleidung, die im Business äußerst konservativ und oftmals »fraulich« erscheint. Als Kontinentaleuropäerin braucht frau sich diesem Bekleidungsstil nicht unbedingt überall anzupassen. Sie sollte sich aber auf jeden Fall ein langes Kleid mitnehmen, das oftmals noch zum Dinner unter Freunden, stets aber zum offiziellen Dinner getragen werden muss.

Zu den Tischmanieren ist erneut zu sagen, dass sich jede Frau nach den Normen unserer mitteleuropäischen Tischkultur richten und so essen sollte, wie sie es gewöhnt ist. Das wird auch akzeptiert – wenn man bedenkt, dass sie vom »Kontinent« kommt.

Irland
Dagegen sind in *Irland* die Einschränkungen gegenüber Frauen, durch die uneingeschränkte Dominanz der katholischen Kirche, von sehr konservativen Vorstellungen ge-

prägt, die nach wie vor restriktiv durchgesetzt werden. Die europäische Emanzipationsbewegung scheint die Irin vergessen zu haben. In diesem Land wurde die Ehescheidung zwar gerade erst und mit sehr knapper Mehrheit erlaubt, Abtreibungen sind jedoch nach wie vor gesetzlich verboten.

In der Öffentlichkeit sollten sich Frauen also eher zurückhaltend geben. Im Wirtschaftsleben ist die deutsche Geschäftsfrau allerdings voll akzeptiert.

Italien
ist zwar auch ein von der katholischen Kirche stark beeinflusstes Land, jedoch ist die Norditalienerin im Durchschnitt sogar emanzipierter und erfolgreicher als die Deutsche. In vielen Führungspositionen Italiens treffen wir Frauen an. Die italienische Geschäftsfrau ist längst etabliert und respektiert.

Allerdings gibt es in diesem Land selbst ein unübersehbares Nord-Süd-Gefälle und an dessen Ende ist noch alles wie vorgestern, so zum Beispiel in Sizilien. Das heißt aber auch, dass wir in Italien mit gravierenden Unterschieden zwischen den regionalen Verhaltensnormen für Frauen rechnen müssen. In Norditalien können wir uns mit gewohnter Selbstverständlichkeit bewegen, im Süden des Landes sollte frau jedoch Rücksicht nehmen auf die körperverhüllenden Bekleidungsvorschriften und nicht zu leicht bekleidet herumlaufen.

Spanien und Portugal
In diesen Ländern sind schon sichtbare Ansätze zu einer Gleichberechtigung zu bemerken. Im Allgemeinen können Frauen sich tagsüber in der Öffentlichkeit ungezwungen bewegen, jedoch wird auf eine gewisse »Sittenstrenge« in der Bekleidung Wert gelegt. Eine zu aufreizende Kleidung gilt

als sehr unfein. Im Übrigen kleidet sich die Südeuropäerin genauso schick wie andere elegante Frauen in Europa. Selbstständige Geschäftsfrauen gibt es noch recht wenige, aber mit steigender Tendenz.

Polen, Russland, übrige GUS-Staaten

In den genannten Staaten sind die Frauen generell gleichberechtigt, nur nicht in sämtlichen Führungspositionen dieser Länder. Im Gegenteil. Auch hier geht die umbruchbedingte Arbeitslosigkeit zunächst zu Lasten der Frauen, trotz der vorher seit Generationen praktizierten vollen Gleichberechtigung. Im öffentlichen Leben sind Frauen jedoch in gleicher Weise vertreten wie Männer und es gibt auch keine Einschränkungen in Bezug auf ihr Verhalten.

In *Russland* trägt frau zu offiziellen Veranstaltungen formelle Kleidung, so auch beim Theaterbesuch und zu Ballettvorstellungen. Im Winter ist es üblich, dass jeder Mensch zu allen Veranstaltungen und Einladungen in Winterstiefeln hingeht, die leichteren Abendschuhe bringt frau in einer Tasche mit und wechselt sie dann in der Garderobe.

Naher Osten und arabische Staaten

Israel

In *Israel* wird die geschäftsreisende Mitteleuropäerin im Allgemeinen weitestgehend auf europäische Sitten treffen – mit Ausnahme einer besonderen Bevölkerungsgruppe: der ultra-orthodoxen Juden. Diese strenggläubige Religionsgemeinschaft ist schon an ihrer traditionellen Kleidung (schwarzer Anzug für Männer und sehr züchtige Kleidung mit Kopfbedeckung für Frauen) und ihrer Haar- und Barttracht zu erkennen. Besonders dieser Bevölkerungsgruppe, wie auch den orthodoxen Juden, die stets ein kleines Käppchen (Kippa oder Yarmulka) auf dem Hinterkopf tragen, sollte die westliche Frau mit Taktgefühl begegnen. So sollte sie jede freizügige Kleidung vermeiden und auch nicht den direkten Blickkontakt zu den orthodoxen Gläubigen aufnehmen.

Islamische Staaten des Nahen Ostens und Nordafrikas

Alle *islamischen Staaten* des Nahen Ostens und Nordafrikas unterscheiden sich in ihrer traditionellen Haltung gegenüber Frauen grundlegend von christlich geprägten Ländern: Während die Frau von den Christenmännern als ein untergeordnetes Wesen mit zu beschränkender Entfaltungsfreiheit angesehen wurde, galt die Frau im Islam als rechtlos und unrein. Das ist auch bei allen gegenwärtig geltenden Sittengesetzen, wie immer sie auch in den unterschiedlichen Ländern in Nuancen differieren mögen, nicht zu übersehen. Hier wie dort handelt es sich grundsätzlich um Männergesellschaften, die für Frauen unterschiedliche Entfaltungsregeln zugelassen und nach und nach institutionalisiert haben.

In der islamischen Welt sind die Frauen allein verantwortlich für alles Geschehen innerhalb des Hauses. Im öffentlichen Leben haben sie in der Regel nichts zu suchen.

In einigen arabischen Ländern tragen die Bewohnerinnen Schleier und einen langen schwarzen Umhang, der *Tschador*, Abbaya oder Aba genannt wird. Einige Araberinnen verschleiern ihr Gesicht vollständig mit einer Art Maske, entweder mit einer *Bhurga* (aus Stoff) oder der *Batula* (aus Leder). Viele Araberinnen tragen den Tschador freiwillig – auch junge intellektuelle Frauen –, weil sie die westlichen Einflüsse ablehnen; außerdem können sie sich auf diese Weise wirklich die Blicke der Männer »vom Hals halten«.

Saudi-Arabien, Kuwait, V.A.E., Iran

In streng islamischen Ländern, wie in den Monarchien *Saudi-Arabien*, *Kuwait*, den *Vereinigten Arabischen Emiraten* und der Islamischen Republik *Iran*, ist das Tragen des Schleiers vorgeschrieben – wenngleich nicht vom Koran, sondern von den Männergesellschaften. Eine unverschleierte Frau demonstriert in den Augen strenggläubiger Moslems ihre sexuelle Verfügbarkeit und fordert somit durch ihr Verhalten verheiratete Männer zum Seitensprung auf. Das ist der Grund dafür, weshalb Menschen auf der Straße auf unverhüllte Frauen aggressiv reagieren. In diesen Ländern werden die strengen Auslegungen des Koran weitaus konsequenter durchgesetzt – und zwar zuerst und am radikalsten zu Ungunsten der Menschenrechte von Frauen.

Generell wird auf Sittenstrenge in der Öffentlichkeit bei allen Begegnungen zwischen den Geschlechtern – in uns geradezu mittelalterlich anmutender Weise – nach wie vor größter Wert gelegt. Aus diesem Zusammenhang kommen auch noch einige Tabus, auf die eine Europäerin überhaupt nicht mehr gefasst ist.

Während in den arabischen Ländern die offizielle europäische Businesskleidung für Europäer und Leute aus Übersee als korrekt angesehen wird, gibt es im *Iran gesetzliche Kleidervorschriften* auch für AusländerInnen und Nicht-Muslime.

□ Für Frauen sind Kopftuch, langer und langärmeliger Mantel sowie dicke, dunkle Strümpfe vorgeschrieben. Weiterhin wird empfohlen, auf auffälliges Make-up und farbigen Nagellack zu verzichten.

Diese Vorschriften sollten in der Öffentlichkeit unbedingt eingehalten werden, denn bei Verstößen muss man mit Belästigungen und sogar mit Festnahmen rechnen. Diese Kleidervorschrift ist bereits beim Verlassen des Flugzeugs in Teheran ausnahmslos einzuhalten.

Weitere TIPPS und TABUS

□ Es ist äußerst ratsam, dass sich westliche Frauen auch in den übrigen arabischen Ländern – ganz gleich ob Touristin oder Geschäftsreisende – entsprechend bedeckt kleiden: Empfehlenswert ist weite, luftige Kleidung mit langen Ärmeln und langen Hosenbeinen.

■ Frauen dürfen in Saudi-Arabien *nicht selbst Auto fahren.*

■ Berührungen oder Zärtlichkeiten zwischen Mann und Frau – das betrifft auch Eheleute – werden in der Öffentlichkeit nicht geduldet.

■ Auf keinen Fall sollte eine westliche Frau einen Araber, auch nicht eine Araberin, von sich aus berühren. Wenn jedoch eine Araberin eine westliche Frau berührt, so ist das als ein freundschaftliches Zeichen zu verstehen.

■ Eine westliche Frau sollte nie einem Araber die Hand geben.

□ Einer arabischen Frau sollte sie nur dann die Hand geben, wenn sie ausdrücklich dazu aufgefordert wird.

■ Nicht nur die körperliche Berührung, sondern auch schon der Augenkontakt sind mit Tabus belegt. So sollten AraberInnen weder angestarrt werden, noch darf frau direkten Augenkontakt zu ihnen aufnehmen. Eine arabische Frau darf Männern gegenüber sowieso nur zu Boden schauen, aber auch eine Europäerin sollte arabischen Männern nie direkt ins Gesicht sehen, sondern immer knapp daran vorbei.

□ Andererseits ist es keinesfalls als Unhöflichkeit zu verstehen, wenn Muslime nicht neben einer Westeuropäerin bei Tisch Platz nehmen wollen. In deren Verständnis entehrt der Mann die fremde Frau, wenn er sich neben sie setzt. Diese Tatsache stürzt oftmals das offizielle Tischprotokoll eines Geschäftsbanketts in ungeahnte Schwierigkeiten, wenn der hochrangige Unternehmensrepräsentant aus Deutschland eine Frau ist.
□ In den Restaurants gibt es für Frauen und Männer getrennte Sektionen. Meistens gibt es noch einen gemischten Raum; sollte dies aber nicht der Fall sein, ist auch die westliche Geschäftsreisende gehalten, auf diese Trennung Rücksicht nehmen – oder ein anderes Restaurant zu suchen.

Türkei

Die *Türkei* ist unter den islamischen Staaten der am meisten europäisierte. Frauen brauchen sich im öffentlichen Leben nicht zu verstecken, sie werden prinzipiell gleich behandelt. In ländlichen Gegenden und bei strenggläubigen Muslimen hält man allerdings an einer gesellschaftlichen Trennung von Mann und Frau fest.

Beim Betreten einer Moschee sollten Frauen, wie die Männer auch, selbstverständlich die Schuhe ausziehen und ihr Haar bedecken; das wird, wenngleich nicht verlangt, so doch als Geste des Respekts verstanden.

Afrika

Es wäre ein sträfliches Unterfangen, die Vielfalt afrikanischer Kulturen und ihre unterschiedliche Haltung zu Frauen in der hier gebotenen Kürze auch nur annähernd beschreiben zu wollen. Und doch sind ein paar Hinweise hier und da sicherlich nützlich.

Greifbarer als die einheimischen Sittengesetze sind nach wie vor die der ehemaligen Kolonialmächte, deren Lebensgewohnheiten auch von den schwarzen Eliten angenommen wurden oder zumindest imitiert werden. Deswegen ist es zunächst richtungweisend für ihr korrektes Verhalten, ob eine Frau sich in einem früher französischen, englischen oder portugiesischen Gebiet befindet. In Namibia (dem ehemaligen Deutsch-Südwestafrika) kann eine Deutsche die Probe aufs Exempel machen: sie wird mit guten deutschen Manieren überall wohlgelitten sein. Diese Anmerkungen sollten eine gebildete Frau jedoch nicht davon abhalten, sich in jedem afrikanischen Land mit Takt und Einfühlungsvermögen zu bewegen. Sie wird sich dadurch nicht nur vom Gros der Touristinnen wohltuend abheben, man wird ihr den Respekt vor afrikanischer Kultur und Moral mit ebensolchem Respekt erwidern.

In der Rangfolge ist die Frau dem Mann nachgeordnet – was zählt, ist das Alter. Der älteren Generation ist mit viel Achtung und Höflichkeit zu begegnen.

Eine berufliche Karriere ist für eine afrikanische Frau die große Ausnahme. Sie ist nach wie vor mit Kinderkriegen und deren Ernährung beschäftigt. Kinderreichtum gilt – allen Aufklärungskampagnen zum Trotz – immer noch als ein Zeichen für Fruchtbarkeit und als eine gute Alterssicherung.

In den meisten Ländern Afrikas ist die Frau für die Beschaffung des Lebensunterhalts der ganzen Familie zuständig.

TIPPS und TABUS

□ Die Kleidung sollte möglichst aus Naturfasern bestehen. Für die kühleren Nächte, vor allem in Westafrika und in den Hochländern Äthiopiens und Kenias, sind zu Anfang des Jahres Kleidungsstücke aus Wolle sehr zu empfehlen.

□ Während der Regenzeit ist es sehr wichtig, Kleidung und Schuhe trocken aufzubewahren, um Schimmelbildung zu vermeiden.

■ Von Spaziergängen ohne Begleitung ist Frauen zu jeder Tageszeit dringend abzuraten. Selbst in Begleitung sollte sie unbeleuchtete oder einsame Gegenden gänzlich meiden.

□ Auffälliger oder wertvoller Schmuck wirkt auch hier auf Diebe sehr reizvoll und sollte – wenn nicht zu Hause – stets im Hotelsafe aufbewahrt werden.

□ Es ist einleuchtend, dass Frauen sich besser einem Taxi als einem öffentlichen Verkehrsmittel anvertrauen sollten. *(Weitere wichtige Hinweise hierzu siehe S. 356 f.)*

Nordamerika

Vereinigte Staaten von Amerika (USA)

Wie bereits zuvor erläutert, ist das öffentliche Leben in den Vereinigten Staaten von strengen Formen und öffentlicher Moral geprägt. Es gibt in der Tat sehr wenige Länder dieser Erde, in denen gutes Benehmen und höfliche Umgangsformen einen so hohen Stellenwert haben wie in den USA. Da der Verhaltenskodex sehr viktorianisch geprägt und unerwartet prüde ist, muss die europäische Frau mit einer ganzen Reihe von Fettnäpfchen rechnen und sich darauf einstellen.

Das tut andererseits der gleichberechtigten Realität von Frauen in allen denkbaren Branchen und Einrichtungen keinen Abbruch. In den USA gibt es gegenwärtig 84 Hochschulen ausschließlich für Frauen, die sich eines stetig steigenden Zulaufs erfreuen, denn die Karrieren der Absolventinnen von Frauen-Colleges sprechen eine deutliche Sprache: Rund ein Viertel der weiblichen Kongressabgeordneten studierte nur unter Frauen, und jede dritte Managerin der erfolgreichsten 1000 Unternehmen in den USA kommt ebenfalls von einer Frauen-Uni – wie auch Hillary R. Clinton, die ehemalige First Lady der Vereinigten Staaten, und die langjährige Außenministerin der USA, Madeleine K. Albright.

Zu den Besonderheiten, die insbesondere für die europäische Managerin oder Unternehmerin in den USA beachtenswert sind, einige Hinweise.

TIPPS und TABUS

□ In den USA dürfen Frauen mit wesentlich mehr Respekt rechnen als im ruppigen Deutschland.
□ Beim Betreten eines Restaurants, wie überall dort, wo es Gelegenheiten zum Vortrittlassen gibt, hat die Dame Vortritt.
□ Einer Dame wird die Autotür von außen geöffnet wie auch zugemacht; sie braucht sich nicht zu bemühen, sofern sie mit einem oder mehreren Herren unterwegs ist.
□ Die Kleidung der Geschäftsleute folgt sehr strengen Etiketteregeln. Business-Frauen tragen Kostüme oder Kleider mit Ärmeln, aber selten Hosen.
■ Eine Dame fragt nie nach einer Toilette, sondern nach dem *Restroom* (nicht als Ruheraum gedacht) bzw. dem Ladies Restroom oder *Powderroom*. Häufig gehen Damen gemeinsam dorthin.
□ Frauen dürfen nicht nur, sie sollten anderen in die Augen blicken; Augenkontakt beim Gespräch gilt als Mindest-Höflichkeit und darf nicht vermieden werden.
□ Wie auch bei uns, reicht bei einer Begrüßung mit Handschlag stets die Dame oder – unter Männern – der Ranghöhere zuerst die Hand. Augenkontakt ist auch dabei unerlässlich. Bei Damen untereinander ist das Wangenküsschen ebenso gebräuchlich wie bei uns.

□ Besonders in den USA muss die gepflegte Frau permanent auf den Wuchs ihrer *Körperhaare* achten. Für Nordamerikaner gilt der Anblick von weiblichen Körperhaaren, besonders wenn ihr Haare unter der Achsel herausschauen, geradezu als vulgär und erregt deswegen Peinlichkeit.

Lateinamerika

Die Länder Lateinamerikas sind klassische »Macho«-Länder. Die Frauen bekommen zwar keine gleichen Rechte und haben in der Öffentlichkeit nichts zu melden, dafür aber werden sie mit großer Galanterie behandelt. Und mit dieser Art werden die männlichen Bastionen wahrscheinlich noch lange verteidigt werden können, denn die Südamerikaner sind meist »entwaffnend« charmant. Das gilt natürlich alles nur für die Damen der weißen Oberschicht. Eine Deutsche wird sich darauf einzustellen haben, dass man ihr sehr zuvorkommend begegnet – aber »man« wird ihr nicht zuhören.

TIPPS und TABUS

□ Die Kleiderordnung der Dame wird in diesen Ländern vor allem durch die klimatischen Bedingungen vorgegeben: bedeckte Arme und Beine. Vor allem abends werden langärmelige Bluse und lange Hose dringend empfohlen, um sich vor Mückenstichen zu schützen.
□ Besonders europäische Frauen sollten sich in den ersten Tagen des Aufenthalts etwas Ruhe gönnen, um die großen physischen und psychischen Anforderungen an den menschlichen Körper, verursacht durch die klimatischen Veränderungen, auszugleichen. Denn das subtropische Klima mit großer Hitze und hoher Luftfeuchtigkeit fordert zunächst seinen Tribut. Vor allem sollte frau viel Flüssigkeit zu sich nehmen.

■ Eigentlich überflüssig zu betonen: In keinem dieser Länder wäre es für eine elegante Frau ratsam, sich allein auf die Straße zu begeben, schon gar nicht abends oder nachts. Vor allem in den Großstädten Lateinamerikas ist die Kriminalitätsrate doch sehr hoch.

□ Ihren schönen Schmuck sollte eine Dame im Hotelsafe oder am besten gleich zu Hause lassen.

□ Bei Überfällen hat es sich als günstig erwiesen, wenn frau etwas Geld oder Modeschmuck, resp. Imitate, abzugeben hat. Niemals sollte jemand Gegenwehr leisten, denn die Banditen sind reizbar und bewaffnet. *(Weitere Hinweise hierzu siehe S. 391 f.)*

Südostasien und Ostasien

Südostasien

Alle Bemühungen, für diesen geografischen Raum spezifische Verhaltensnormen für Frauen herauszuarbeiten, erweisen sich als besonders schwierig. Denn hier spricht gegen eine Verallgemeinerung nicht nur die unbeschreibliche kulturelle Vielfalt.

Besonders gravierend im Hinblick auf die gesellschaftliche Stellung der Frau sind die vielen unterschiedlichen Religionen in diesem Teil der Erde. Allein im südostasiatischen Raum mit den Ländern *Philippinen*, *Thailand*, *Vietnam*, *Malaysia*, *Singapur*, *Indonesien* gibt es sechs große Religionsgemeinschaften:

- Buddhismus
- Islam
- Christentum
- Konfuzianismus
- Taoismus und
- Hinduismus

Angesichts der Tatsache, dass alle Gebote und Einschränkungen, denen Frauen sich überall auf der Welt gegenübersehen, und die ihrer Selbstentfaltung und häufig auch der Inanspruchnahme ihrer Menschenrechte entgegenstehen, ihre Basis stets in der jeweilig vorherrschenden Religion haben, verbietet sich eine zusammenfassende Aussage über diese Region.

Südasien

In *Südasien* mit den ärmsten Gegenden der Erde kommen zu den eben genannten Religionen noch der Jainismus, Sikhismus und Parsismus (Indien) hinzu, nicht zu vergessen Pakistan, dessen Staatsreligion der Islam ist.

Ostasien

In *Ostasien* sind der Konfuzianismus, Buddhismus und Taoismus (China) und der Schintoismus (Japan) die herrschenden Religionen – wenn man einmal von der großen Anhängerschaft der Ersatz-Religionsgemeinschaft der Kommunisten absieht.

Es ist wohl einleuchtend, dass sämtliche Verallgemeinerungsversuche der Verhaltensnormen für Frauen von vornherein zum Scheitern verurteilt wären. Brauchbare Ratschläge für geschäftsreisende Frauen sind eigentlich nur guter Spezialliteratur, gesondert für jedes dieser Länder, zu entnehmen *(siehe Literaturverzeichnis)*. Normale Reiseführer enthalten in der Regel keine wertvollen Hinweise für selbstständige Frauen, die in Geschäften und nicht nur zum Sightseeing unterwegs sind. Und die Informationen der businessorientierten Länderführer sind in der Regel aus männlicher Perspektive für männliche Interessen geschrieben. Eine wohltuende Ausnahme bilden die kompetenten Autoren Peter Odrich und seine Tochter Barbara Odrich, die intime Kenntnisse über Japans und Koreas Wirtschaft weiterzugeben in der Lage sind. Das Ergebnis einer Analyse über Businessfrauen in Korea lautet bei ihnen: »Im Laufe der Zeit hat es schon so manchen Fall in Korea gegeben, bei dem ein koreanischer Manager, der vorher nicht wusste, dass er eine Frau treffen würde, schlichtweg wortlos den Raum verließ, als er sie schließlich erblickt hatte. Für Frauen, die nicht in einer Einkäufer-Rolle nach Korea kommen, sind Geschäfte dort meistens außerordentlich schwierig zu betreiben.« *(Zu Textangaben siehe Literaturverzeichnis)*

Die folgenden allgemeinen Hinweise für diesen Erdteil beziehen sich auf die wenigen mentalitätsbedingten Gemeinsamkeiten. Obwohl alle Völker und Nationen Asiens eine unterschiedliche Entwicklung der Emanzipationsbestrebungen von Frauen und eine eigenständige Einordnung der Frauen in ihr Wertesystem vorgenommen haben, ist deren Standort nach wie vor ziemlich weit unten. Deutschen Frauen wäre also in den meisten asiatischen Ländern anzuraten, nicht allein zu Verhandlungen zu reisen, sondern sich von einem Mitarbeiter begleiten zu lassen, um überhaupt an ihr Ziel vorzudringen.

TIPPS und TABUS

□ Achtung: In Japan und in Korea haben Frauen keinen Vortritt! – Ganz im Gegenteil.

□ In allen Ländern Asiens wird aber dem Alter besonderer Respekt entgegengebracht.

■ Insbesondere in Ostasien ist es verpönt, seine Gefühle und Empfindungen zu zeigen; daher sind laute Gefühlsausbrüche völlig tabu.

□ Wenn immer es geht, lächeln – auch in peinlichen und unangenehmen Situationen.

■ Niemals mit dem Finger auf etwas deuten, schon gar nicht auf Menschen.

□ In der Kleidung sollten Businessfrauen noch formeller auftreten als bei uns – leger ist im Geschäftsleben völlig tabu.

■ In Pakistan sind es wieder die Gesetze des Islam, die auch von Ausländerinnen nicht verletzt werden sollten *(siehe S. 349 f.)*.

□ Händeschütteln unter Frauen ist der modernen Inderin gegenüber westlichen Frauen durchaus geläufig, allerdings sollte auch hier das Zeichen dafür von der Seite der Gastgeberinnen ausgehen.

■ Niemals leicht bekleidet einen Tempel betreten!

□ Auch Frauen müssen bei Besuchen von Privathäusern, Wohnungen und Tempeln stets ihre Schuhe vor der Türe lassen.

■ In China sollte eine Frau nicht allzu offenherzig gekleidet sein, will sie nicht Aufsehen und Belästigungen riskieren.

□ Frauen sollten unbedingt beachten, dass in Asien *Weiß die Farbe des Todes* ist. Vorsicht also auch bei festlichen Anlässen!

Australien

Managerinnen und Unternehmerinnen aus Deutschland können in Australien im Allgemeinen von dem Grundsatz ausgehen: »no problems«. Das heißt, es gibt in diesem Land so gut wie keine Einschränkungen für Frauen, die einzig aus der Tatsache zu begründen sind, dass sie Frauen sind. Die Regeln der europäischen guten Umgangsformen und selbstverständlich auch der Etikette werden in den gehobenen

Kreisen nach wie vor hoch geschätzt. Allerdings lässt der britische Einfluss auf sein Commonwealth-Mitglied zusehends nach und die Formen werden in demselben Maß liberaler.

Melbourne gilt als die modebewussteste Stadt Australiens.

»Um Vorsicht wird gebeten« – Das Thema Sicherheit

In allen armen Ländern mit einer hohen Arbeitslosigkeitsrate gibt es eine – damit korrespondierende – hohe Kriminalitätsrate. Das trifft also auf die meisten Länder Schwarzafrikas, Süd- und Mittelamerikas zu. Aber auch bei uns in Europa gilt diese Regel.

Damit Geschäftsreisende sich nun nicht dazu veranlasst sehen, mit Bodyguard oder anderen teuren Vorrichtungen zu reisen, sollen hier ein paar Hinweise zur Vorbeugung gegen Unannehmlichkeiten und der persönlichen Sicherheit dienen.

TIPPS und TABUS

□ Alle wichtigen Dokumente, wie Pass und Tickets, sind im Hotelsafe am sichersten. Es ist ratsam, die Dokumente vorher zu kopieren.

■ Von Spaziergängen ohne Begleitung in nicht beleuchteten oder einsamen Gegenden ist dringend abzuraten.

■ Es ist ebenfalls dringend abzuraten, viel Geld oder Schecks einzustecken.

□ Devisen sollte man nur in Banken tauschen. Unbedingt abzuraten ist vom Geldtausch auf der Straße.

□ Auffälliger Schmuck ist ein besonderer Anreiz für Diebe und provoziert Überfälle.

■ Echten Schmuck sollte man besser zu Hause oder im Hotelsafe aufheben lassen; auf keinen Fall sollte man mit echtem Schmuck abends ausgehen.

□ Wenn möglich, sollten Taxis den öffentlichen Verkehrsmitteln vorgezogen werden.

■ Es wäre ausgesprochen leichtsinnig, im Auto zu sitzen, ohne die Türen von innen zu verschließen.

□ In Brasilien ist es empfehlenswert, als Autofahrer an manchen Straßenkreuzungen an einer roten Ampel nicht anzuhalten, sondern lieber vorsichtig über die Kreuzung zu fahren.

□ In vielen Gegenden dieser Welt ist es ratsam, stets eine billige Armbanduhr anzulegen oder billigen Schmuck zu tragen und etwas Geld einzustecken. Das hat den Sinn, dass man die Straßenräuber nicht leer ausgehen lassen sollte, weil das sonst sehr unangenehm werden könnte.

□ Kommt es tatsächlich zu einem Überfall, sollte man/frau keine Gegenwehr leisten, da viele Banditen bewaffnet sind.

Literaturverzeichnis

Wrede-Grischkat, Rosemarie: Manieren und Karriere – Verhaltensnormen für Führungskräfte, 3. Aufl., Wiesbaden 1998

Wrede-Grischkat, Rosemarie: Auffallen oder anpassen? – Neue Verhaltensmuster für die berufstätige Frau, Wiesbaden 1993

Wrede-Grischkat, Rosemarie: Hohe Schule des guten Benehmens – Erfolgreich und sicher auf jedem Parkett, München 1999

Collett, Peter: Der Europäer als solcher ist unterschiedlich, Hamburg 1994

Demmer, Chr. (Hrsg.): Frauen ins Management, Frankfurt/M. und Wiesbaden 1988

Deutsche Lufthansa AG: Sitten, Gebräuche und Empfehlungen rund um die Welt, Köln 1995

Finckenstein, Graf Finck von: Protokollarischer Ratgeber – Hinweise für persönliche Anschriften und Anreden im öffentlichen Leben, Köln 1996

Huber, Brigitte: Mobbing – Psychoterror am Arbeitsplatz, Niedernhausen/Ts. 1994

Johnson, Hugh: Der kleine Johnson für Weinkenner, Bern und Stuttgart 1994

Knigge, Adolph Freiherr von: Über den Umgang mit Menschen, Frankfurt/M. 1977

Leymann, Heinz: Mobbing, Reinbek bei Hamburg 1996

Mole, John: Euro-Knigge für Manager, Frankfurt/M. 1992

Odrich, Peter: Japanischer Unternehmensalltag aus europäischer Sicht, Frankfurt/M. 1993

Odrich, Peter/Barbara Odrich: Korea und seine Unternehmen, Frankfurt/M. 1994

Rusche, Thomas: Kleines SØR-Brevier der Kleidungskultur, Hamburg 1993

Stichwortverzeichnis

H

I

N

O

P

R

S